策三峰三农丛书

本丛书由福建农林大学出版基金
"优秀著作出版奖"资助

2016年福建省社会科学规划项目
农村电商建设

"互联网+"视域下福建农村电子商务
协同发展研究

2016年度福建
"海丝"建设专项课题

2015年福建省社会科学规划项目
"福建省农产品批发市场
的发展研究"

2014年福建省教育厅A类社科项目

2013年福建省中青年教师教育
科研A类项目

2013年度福建省社会科学规划
一般项目

2013年福建省中青年教师教育
科研A类项目

2013年福建省中青年教师教育
科研B类项目

2015-2017年中国科协决策咨询
年度全国学会决策咨询

2016年度第四届福建农林大学出版
图书奖优秀教材一等奖

荣 誉 榜

1997年华东地区大学出版社
"优秀教材学术专著奖"

1998年中国大学出版社协会
"双效书荣誉奖"

1999年全国成人高校财会研究会
"优秀教材特等奖"

1999年被列为
"建国50周年精品图书"

2000年上海市教育委员会
"上海高校优秀教材奖"

2000年中国书刊发行业协会
"全国优秀畅销书"

2001年中国书刊发行业协会
"全国优秀畅销书"

2002年中国书刊发行业协会
"全国优秀畅销书"排行榜金杯奖

2004年第六届全国高校出版社
"优秀畅销书一等奖"

2004年中国书刊发行业协会
社科类"全国优秀畅销书"排行榜金杯奖

2007年中国书刊发行业协会
社科类"全行业优秀畅销品种"

2008年第八届全国高校出版社
"优秀畅销书一等奖"

2009年中国书刊发行业协会
"年度全行业优秀畅销品种"

2011年中国书刊发行业协会
"年度全行业优秀畅销品种"

2012-2013年中国书刊发行业协会
"年度全行业优秀畅销书"

2016年第四届中国大学出版社
"图书奖优秀教材一等奖"

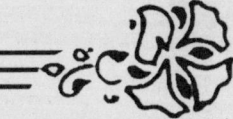

李海波工作室

新编会计学原理
——基础会计
（第20版）

主编●李海波 蒋 瑛

立信会计出版社
LIXIN ACCOUNTING PUBLISHING HOUSE

图书在版编目(CIP)数据

新编会计学原理：基础会计 / 李海波，蒋瑛主编
. —20 版. —上海：立信会计出版社，2019.8(2025.9 重印)
ISBN 978-7-5429-6250-8

Ⅰ.①新… Ⅱ.①李…②蒋… Ⅲ.①会计学－教材
Ⅳ.①F230

中国版本图书馆 CIP 数据核字(2019)第 156648 号

责任编辑　孙　勇

新编会计学原理——基础会计(第 20 版)
XINBIAN KUAIJIXUE YUANLI JICHU KUAIJI

出版发行	立信会计出版社			
地　　址	上海市中山西路 2230 号	邮政编码	200235	
电　　话	(021)64411389	传　　真	(021)64411325	
网　　址	www.lixinaph.com	电子邮箱	lixinaph2019@126.com	
网上书店	http://lixin.jd.com		http://lxkjcbs.tmall.com	
经　　销	各地新华书店			
印　　刷	浙江天地海印刷有限公司			
开　　本	710 毫米×1000 毫米	1/16		
印　　张	19.25	插　　页	3	
字　　数	335 千字			
版　　次	2019 年 8 月第 20 版			
印　　次	2025 年 9 月第 13 次			
书　　号	ISBN 978-7-5429-6250-8/F			
定　　价	45.00 元			

如有印订差错，请与本社联系调换

李海波 毕业于中央财经大学，教授，研究员，中国注册会计师，享受国务院政府特殊津贴的专家。

长期从事会计、财金等教学、理论研究和高校管理工作。先后兼任中国会计学会理事，中国审计学会理事，中国生产力学会常务理事，上海生产力学会常务副会长等职。多年来，主编出版了《公司会计》《企业会计》《股份制会计》《新编审计学》《财务管理》《新编会计学原理》《经济法》《财政与金融》《金融会计》《管理会计》《中国税制》《珠算》《生产力词典》等著作、词典、教科书四十多部，发表论文数十篇，教学、科研成果突出；多次荣获国家教育部、中国书刊发行业协会等颁发的"全国优秀畅销书"奖、"全国生产力理论实践成果著作一等奖""建国50周年精品图书"奖、全国"优秀教材特等奖""全国优秀畅销书"排行榜金杯奖和"优秀畅销书一等奖"；多次被授予"上海市财贸系统有突出贡献的优秀专家"称号，荣获"宝钢奖"。曾受聘担任国家教育部全国专科教育人才培养工作委员会副主任，并被收入《中国大学校长名典》和《中国教育名人录》。

前　言

为了适应各类院校财会教学以及职业技术教育、上岗培训、专业技术资格考试、自学进修的需要，受全国经济书店、全国立信会计事业协作会和立信会计出版社的委托，我们组织了长期从事财会教学和实际工作的有关专家、学者编写了《新编会计学原理——基础会计》一书。本书自问世后，获得了有关专家和理论、教育工作者的好评，受到了广大读者的普遍欢迎，在全国各省、市、自治区发行后，连续再版并数次印刷，多次荣获中国书刊发行业协会颁发的"全国优秀畅销书"奖，以及中国大学出版社协会颁发的"双效书荣誉奖""建国50周年精品图书"奖和"上海高校优秀教材奖"，曾荣获中国书刊发行业协会颁发的"全国优秀畅销书"排行榜金杯奖、"年度全行业优秀畅销品种"，第六届、第八届全国高校出版社"优秀畅销书一等奖"。

为了进一步适应财会教学、岗位培训、自学进修、业务学习和专业技术资格考试的需要，我们在本书第19版的基础上，按照财政部最新修订的企业会计准则体系，对照《会计法》《企业会计准则——应用指南》，以及财政部、税务总局、海关总署《关于深化增值税改革有关政策的公告》（财政部、税务总局、海关总署〔2019〕39号），财政部《关于修订印发2019年度一般企业财务报表格式的通知》（财会〔2019〕6号）等法律法规，吸收了近年来财会研究的新成果，再次组织有关专家和学者进行修订，全面修改了各章例题、习题中涉及增值税税率的内容，更新了财务报表的格式。与本书第19版相比，第20版的内容更为新颖、实用、规范，特色也更加突出。

本书由我国著名会计专家、中国注册会计师、中国会计学会理事、中国审计学会理事、中国生产力学会常务理事、享受国务院政府特殊津贴的李海波教授,会计专家蒋瑛教授担任主编。参加本书编写和修订的工作室人员有李海波和蒋瑛。本书由李海波和蒋瑛总纂。

本书在编写过程中,得到了全国经济书店、中国会计学会、财政部、中国生产力学会、立信会计出版社等单位有关同志的大力支持,在此谨表谢意。

本书难免存在不足之处,敬请读者批评指正。

为方便读者增强实操和检验所学,本书配套出版了《新编会计学原理——基础会计习题集》(含答案,书号:978-7-5429-6249-2)以供读者使用。此习题集包括客观题和主观题,亦涵盖了本书所附的所有复习思考题和习题。读者可扫描下方的二维码试读或购买电子书。

《新编会计学原理——基础会计》编委会

目 录

第一章 总 论 ·········· 1
- 第一节　会计概述 ·········· 1
- 第二节　会计对象 ·········· 6
- 第三节　会计核算方法 ·········· 9
- 第四节　会计法规 ·········· 12
- 第五节　会计工作组织 ·········· 20
- 复习思考题 ·········· 24

第二章 会计科目、会计账户和复式记账 ·········· 25
- 第一节　资金平衡原理 ·········· 25
- 第二节　会计科目 ·········· 37
- 第三节　会计账户 ·········· 41
- 第四节　复式记账 ·········· 45
- 复习思考题 ·········· 52
- 习题一 ·········· 53
- 习题二 ·········· 53
- 习题三 ·········· 54
- 习题四 ·········· 55
- 习题五 ·········· 56
- 习题六 ·········· 57
- 习题七 ·········· 59

第三章 生产企业的生产经营过程核算 ·········· 62
- 第一节　主要生产经营过程核算的意义和内容 ·········· 62
- 第二节　资金筹集核算 ·········· 66

  第三节 采购过程核算 ··· 69
  第四节 生产过程核算 ··· 76
  第五节 销售过程和利润核算 ··· 86
  第六节 资金调整和退出核算 ··· 96
  复习思考题 ·· 109
  习题一 ··· 109
  习题二 ··· 110
  习题三 ··· 111
  习题四 ··· 112
  习题五 ··· 113
  习题六 ··· 114
  习题七 ··· 115

第四章 商品流通企业主要经营过程核算 ································· 118
  第一节 主要经营过程和需要设置的主要账户 ····················· 118
  第二节 批发商品核算 ··· 120
  第三节 零售商品核算 ··· 124
  第四节 商品流通费核算 ·· 131
  第五节 利润形成及分配核算 ··· 133
  复习思考题 ·· 135
  习题一 ··· 136
  习题二 ··· 136
  习题三 ··· 137
  习题四 ··· 138

第五章 企业会计账户分类 ··· 139
  第一节 概述 ··· 139
  第二节 基本账户 ·· 144
  第三节 调整账户 ·· 148
  第四节 业务账户 ·· 151

复习思考题 ·· 153
　　习题 ·· 154

第六章　会计凭证 ·· 155
　第一节　填制和审核会计凭证的意义 ························· 155
　第二节　会计凭证的种类 ··································· 156
　第三节　原始凭证的填制和审核 ····························· 166
　第四节　记账凭证的填制和审核 ····························· 169
　第五节　会计凭证的传递和保管 ····························· 171
　　复习思考题 ·· 173
　　习题 ·· 173

第七章　会计账簿 ·· 175
　第一节　会计账簿的意义和种类 ····························· 175
　第二节　会计账簿的设置和登记 ····························· 177
　第三节　会计账簿使用规则 ································· 183
　第四节　对账和结账 ······································· 188
　　复习思考题 ·· 191
　　习题一 ·· 191
　　习题二 ·· 192

第八章　账务处理程序 ·· 194
　第一节　账务处理程序的含义和要求 ························· 194
　第二节　记账凭证账务处理程序 ····························· 195
　第三节　汇总记账凭证账务处理程序 ························· 197
　第四节　科目汇总表账务处理程序 ··························· 200
　第五节　多栏式日记账账务处理程序 ························· 203
　第六节　日记总账账务处理程序 ····························· 205
　　复习思考题 ·· 207
　　习题 ·· 207

第九章 财产清查 ……………………………………………………… 210
第一节 财产清查的意义和种类 …………………………………… 210
第二节 财产清查的方法 …………………………………………… 212
第三节 财产清查结果的处理 ……………………………………… 217
复习思考题 …………………………………………………………… 220
习题一 ………………………………………………………………… 221
习题二 ………………………………………………………………… 222

第十章 财务会计报告 …………………………………………………… 224
第一节 财务会计报告的含义和作用 ……………………………… 224
第二节 会计报表的分类及编制要求 ……………………………… 225
第三节 资产负债表 ………………………………………………… 233
第四节 利润表及所有者权益变动表 ……………………………… 239
第五节 现金流量表 ………………………………………………… 242
第六节 会计报表附注的内容和格式 ……………………………… 250
第七节 会计资料的分析利用 ……………………………………… 252
第八节 财务会计报告的报送和汇总 ……………………………… 260
复习思考题 …………………………………………………………… 262
习题一 ………………………………………………………………… 263
习题二 ………………………………………………………………… 263

第十一章 会计管理 ……………………………………………………… 265
第一节 会计信息 …………………………………………………… 265
第二节 会计预测 …………………………………………………… 267
第三节 会计决策 …………………………………………………… 272
第四节 会计控制 …………………………………………………… 276
第五节 会计分析 …………………………………………………… 285
第六节 会计检查 …………………………………………………… 291
第七节 会计电算化 ………………………………………………… 297
复习思考题 …………………………………………………………… 299

第 一 章

总 论

【内容提示】 本章是会计学的导言,概述了会计的一些基本问题,是学习以后各章的基础。学习本章,学生应了解会计的含义和会计的特点,明确会计的职能、会计的对象和会计的任务,掌握会计法规、会计核算方法和会计工作组织等方面的知识。

第一节 会 计 概 述

一、会计的概念

什么是会计?这是初学会计的人员先要明确的概念。对于会计的概念,可以从会计的产生和发展过程进行了解,现从三个方面加以简要说明。

(一)会计是在社会生产实践中产生的

人类社会的生产活动决定着人类的其他一切活动,也是人类会计行为产生的根本前提。因此,人类的会计行为是社会生产发展到一定阶段的产物。会计在我国有着悠久的历史,从原始社会"结绳记事"的会计萌芽阶段发展到现代的复式记账,从生产的附带部分发展到独立的职能,从"会计"的命名和会计机构的出现发展到完整的科学体系,其间经历了漫长的历史过程。在原始社会,会计只是生产职能的附带部分,当社会生产发展到一定水平并出现了私人占有财产的现象以后,人们为了保护其私有权和不断扩大其私有财产,便在生产过程中逐步发明了用货币形式进行计量和记录的方法,会计逐渐从生产职能中分离出来,成为独立的职能。远在原始社会末期,即有"结绳记事""刻契记数"等原始计算、记录的方法,这是我国会计的萌芽阶段。

(二)会计随着社会经济的发展而发展

我国商代是"官厅会计"的创始时期。到了西周(公元前1046年至前771

年),"官厅会计"有了发展,开始出现"会计"的命名和较为严格的会计机构。根据西周"官厅会计"核算的具体情况考察,"会计"一词开始运用时,其基本含义是"零星计算为计,综合计算为会",即既有日常的零星核算,又有岁终的综合核算,通过日积月累到岁终的核算,达到正确考核王朝财政收支的目的。同时,西周王朝也建立了较为严格的会计机构,设立了专管钱粮赋税的官员,并形成了所谓"以参互考日成,以月要考月成,以岁会考岁成"的"日成""月成"和"岁成"等报告文书。这些报告文书具有旬报、月报、年报等会计报表的雏形,发挥了会计既能对经济活动进行记录、核算,又能对经济活动进行审核、监督的作用。"会计"一词的出现,是我国会计理论产生、发展的一种表现;而完备的会计机构的出现,又是我国会计发展史上的一个突出进步。

会计核算的记账方法也是逐步发展的。我国账簿的设置,开始是使用单一的流水账,即按经济业务发生先后顺序登记的一种单一的序时账簿,后来才从单一的流水账发展成为"草流"(也叫底账)、"细流"和"总清"三账,一直使用到明清时期。会计的结算方法也从原始社会末期开始的"盘点结算法"发展成为"三柱结算法",即根据本期收入、支出和结余三者之间的关系,通过"入－去＝余"的公式,结算本期财产物资增减变化及其结果。到了唐、宋两代,我国创建了"四柱结算法",通过"旧管(即期初结存)＋新收(即本期收入)－开除(即本期支出)＝实在(即期末结存)"的基本公式进行记账,为我国通行的收付记账法奠定了基础。到了清代,"四柱结算法"已成为系统反映王朝经济活动或私家经济活动全过程的科学方法,成为中式会计方法的精髓。明末清初,随着手工业、商业的发达和资本主义经济萌芽的产生,我国商人又进一步设计了"龙门账",把会计科目划分为"进""缴""存""该"四大类(即收、付、资产、负债),设总账进行"分类记录",并编制"进缴表"和"存该表"(即利润表和资产负债表),实行双轨计算盈亏。继"龙门账"之后,又出现了"四脚账",对每一笔经济业务,既登记"来账",又登记"去账",即反映同一账项的来龙去脉。"龙门账"和"四脚账"是我国复式记账方法的最初形式,记录比较全面,为以后发展严密的复式记账方法奠定了基础。

人类会计方法的演进经历了由单式簿记向复式簿记转化的过程,是社会经济发展的客观要求。我国长期以来使用的单式簿记,在历史上发挥了积极的作用。一直至清代后期才从国外引进了借贷复式记账法。

借贷复式记账法的产生和发展,与西方资本主义经济的产生和发展有着密切的联系。这一方法最早来自商品货币经济比较发达的意大利佛罗伦萨式、热那亚式和威尼斯式的"三式簿记"。1494年,意大利数学家、会计学家卢卡·帕乔利的《数学大全》一书在威尼斯出版发行,该书对借贷复式记账法作了系统的介绍,并介绍了以日记账、分录账和总账三种账簿为基础的会计制度,以后相继传至世界各国,为现代会计的发展奠定了基础。

辛亥革命以后,我国会计学家积极引进了西方会计,使我国会计事业有了发展。在20世纪30年代发起的改良中式簿记运动,对中小型企业的会计曾经起过一定的作用,但仍存在"中式簿记"和"西式簿记"并存的局面。

中华人民共和国成立以来,根据不同时期经济发展的要求,我国会计朝着与国际惯例接轨的方向不断地演进发展,产生了一系列按照所有制性质和企业经营方式划分的企业会计制度。

1993年,财政部公布《企业财务通则》和《企业会计准则》,以及分行业的会计制度和财务制度(简称"两则两制"),这是我国会计为适应社会主义市场经济发展和扩大对外开放,由计划经济模式向市场经济模式转换,实现会计与国际惯例初步接轨而进行的一次较大改革。此后,财政部又陆续对《企业会计准则》的基本准则和具体准则作了补充修订,同时还制定了《小企业会计制度》及企业会计制度专业核算办法等制度和办法。这是提高我国企业会计信息在全球经济中的可比性,推进我国会计国际化发展战略,全面提高我国对外开放水平的又一次较大改革。

(三) 会计的职能随现代科技的发展而扩展

现代科学技术的发展和经济体制改革的深化,使现代会计管理科学得到进一步的推广。会计在经济管理中的作用日益显著,会计的职能从核算和监督又进一步扩展到预测经济前景、参与经济决策、考核和分析计划执行情况等领域,这对于加强经济管理、提高经济效益有着重要的意义。

综上所述,会计的概念可以概括为:会计是以货币为主要计量单位,以提高经济效益为主要目标,运用专门方法对企业、机关、事业单位和其他组织的经济活动进行全面、综合、连续、系统地核算和监督,提供会计信息,并随着社会经济的日益发展,逐步开展预测、决策、控制和分析的一种经济管理活动,是经济管理活动的重要组成部分。简言之,会计是以货币为主要计量单位,核算和监督单位经济情况的一种经济管理活动。

二、会计的特点

上述会计产生和发展的过程说明,会计具有如下特点。

（一）会计以货币为主要计量单位

原始的会计计量只是简单地用实物数量和劳动量度对经营活动和财务收支进行计算和记录。随着社会生产的日益发展，会计便从简单的计量和记录，逐步地发展成为以货币为计量单位来综合核算与监督经济活动的过程。因为所有财产物资和劳动消耗的总括指标，必须利用价值形式间接地进行计算，从而取得必要的、连续的、系统的、全面的、综合的会计信息，使经济核算成为可能。

（二）会计所反映的数据资料具有连续性、系统性、综合性和完整性

会计要反映已发生或已完成的各项经济活动，了解和考核经济活动的过程和结果，必须按顺序对经济活动进行不间断地记录和计算，通过分类、汇总和加工整理，取得综合性的指标。随着社会生产的发展、经营规模的扩大和经济活动的日趋复杂，在经营管理上，会计除了要提供反映现状的核算指标，还要提供预测未来的会计信息，由此会计从事后反映发展到预测未来，以便为实现预期效果而采取相应的措施。

（三）会计的核算职能与监督职能相结合

会计的事前、事中和事后监督是对会计信息的正确性、真实性和合法性进行检查和监督。会计监督是对会计核算的继续和补充，对经济活动具有促进、控制、考核和指导作用，两者不能分离。会计监督首先是在反映各项经济活动的同时，进行事前监督，并且利用各种价值指标来考核经济活动的效果。随着经济的发展，参与企业预测、决策、控制、考核将成为会计的主要方面。

（四）会计为提高经济效益服务

提高经济效益是会计的主要目标，充分利用会计信息反馈、参与经营决策，也是现代会计的特点，它会给社会和企业带来经济利益。

三、会计的职能

会计的职能是指会计在经济管理过程中所具有的功能。"过程的控制和观念总结"（《马克思恩格斯全集》第 24 卷，第 152 页）就是指会计对经济活动的核算与监督，这是对会计职能的科学概括。随着经济的不断发展，经济关系的复杂化和管理理论水平的不断提高，会计职能的内涵也不断得到充实，新的领域得以开拓。

根据会计的特点，会计的职能可以概括为：综合核算与监督经济活动过程，参与企业预测、决策，并对经济活动进行控制和分析。

(一) 会计的基本职能是核算与监督

会计的基本职能包括会计核算和会计监督。会计核算职能也称反映职能,即马克思所指的"观念总结",一般是指反映经济活动情况,为经济管理提供会计信息。但随着经济的发展,会计的核算职能从事后反映发展到预测未来。会计监督职能也称控制职能,即马克思所指的"过程的控制",一般是指利用会计信息对单位进行有效地指导、控制和调节,包括事前、事中和事后的监督。通过控制、分析和检查,发挥会计的控制、考核和促进作用,引导人们在经济活动中权衡利弊、比较得失、提高经济效益。

会计核算职能是会计监督职能的基础,会计监督职能则又贯穿于会计核算的全过程。会计核算是会计监督的依据,会计监督是会计核算的质量保证,两者相辅相成,既有独立要求,又紧密联系,缺一不可。

(二) 会计职能的分化组合

会计的基本职能是核算与监督,但随着历史的进展,传统的职能得到不断充实,新的职能不断出现,各种职能的重要性也发生了变化。例如,随着我国经济体制改革和国民经济发展需要的不断变化,为了加强经济核算,提高经济效益,要求会计工作预测经济前景、控制经济过程、参与经济计划和经济决策,把这些职能从核算与监督中分离出来,就更切合实际和符合需要,因此,会计学术界提出了"会计多功能论"。我国会计界一般认为,会计除了核算与监督外,还有预测、决策、控制、分析等职能,这些,本书将在第十一章中加以叙述。

四、会计的任务

会计的任务是根据会计的职能和作用而规定的,它取决于社会主义市场经济和生产经营管理的要求。在现阶段,会计的任务主要有以下三个方面。

(一) 加强会计核算,真实、正确地提供会计信息

加强会计核算是会计的首要任务。会计核算要正确计算各项收入和支出,严格掌握成本和开支,合法、真实、正确、完整地核算经济利益,如实反映企业财务状况、经营成果和现金流量,为企业的会计信息使用者提供真实、正确、完整的会计信息,满足企业内部和外部各方面信息使用者进行决策的需要。

(二) 严格会计监督,维护会计法规,控制生产经营活动全过程

按照我国《会计法》规定,企业应建立、健全会计监督制度,定期审查会计资料的真实性、正确性和财务收支的合法性,保证会计信息质量,监督企业生产经营活

动中的重大对外投资、资产处置、资金调度和其他重要经济业务事项的决策；控制企业各项收入、费用、利得、损失和利润的实现；保护企业资源的完整；制止违反会计法规、财务制度的收支行为，从而保护企业所有者和债权人的权益，维护社会主义市场经济秩序。

（三）加强企业目标的考核与分析，发挥会计在提高企业经济效益中的作用

提高经济效益是企业生产经营活动的根本宗旨，也是会计工作的主要目标。会计部门要利用一切有利条件，除按规定进行会计核算和实行会计监督以外，还要参与制定企业各项计划和预算，分析、考核企业财务状况、经营成果和现金流量，以提高经济效益，发挥会计工作在维护社会主义市场经济、提高企业经济效益中的作用。

此外，预测经济前景、参与经营决策也是会计工作的重要任务，这点有待进一步阐述。

第二节 会 计 对 象

一、会计对象的概念

会计对象是指会计所要核算与监督的内容。社会再生产过程是由生产、分配、交换、消费四个相互关联的环节构成的，它概括了各种经济活动。如前所述，会计是以货币计量的，因此，会计所要反映和核算的只是能用货币表现的那部分经济活动的内容。在我国，企业、行政事业单位和其他组织经济活动的内容虽各有不同，但它们的所有财产物资都是以货币形式表现出来的，并在生产经营和收支活动中不断发生变化。这些财产物资的货币表现以及货币本身称为资金，即会计对象就是社会再生产过程中的资金运动。

二、会计对象的内容

任何事物的运动都有相对静止和显著变动两种形态，资金运动也不例外，也有静态和动态两个方面，现对企业的资金运动表现和会计对象具体内容分别说明如下。

企业是从事生产销售和服务的营利性经济单位。不同的行业如工业、商业、农业、交通运输业、服务业等，其经济活动内容虽有所不同，但都必须拥有一定数量的

资金,且其数量随着经济活动的进行不断发生变化。

现以生产企业和商品流通企业为例,分析其资金运动表现。

(一)资金运动的静态表现

资金运动的静态表现是指一个企业在一定时点上的资产总值和权益总值,即资产和负债及所有者权益的恒等关系。其内容反映在企业的资产负债表中。

资产是企业资金的占用。生产企业的经济活动是生产和销售产品,其资产分布及存在的形态主要是房屋及建筑物、机器及设备、材料物资、加工中商品、库存商品、银行存款、库存现金,以及结算过程中的应收及预付款项等债权。权益是对资产的所有权,是企业资金的来源,包括负债和所有者权益。其取得和形成的形态,主要是投入资本、待分配利润、借款及结算过程中的应付、应交及预收款项等债务。商品流通企业的资金分布及存在形态、资金取得及形成来源,除了没有材料采购、在产品外,产成品大致与生产企业相同。

企业的资金分布及存在形态、资金取得及形成来源如图1-1和图1-2所示。

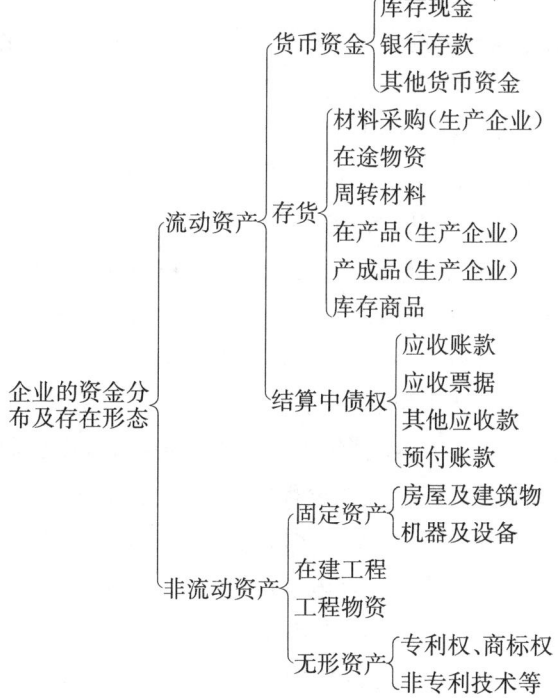

图1-1 企业的资金分布及存在形态

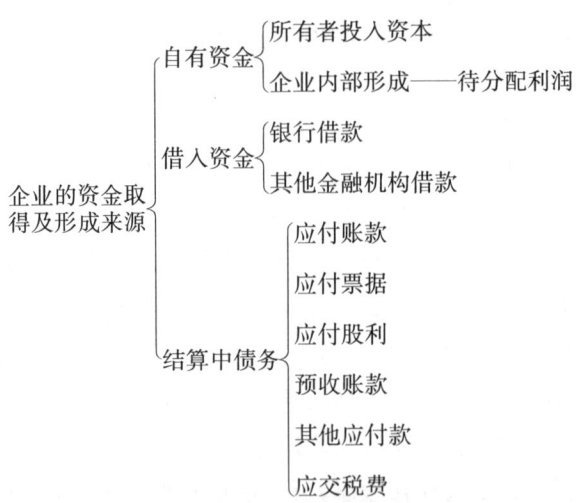

图 1-2 企业的资金取得及形成来源

（二）资金运动的动态表现

资金运动的动态表现是资金的循环和周转。它反映了一个企业在一定期间的经营成果，它是资金在生产经营过程各个阶段不断转变形态的结果，表现为收入、费用和利润。其内容反映在利润表中。

生产企业的交易或事项主要是制造产品、销售产品。在生产经营过程中，其资金运动从货币资金形态开始，依次经过采购、生产和销售，不断改变其形态，最后又回到货币资金形态。企业取得资金后，在采购过程中，用货币购入各种原材料，资金形态从而由货币资金转化为储备资金；在生产过程中，企业利用劳动手段将原材料投入生产，产生了原材料的消耗、固定资产的折旧、工资的支付和生产费用的开支，使储备资金和一部分货币资金转化为生产资金；产品完工后，生产资金就转化为成品资金；在销售过程中，产品销售出去取得销售收入，成品资金又转化为货币资金，同时支付销售费用。在这三个过程中，货币资金依次不断改变其形态，称为资金循环；资金周而复始地不断循环，称为资金的周转。企业对净收入进行分配时，一部分资金就退出了循环。其具体过程如图 1-3 所示。

商品流通企业的经济业务主要是组织商品流通，其经营过程有商品购进和销售两个阶段，其资金运动主要是按照"货币→商品→货币"的方式不断依次进行。在商品购进阶段，用货币购入商品，货币资金转化为商品资金；在商品销售阶段，取得销售收入，商品资金又转化为货币资金。其具体过程如图 1-4 所示。

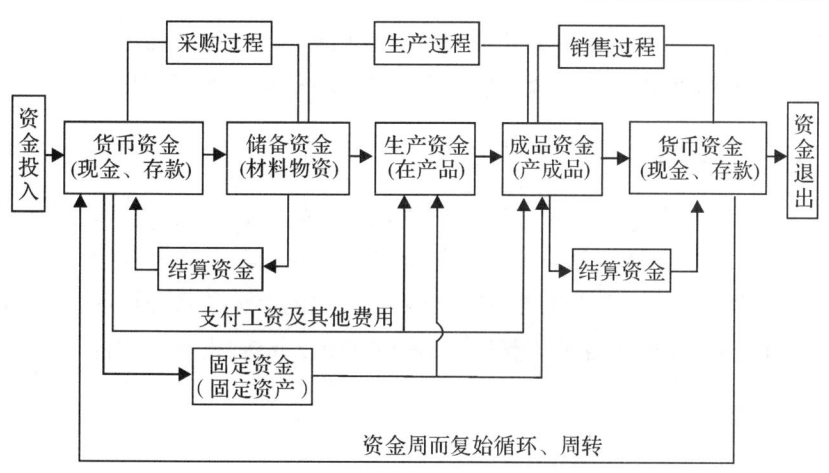

图 1-3　生产企业资金循环图

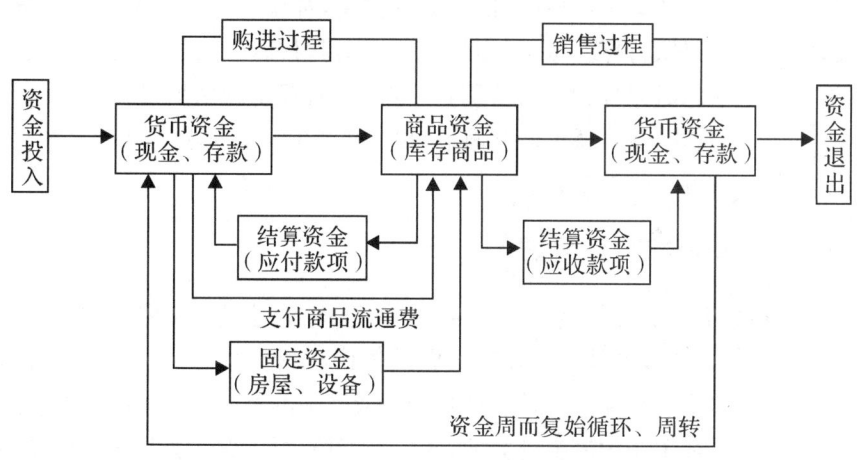

图 1-4　商品流通企业资金循环图

第三节　会计核算方法

会计方法是核算与监督会计对象、完成会计任务的手段。会计方法包括会计核算方法、会计分析方法和会计检查方法。会计核算方法是对经济业务进行完整、连续和系统的记录和计算,为经营管理提供必要的会计信息所应用的方法。它一般包括设置会计科目和账户、复式记账、填制和审核会计凭证、登记账簿、成本计算、财产清查、编制财务会计报告和会计资料分析利用等几个方面。本节主要介绍会计核算方法,会计分析和会计检查的相关方法,将在本书第十一章中另行说明。

一、设置会计科目和账户

设置会计科目和账户是对会计核算对象的具体内容进行归类、核算、监督的一种专门方法。由于会计核算对象十分复杂,为了系统地、连续地进行核算与监督,企业除了设立科目进行分类以外,还必须根据规定的会计科目开设账户,分别登记各项经济业务,以便取得各种核算指标,并随时加以分析、检查和监督。

二、复式记账

复式记账是对每一项经济业务通过两个或两个以上有关账户相互联系起来进行登记的一种专门方法。任何一项经济活动都会引起资金的增减变动或财务收支的变动,因为在经济活动中,每项经济业务的发生,都会引起至少两个方面资金的增减变动。例如,以银行存款购买材料,一方面引起材料的增加,另一方面引起银行存款的减少。又如,以现金偿付费用,一方面引起费用的增加,另一方面引起现金的减少。采用复式记账,就可以全面地、相互联系地反映资金增减变化和财务收支变化情况,并掌握它们的来龙去脉。

三、填制和审核会计凭证

填制和审核会计凭证是审查经济活动是否合理、合法的一种专门方法。

在会计核算中要以会计凭证作为记账的依据,填制和审核会计凭证可以保证会计记录完整、真实和可靠。会计凭证是交易或事项的书面证明,是登记账簿的依据,对每一项交易或事项填制会计凭证,并加以审核,可以保证会计核算的质量,并明确经济责任。

四、登记账簿

登记账簿是根据会计凭证,在账簿上连续地、系统地、完整地记录交易或事项的一种专门方法。按照记账的方法和程序登记账簿并定期进行对账、结账,可以提供完整的、系统的会计资料,也是完整、正确编制会计报表的依据。

五、成本计算

成本计算是按一定的成本对象,对生产、经营过程中所发生的成本、费用进行归集,以确定各对象的总成本和单位成本的一种专门方法。通过准确计算成本,企业可以掌握成本的构成情况,检查成本计划的完成情况,了解生产经营活动的成果,促使自身加强核算,节约支出,提高经济效益。

六、财产清查

财产清查是对单位各项财产物资进行实物盘点、账面核对以及对各项往来款项进行查询、核对,以保证账账、账实相符的一种专门方法。通过财产清查,可以查明各项财产物资、债权债务和所有者权益情况,加强物资管理,监督财产是否完整,并为正确核算损益提供正确的资料。

七、编制财务会计报告

编制财务会计报告是定期向财务会计报告使用者提供与企业财务状况、经营成果和现金流量等有关会计信息,反映企业管理层受托责任履行情况的一种专门方法。编制财务会计报告有助于财务会计报告使用者作出经济决策。

八、会计资料分析利用

会计资料分析利用是指对会计资料所反映的各项经济指标进行分析对比,确定差异,分析差异的原因,以进一步提高单位经济管理水平的一种专门方法。

以上各种专门方法是一个完整的体系,是相互联系、紧密结合的,必须一环紧扣一环,才能保证核算工作的顺利进行。

会计核算方法体系如图1-5所示。

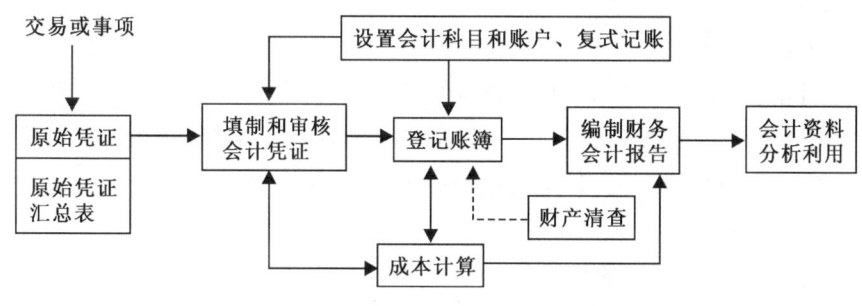

图 1-5 会计核算方法体系图

由于企业的规模不同、生产经营管理的要求不同，账务处理程序也有所不同，本书将在第八章作详细介绍。

第四节 会 计 法 规

会计法规是我国经济法规的一个组成部分。它是由国家和地方立法机关及中央、地方各级政府和行政部门制定颁发的有关会计方面的法律、法规、制度、办法和规定。这些法律、法规、制度、办法和规定是贯彻国家有关方针、政策和加强会计工作的重要工具，是处理会计工作的规范。

会计法规体系可以从法律来源上划分为下列层次：一是由全国人民代表大会常务委员会统一制定的会计法律，如《中华人民共和国会计法》（以下简称《会计法》），它是一部规范我国会计活动的基本法规；二是由国务院（或财政部）制定的会计行政法规，如《企业会计准则》，它是按照基本法规的要求制定的专项会计法规，是制定会计制度的依据。另外，企业还需根据《企业会计准则》的规定，参照部门规章和地方性会计法规结合企业具体情况制定会计核算办法。

一、会计法

我国《会计法》于1985年公布，经过1993年、2017年两次修正和1999年一次修订，其主要目的是为了规范会计行为，保证会计资料真实和完整，加强经济管理和财务管理，提高经济效益和维护社会主义市场经济秩序。

2017年新修正后的《会计法》共分七章五十二条，包括：总则，会计核算，公司、企业会计核算的特别规定，会计监督，会计机构和会计人员，法律责任，附则。现将主要内容作一简述。

（一）会计核算

《会计法》规定，各单位必须根据实际发生的经济业务事项进行会计核算，填制会计凭证，登记会计账簿，编制财务会计报告。任何单位不得以虚假的经济业务事项或者资料进行会计核算。各单位应当办理会计手续、进行会计核算的经济业务事项有以下几项：

（1）款项和有价证券的收付。

（2）财物的收发、增减和使用。

（3）债权债务的发生和结算。

（4）资本、基金的增减。

（5）收入、支出、费用、成本的计算。

（6）财务成果的计算和处理。

（7）需要办理会计手续、进行会计核算的其他事项。

《会计法》还规定了对会计核算的基本要求，包括对会计年度、记账本位币的要求，对会计凭证、会计账簿、财务会计报告和其他会计资料的要求，以及对会计核算程序的要求等。

《会计法》对强化会计核算提出了要求，并增加了特别规定。

1. 要求确保会计资料的真实和完整

会计资料的真实和完整是会计工作的基本要求。《会计法》要求，各单位必须根据实际发生的经济业务事项进行会计核算，填制会计凭证，登记会计账簿，编制财务会计报告。任何单位不得以虚假的经济业务事项或者资料进行会计核算。任何单位和个人不得以任何方式授意、指使、强令会计机构、会计人员伪造、变造会计凭证、会计账簿和其他会计资料，提供虚假财务会计报告。

《会计法》强化了单位负责人对本单位会计工作和会计资料的真实性、完整性负责的责任制。《会计法》明确指出，单位负责人应当保证财务会计报告的真实、完整。

2. 确立记账基本规则，保证会计核算依法进行

我国原《会计法》没有明确规定记账规则，而《企业会计准则》和《企业财务通则》又没有规定相应的法律责任，造成管理松散，甚至出现了私设假账等情况。为此，新《会计法》对账簿登记有以下四项规定：

（1）会计账簿登记，必须以经过审核的会计凭证为依据，并符合有关法律、行政法规和国家统一的会计制度的规定。

（2）各单位不得违反《会计法》和国家统一的会计制度的规定私设会计账簿登记、核算。

（3）各单位应当定期将会计账簿记录与实物、款项及有关资料相互核对，保证会计账簿记录与实物及款项的实有数额相符、会计账簿记录与会计凭证的有关内容相符、会计账簿之间相对应的记录相符、会计账簿记录与会计报表的有关内容相符。

（4）各单位采用的会计处理方法，前后各期应当一致，不得随意变更；确有必要变更的，应当按照国家统一的会计制度的规定变更，并将变更的原因、情况及影

响在财务会计报告中说明。

《会计法》对会计凭证、财务会计报告等也提出了相应的要求。

3. 增加了"公司、企业会计核算的特别规定"内容

公司、企业的经济核算比较复杂，《会计法》针对公司、企业会计的特点，借鉴国际上规范公司、企业会计行为的一般做法，增加"公司、企业会计核算的特别规定"一章，要求公司、企业除应当遵守该章的规定外，不得有下列行为：

（1）随意改变资产、负债、所有者权益的确认标准或者计量方法，虚列、多列、不列或者少列资产、负债、所有者权益。

（2）虚列或者隐瞒收入，推迟或者提前确认收入。

（3）随意改变费用、成本的确认标准或者计量方法，虚列、多列、不列或者少列费用、成本。

（4）随意调整利润的计算、分配方法，编造虚假利润或者隐瞒利润。

（5）违反国家统一的会计制度规定的其他行为。

（二）会计监督

《会计法》规定了会计监督的主体、对象和内容。会计监督的主体是本单位的会计机构和会计人员；会计监督的对象是本单位的经济活动，即内部会计监督；会计监督的内容主要包括原始凭证、财产物资和财务收支三个方面。

1. 建立、健全内部会计监督制度

《会计法》规定，各单位应当建立、健全本单位内部会计监督制度。单位内部会计监督制度应当符合下列要求：

（1）记账人员与经济业务事项和会计事项的审批人员、经办人员、财物保管人员的职责权限应当明确，并相互分离、相互制约。

（2）重大对外投资、资产处置、资金调度和其他重要经济业务事项的决策和执行的相互监督、相互制约程序应当明确。

（3）财产清查的范围、期限和组织程序应当明确。

（4）对会计资料定期进行内部审计的办法和程序应当明确。

2. 明确各有关部门在会计监督中的责任

（1）单位负责人应当保证会计机构、会计人员依法履行职责，不得授意、指使、强令会计机构、会计人员违法办理会计事项。

（2）会计机构、会计人员对违反《会计法》和国家统一的会计制度规定的会计事项，有权拒绝办理或者按照职权予以纠正。

（3）任何单位和个人对违反《会计法》和国家统一的会计制度规定的行为，有权检举。收到检举的部门有权处理的，应当依法按照职责分工及时处理；无权处理的，应当及时移送有权处理的部门处理。收到检举的部门、负责处理的部门应当为检举人保密，不得将检举人姓名和检举材料转给被检举单位和被检举人个人。

（4）有关法律、行政法规规定，须经注册会计师进行审计的单位，应向受委托的会计师事务所如实提供会计凭证、会计账簿、财务会计报告和其他会计资料以及有关情况。任何单位或者个人不得以任何方式要求或示意注册会计师及其所在的会计师事务所出具不实或者不当的审计报告。财政部门有权对会计师事务所出具审计报告的程序和内容进行监督。

（5）财政部门对各单位的下列情况实施监督：①是否依法设置会计账簿。②会计凭证、会计账簿、财务会计报告和其他会计资料是否真实、完整。③会计核算是否符合《会计法》和国家统一的会计制度的规定。④从事会计工作的人员是否具备专业能力、遵守职业道德。

（6）财政、审计、税务、人民银行、证券监管、保险监管等部门应当依照有关法律、行政法规规定，对有关单位的会计资料实施监督检查。有关监督检查部门已经作出的检查结论能够满足其他监督检查部门履行本部门职责需要的，其他监督检查部门应当加以利用，避免重复查账。

（7）依法对有关单位的会计资料实施监督检查的部门及其工作人员对在监督检查中知悉的国家秘密和商业秘密负有保密义务。

（8）各单位必须依照有关法律、行政法规的规定，接受有关监督检查部门依法实施的监督检查，如实提供会计凭证、会计账簿、财务会计报告和其他会计资料以及有关情况，不得拒绝、隐匿、谎报。

（三）会计机构和会计人员

1. 会计机构

《会计法》规定，各单位应当根据会计业务的需要，设置会计机构，或者在有关机构中设置会计人员并指定会计主管人员；不具备设置条件的，应当委托经批准设立从事会计代理记账业务的中介机构代理记账。国有的和国有资产占控股地位或者主导地位的大、中型企业必须设置总会计师。

会计机构内部应建立稽核制度。出纳人员不得兼任稽核，会计档案保管，收入、支出、费用、债权债务账目的登记等工作。

2. 会计人员

《会计法》规定,会计人员应当具备从事会计工作所需要的专业能力。担任单位会计机构负责人(会计主管人员)的,应当具备会计师以上专业技术职务资格或者从事会计工作3年以上经历;会计人员调动工作或离职,必须与接管人员办清交接手续。

因有提供虚假财务会计报告,做假账,隐匿或者故意销毁会计凭证、会计账簿、财务会计报告,贪污、挪用公款,职务侵占等与会计职务有关的违法行为被依法追究刑事责任的人员,不得再从事会计工作。

(四)法律责任

1. 应负法律责任的内容

凡违反《会计法》规定,有下列行为之一的,由县级以上人民政府财政部门责令限期改正,可以对单位并处3 000元以上、50 000元以下的罚款;对其直接负责的主管人员和其他直接责任人员,可以处以2 000元以上、20 000元以下的罚款;属于国家工作人员的,还应当由所在单位或者有关单位依法给予行政处分。具体内容如下:

(1) 不依法设置会计账簿的。

(2) 私设会计账簿的。

(3) 未按照规定填制、取得原始凭证或者填制、取得的原始凭证不符合规定的。

(4) 以未经审核的会计凭证为依据登记会计账簿或者登记会计账簿不符合规定的。

(5) 随意变更会计处理方法的。

(6) 向不同的会计资料使用者提供的财务会计报告编制依据不一致的。

(7) 未按照规定使用会计记录文字或者记账本位币的。

(8) 未按照规定保管会计资料,致使会计资料毁损、灭失的。

(9) 未按照规定建立并实施单位内部会计监督制度或者拒绝依法实施监督或者不如实提供有关会计资料及有关情况的。

(10) 任用会计人员不符合《会计法》规定的。

2. 应追究刑事责任的内容

《会计法》规定,凡有以下各条,构成犯罪的,依法追究刑事责任:

(1) 伪造、变造会计凭证、会计账簿,编制虚假财务会计报告的。

（2）隐匿或者故意销毁依法应当保存的会计凭证、会计账簿、财务会计报告的。

（3）授意、指使、强令会计机构、会计人员及其他人员伪造、变造会计凭证、会计账簿，编制虚假财务会计报告或者隐匿、故意销毁依法应当保存的会计凭证、会计账簿、财务会计报告的。

（4）单位负责人对依法履行职责、抵制违反《会计法》规定行为的会计人员以降级、撤职、调离工作岗位、解聘或者开除等方式实行打击报复的。

以上各条如果尚不构成犯罪的，可以分别情况，依法处以不同的罚款；属于国家工作人员的还应当由其所在单位或者有关单位依法给予撤职甚至开除的行政处分；其中的会计人员，5年内不得从事会计工作。

二、企业会计准则

企业会计准则也称企业会计原则，它是企业会计确认、计量和报告行为的规范，是制定会计制度的依据，也是保证会计信息质量的标准。在西方经济发达的国家，一般都有一个统一的会计准则，有的由政府机关制定，有的由民间职业团体根据会计惯例制定。企业的会计制度可按照企业会计准则自行制定。我国过去没有统一的会计准则，企业一直执行按不同行业和不同所有制性质制定的会计制度，这是新中国成立以来根据计划经济体制的模式规定的，在历史上曾发挥一定的作用。

为了适应社会主义市场经济和对外开放的需要，经国务院批准，我国财政部于1992年11月发布了《企业会计准则》，并自1993年7月1日起执行。此后，我国财政部又研究制定了多项具体准则，使我国会计从传统的计划经济模式向社会主义市场经济模式转换，初步实现了我国会计与国际会计的趋同。

我国企业会计准则体系包括基本会计准则和具体会计准则两个层次。基本会计准则是纲，具体会计准则是目，具体会计准则的制定应遵循基本会计准则的规定。

（一）基本会计准则

基本会计准则是进行会计核算工作必须遵守的基本要求，现行的《企业会计准则——基本准则》的主要内容包括会计基本前提、会计信息质量要求、会计要素和财务会计报告等。会计要素和财务会计报告的内容分别在本书第二章和第十章中进行阐述。本章重点介绍会计基本前提和会计信息质量要求。

1. 会计基本前提

会计基本前提也称会计假设,是对会计所处的时间和空间环境所作的合理假定,即对会计领域里某些无法从正面加以论证的事物,根据客观的、正常的情况和趋势经过逐步认识所作的合理的判断。例如,为了及时计算企业的损益情况,就有必要将企业的生产过程人为地划分为一定期间;为了反映企业的经营情况,就有必要选择确立一定的计量单位等。会计基本前提包括会计主体、持续经营、会计分期和货币计量等内容。

(1) 会计主体。会计主体是指会计信息所反映的单位。一个会计主体是一个独立的经济实体。企业作为一个会计主体,应当对其本身发生的交易或事项进行会计确认、计量和报告,独立地记录和核算企业本身各项生产经营活动,而不能核算、反映企业投资者或者其他经济主体的经济活动。

(2) 持续经营。持续经营是指企业会计确认、计量和报告应当以持续、正常的生产经营活动为前提。在一般情况下,应当假定企业将会按当前的规模和状态继续经营下去,不考虑停业、破产、清算或大规模削减业务等因素,明确这个基本前提,会计人员就可在此基础上选择会计原则和方法,如资产能够按计量基础计算成本,费用能够定期进行分配,负债能够按期偿还,否则正常的核算就无法进行。

(3) 会计分期。会计分期是指企业将持续不断的经营活动,人为地划分为等距离的经营期间,定期确立收入、费用和利润、资产、负债和所有者权益,以便结算账目、编制财务会计报告及对会计信息进行比较和分析。会计期间分为年度和中期。中期是指短于一个完整的会计年度的报告期,如半年度、季度和月度。其起讫的日期按公历日期计。

(4) 货币计量。货币计量是指会计确认、计量和报告以权责发生制为基础,采用货币作为计量单位,使企业的生产经营活动统一表现为货币运动。货币是商品的一般等价物,具有价值尺度、流通手段、储藏手段和支付手段等功能。用货币作为计量单位,能全面地反映企业的财务状况、经营成果和现金流量等会计信息。在我国,企业通常以人民币为记账本位币。业务收支以人民币以外的货币为主的企业,也可以选定其中一种货币为记账本位币,但编制财务会计报告应当折算为人民币反映。在境外设立的中国企业向国内有关部门报送财务会计报告,应当折算为人民币反映。

2. 会计信息质量要求

会计信息质量要求是会计确认、计量和报告质量的保证。其主要包括以下几个方面：

(1) 可靠性。这是指企业应当以实际发生的交易或事项为依据进行会计确认、计量和报告，如实反映符合确认和计量要求的各项会计要素及其他相关信息，保证会计信息内容真实、数字准确、记录完整、资料可靠。

(2) 相关性。这是指企业所提供的会计信息应与财务会计报告使用者的经济决策有关，要求企业在收集、记录、处理和提供会计信息的过程中能充分考虑会计信息使用者决策的需要。这有助于财务会计报告使用者对企业过去、现在或未来的情况作出评价或预测。

(3) 可理解性。这是指企业提供的会计信息应当清晰明了，便于财务会计报告使用者理解和利用，要求会计记录清晰，填制凭证、登记账簿、编制财务会计报告要数字正确、项目齐全、钩稽关系清楚。对于财务会计报告中难以用数字明确的问题，应当用文字加以说明。

(4) 可比性。这是指企业提供的会计信息应当具有可比性。同一企业不同时期发生的相同或者相似的交易或事项，应当采用一致的会计政策，前后各期应当保持一致，不得随意变更，以便对不同时期的各项指标进行纵向比较。如果确有必要变更，企业应当将变更情况、变更原因及其对企业财务状况和经营成果的影响在财务会计报告附注中予以说明。不同企业发生的相同的或者相似的交易或事项应当采用规定的会计政策，确保会计信息口径一致，相互可比，使其所提供的数据资料便于比较、分析和汇总。

(5) 实质重于形式。这是指企业应当以交易或事项的经济实质进行会计确认、计量和报告，而不应仅以交易或事项的法律形式作为依据。例如，以融资租赁方式租入的固定资产，从法律形式来讲，企业不拥有其所有权，但由于租赁合同规定的租赁期接近该项资产的使用寿命，在租赁期结束时，承租企业有优先购买该项资产的选择权，且在承租期内企业有权支配资产并从中受益。因此，从该项资产的经济实质来看，企业如果能控制其未来创造的经济利益，在会计核算上就应视为企业的资产。这体现了对经济实质的尊重，以保证会计信息与客观经济事实相符。

(6) 重要性。这是指企业所提供的会计信息应当反映与企业财务状况、经营成果和现金流量等有关的所有交易或事项，企业应当按规定的会计方法和程序进行处理，并在财务会计报告中予以充分、准确地披露，使财务会计报告使用者据此作出合理判断。对于次要的会计事项，企业则可在不影响会计信息真实性的情况下,作适当简化或合并反映。

(7) 谨慎性。谨慎性又称稳健性,是指企业对交易或者事项进行确认、计量和报告时,应保持应有的谨慎,不高估资产或收益,不低估负债或费用,应尽可能建立在比较稳妥可靠的基础上。例如,企业对可能发生的各项资产损失计提资产减值准备,就是体现了谨慎性要求。但是要注意,不能任意设置各种秘密准备,滥用谨慎性要求。

(8) 及时性。这是指对于已经发生的交易或事项,企业应当及时进行处理,会计确认、计量和报告不得提前或延后。企业要及时收集会计信息,及时对会计信息进行加工处理,及时传递会计信息,力求时效,使财务会计报告使用者有效地利用会计信息。

(二) 具体会计准则

具体会计准则是以基本会计准则为依据,对各会计要素确认、计量和报告的原则以及对会计处理及其程序作出的具体规定,是会计准则的具体化要求。目前,我国颁布施行的具体会计准则已有42项。

第五节 会计工作组织

会计工作组织是完成会计工作任务、发挥会计工作作用的重要保证。正确组织会计工作,就是要求企业、行政事业单位设置合理的会计机构,配备适当的会计人员以及建立和执行各项会计制度,以达到加强管理的要求。

一、会计机构

会计机构是组织处理会计工作的职能机构。合理设置会计机构是保证会计工作顺利进行的首要条件。

(一) 会计机构的设置

我国会计机构实行分级管理、分工负责制度。根据我国《会计法》规定,国务院财政部门设置会计事务管理机构,管理全国的会计工作;地方各级人民政府的财政部门设置财会管理部门,管理本地区会计工作;企业单位根据会计业务的需要,设置本单位的会计机构或者在有关机构中设置会计人员,并指定主管人员。如果单位既没有设置会计机构,也没有配备专职会计人员,则应当委托经批准设立从事会计代理记账业务的中介机构代理记账。各级财会部门接受上级主管部门的指导和监督；上级主管部门在统一规划、统一领导的前提下，发挥各级政府及企业的工作积极性。

(二) 会计机构内部核算组织形式

企业会计机构内部核算组织形式一般可分为独立核算机构、半独立核算机构和报账单位。

1. 独立核算机构

实行独立核算的企业必须具备一定的条件，通常要有一定的自有资金，有独立经营自主权；能够编制计划，单独计算盈亏，在银行单独开户，并经工商行政部门注册登记。

实行独立核算的单位，其核算组织形式可分为集中核算和分散核算两种。集中核算是指账务工作全部在会计部门进行的核算形式。其优点是可以减少核算环节，简化核算手续，有利于掌握全面经营情况和精减人员。分散核算是指企业所属的分厂、分公司、分部向会计部门报账（这种单位称为报账单位），或由部门编制本部门的财务会计报告送会计部门汇总（这种单位称为半独立核算单位）核算的形式。一个企业实行集中核算还是分散核算，应视企业规模的大小和经营管理的要求来决定。

2. 半独立核算机构

独立核算企业所属的分厂、分部、分公司，若其规模比较大，生产、经营上具有一定的独立性，但不具备完全独立核算的某些必要条件，如没有独立的资金，不能在银行单独开户等，就实行半独立记账并编制财务会计报告，然后将财务会计报告送会计部门汇总。其优点是能使部门负责人和职工及时掌握生产经营情况和财务成果，便于动员职工参与企业管理。

3. 报账单位

报账单位是指企业内部不单独计算盈亏，只记录和计算几个主要指标，进行简易核算，来考核其工作质量的单位和部门。这些单位和部门平时只向上级领用备用金，定期向上级报销，所有收入全部解缴上级，由财会部门集中进行核算。

(三) 会计机构内部的岗位设置

会计机构内部要求进行合理的分工，建立并健全岗位责任制。大中型企业工作内容比较繁杂，一般要分资金、成本、费用、销售、所得、损失、利润核算和内部稽核以及综合编表等，企业需要配备会计员、出纳员、成本员、稽核员、综合员等进行分工合作。这些单位可以根据业务繁简设置专业科，但必须严格执行岗位责任制。

会计人员不多的会计部门,可以根据工作内容划分各个会计人员的职权范围,实行一人一岗、一人多岗或一岗多人,各司其职,各负其责。

(四)会计机构内部控制制度和牵制制度

内部控制就是要在会计机构内部建立并健全稽核制度,对会计凭证、会计账簿、财务会计报告等会计资料的真实性和可靠性进行控制,包括账证、账账、账表、账实核对的控制,财产物资的采购、验收、保管、盘点、现金管理等方面的控制。

我国《会计法》规定,会计机构内部要有牵制制度,出纳人员不得兼管稽核、会计档案保管以及收入、费用、债权和债务账目的登记工作。此外,会计机构内部还应坚持账、钱、物分管,会计与出纳分管,经办与审批分管,以防止错误和弊端。

二、会计人员

配备适当的会计人员,是单位会计工作得以正常开展的重要条件。

(一)设置总会计师

我国《会计法》规定,国有的和国有资产占控股地位或者主导地位的大中型企业必须设置总会计师,负责组织领导本单位的会计核算和会计监督等方面的工作。总会计师由具有会计师以上专业技术资格的人员担任。总会计师的任职资格、任免程序、职责权限按《总会计师条例》规定办理。

(二)会计人员的职责权限

会计机构应该按照精简节约、提高素质和廉洁奉公的原则配备会计人员,并赋予其必要的工作职责和权利,以便其切实完成会计工作任务。

1. 会计人员的主要职责

(1)切实按照法律、法规的规定,完成会计工作任务,发挥会计工作在维护社会主义市场经济秩序、加强经济管理和提高经济效益等方面的作用。

(2)坚持原则,维护会计法律、法规,反对贪污浪费和违法乱纪行为,切实制止变造、假造账目,制止违法乱纪和伪造财务会计报告,保障会计资料的正确性。

(3)忠于职守,廉洁奉公,自觉抵制不正之风,自觉接受内部监督,自觉接受财政、审计和税务部门的监督。

(4)重科学、讲技术、顾大局、讲效益,提高从事本职工作的素质和能力,遵守会计人员的职业道德。

2. 会计人员的主要权限

（1）有权要求本单位和有关部门的领导和人员认真执行财政纪律和财务会计制度，共同按政策和制度办事。

（2）有权监督、检查本单位有关部门的资金活动、财务收支和物资管理情况，保证财产真实，收支合法、合理。

（3）有权如实反映情况，对不真实、不合理的原始凭证不予受理，对不符合实际情况的账务记录作出反应，对不符合事实的财务会计报告予以抵制。

（4）有权对贪污浪费和违法收支的行为予以制止和纠正，并有权向单位领导或上级有关部门报告。

（三）会计人员素质和职业道德修养

1. 会计人员素质

会计人员素质是指会计人员从事本职工作应具备的品质和能力，是完成会计工作任务的基本条件。它包括思想道德、专业知识、工作技能和改革创新四个方面。

（1）思想道德素质，内容包括坚持原则、秉公办事、热爱本职工作和有责任感。

（2）专业知识素质，内容包括熟悉并掌握国家有关政策以及会计的基本理论和知识。

（3）工作技能素质，内容包括处理会计工作的技术和能力。

（4）改革创新素质，内容包括对社会主义市场经济的认识和掌握现代化管理技术、计算技术的要求和态度。

2. 会计人员职业道德修养

会计人员的职业道德一般是指会计人员的最高行为准则。这种行为准则必须体现三个特点：一是必须突出会计职业的特点，符合会计职业的要求；二是应该言简意赅，便于记忆；三是应该联系会计工作实际，但又要与会计工作有所区别。

财政部发布的《会计基础工作规范》，要求会计人员遵守职业道德，树立良好的职业品质和严谨的工作作风，严守工作纪律，努力提高工作效率和工作质量。具体应做到如下几点。

（1）敬业爱岗，即热爱本职工作，努力钻研业务，使自己的知识和技能适应所从事工作的要求。

（2）熟悉法规，即熟悉财经法律、法规和国家统一的会计准则、制度，并结合会计工作进行广泛宣传。

（3）依法办事，即按照会计法律、法规和国家统一的会计准则、制度规定的程序和要求进行会计工作，保证所提供的会计核算合法、真实、准确、及时和完整。

（4）客观公正，即办理会计事务应当实事求是、客观公正。

（5）搞好服务，即熟悉本单位的生产经营和业务管理情况，运用掌握的会计信息和会计方法，为改善本单位内部管理、提高经济效益服务。

（6）保守秘密，即保守本单位的商业秘密，除法律规定和单位领导人同意外，不能私自向外界提供或者泄露单位的会计信息。

复习思考题

1. 什么是会计？它有什么特点？
2. 什么是会计的职能？会计的基本职能是什么？
3. 会计的任务是什么？什么是会计的首要任务？
4. 什么是会计对象？为什么说会计对象也就是社会再生产过程中的资金运动？
5. 什么是资金循环和周转？举例说明生产企业和商品流通企业的资金循环和周转的过程。两者有何不同？
6. 会计核算有哪些专门方法？
7. 什么是会计法？我国《会计法》有哪些特点？
8. 什么是会计基本前提？其主要内容是什么？
9. 什么是会计信息质量要求？其主要内容是什么？
10. 会计机构内部核算组织形式有哪几种？
11. 会计人员的职业道德内容是什么？

第二章

会计科目、会计账户和复式记账

【内容提示】 设置会计科目、会计账户和复式记账是会计核算的专门方法。本章阐明了设置会计科目的原则,设置会计账户和复式记账的理论依据及借贷记账法的基本内容。学习本章,学生应了解资金平衡原理和会计要素的构成,以及复式记账法的理论依据;明确会计科目与会计账户的概念、会计科目名称、会计账户的结构和内容,以及会计账户与会计科目之间的区别和联系;掌握会计账户和借贷记账法的基础知识,以及对各单位经济业务进行归类、记录等方面的技能。

第一节 资金平衡原理

一、资金平衡关系

前一章曾述及资金运动处于静态状况时,表现为资金的使用和资金的来源两个方面。这两个方面有着相互依存、互为转化的关系,有一定的资金使用,必定有一定的资金来源。这是同一资金的两个侧面,表示资金从哪里来,又用到哪里去,而且两者的数额必定是相等的,完整地反映了资金的来龙去脉。

例如,某公司所有者投入资本 500 000 元,向银行借入 100 000 元,欠甲单位货款 30 000 元;用于购买商品 200 000 元、购置设备 300 000 元;银行存款 80 000 元;应收乙单位货款 50 000 元。资金总额为 630 000 元,即资金来源是 630 000 元,资金使用也是 630 000 元,两者总额是相等的。资金平衡关系如图 2-1 所示(单位:元)。

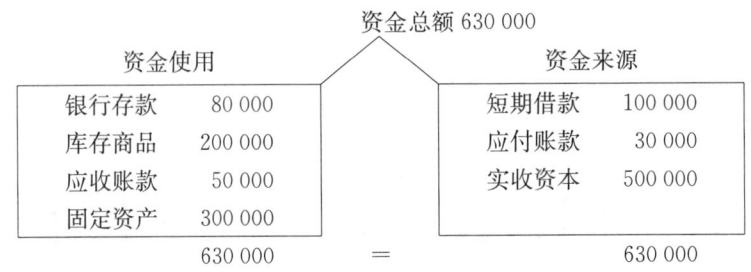

图 2-1 资金平衡关系

二、会计要素

前一章述及会计对象的内容繁多,涉及面广。为了便于会计核算,必须对其作进一步的分类,这样不仅有利于对不同经济类别进行确认、计量、记录和报告,而且还可以为设置会计科目和设计财务报表提供依据。这种分类的类别在会计上称为会计要素。概括地说,所谓会计要素,就是对会计对象按其经济特征所作的进一步分类。它是会计对象的基本组成部分。

会计要素应当按交易或事项的经济特征确定。

企业的会计要素由资产、负债、所有者权益、收入、费用和利润这六项构成。其中,前三项反映企业在一定时点上(月末、季末、半年末、年末)的静态资金运动;后三项反映企业在一定期间(月度、季度、半年度、年度)的动态资金运动。

1. 资产

资产是指企业过去的交易或者事项形成的、由企业拥有或者控制的、预期会给企业带来经济利益的资源。

上述定义说明,资产必须具备下列基本特征:

(1) 资产是企业过去的交易或者事项形成的。这就是说,企业资产必须是现实的而不是预期的资产,它是企业过去已经发生的交易或者事项所产生的结果,包括购置、生产、建造等行为或其他交易或者事项。预期在未来发生的交易或事项不形成资产。

(2) 资产是企业拥有或者控制的资源。这就是说,一项资源要作为企业资产,企业必须享有此项资源的所有权,此项资源可以由企业自行使用或处置,如货币、建筑物、机器设备、材料等。在某些条件下,一些由特殊方式形成的资源,虽然企业不享有其所有权,但此项资源能够被企业所控制,也可作为企业资产,如融资租入固定资产、专利权等,这些有利于企业生产经营活动的资源也属于资产。

(3)资产预期会给企业带来经济利益。这是资产最重要的特征。所谓预期会给企业带来经济利益,是指能直接或间接导致现金或现金等价物流入企业的潜力,如出售产品直接取得经济利益以及对外投资获得的股利等。如果预期不能给企业带来经济利益的资源,就不能确认其为企业的资产。

凡符合上述资产定义的资源,同时还需满足下列两个条件才能确认为资产:一是与该资源有关的经济利益很可能流入企业;二是该资源的成本或者价值能够可靠地计量。

资产按其流动性可分为流动资产和非流动资产两类。

2. 负债

负债是指企业过去的交易或者事项形成的、预期会导致经济利益流出企业的现时义务。

上述定义说明,企业负债的特征是由过去的交易或者事项而形成的现时义务。现时义务是指企业在现行条件下应承担的义务,即导致负债的交易或事项已经发生的义务,如购货的应付账款、借入的款项等。只有因过去的交易或者事项已经产生的负债,才能确认偿还的义务,而正在筹划的未来发生的交易或者事项形成的义务,不属于现时义务,不应当确认为负债。

凡是符合上述负债定义的义务,同时还需满足下列两个条件才能确认为负债:一是与该义务有关的经济利益很可能流出企业,一般来说,企业履行偿还义务时会有经济利益的流出,如支付现金、提供劳务、转让其他财产等;二是未来流出的经济利益的金额能够可靠地计量。

负债按其流动性可分为流动负债和非流动负债两类。

3. 所有者权益

所有者权益是指企业资产扣除负债后由所有者享有的剩余权益。公司的所有者权益又称为股东权益。所有者权益金额取决于资产和负债的计量。

企业资产形成的资金来源,包括向债权人借入和所有者直接投入两个方面。向债权人借入的资金,形成企业的负债;所有者直接投入的资金,形成所有者权益。

所有者权益的来源包括所有者投入的资本(或股本)、直接计入所有者权益的利得和损失及留存收益。

直接计入所有者权益的利得和损失,是指由企业非日常活动所发生、不应计入当期损益、会导致所有者权益发生增减变动的、与所有者投入资本或者向所有者分配利润无关的利得或损失。

利得是与所有者投入资本无关的、会引起所有者权益增加的经济利益流入；损失是与所有者利润分配无关的、会引起所有者权益减少的经济利益流出。

4. 收入

收入是指企业在日常活动中形成的、会导致所有者权益增加的、与所有者投入资本无关的经济利益的总流入。

根据收入的定义，确认收入的条件有两个：

（1）由日常活动形成。日常活动应理解为企业为完成其生产经营目标而从事的所有活动，以及与之相关的其他活动，如工业企业销售产品，流通企业销售商品，服务企业提供劳务、出租等日常活动。

（2）经济利益总流入。经济利益是指现金或最终能转化为现金的非现金资产。收入只有在经济利益很可能流入，从而导致资产增加或者负债减少，而且经济利益的流入额能够可靠地计量时才能予以确认。经济利益总流入是指本企业经济利益的流入，包括销售收入、劳务收入、使用费收入、租金收入、股利收入等主营业务和其他业务收入，不包括为第三方或客户代收的款项。

5. 费用

费用是指企业在日常活动中发生的、会导致所有者权益减少的、与向所有者分配利润无关的经济利益的总流出。

根据费用的定义，费用只有在经济利益很可能流出从而导致企业资产减少或者负债增加，且经济利益的流出额能够可靠地计量时才能予以确认。

（1）企业在日常活动中所发生的费用，可划分为两类：一类是企业为生产产品、提供劳务等发生的费用，应计入产品成本或劳务成本，包括直接材料、直接人工和制造费用，企业应当在确认产品销售收入、劳务收入等时将已销售产品、已提供劳务的成本等计入当期损益；另一类是不应计入成本而应直接计入当期损益的期间费用，包括管理费用、财务费用和销售费用，企业应当在发生时确认为费用，计入当期损益。

（2）经济利益的流出。费用与收入相反，收入是资金流入企业形成的，会增加企业的所有者权益；而费用则是企业资金的付出，会减少企业的所有者权益，其实质就是一种资产流出，最终导致企业资源减少。费用只有在经济利益很可能流出从而导致企业资产减少或者负债增加，而且经济利益的流出额能够可靠地计量时才能予以确认。

6. 利润

利润是指企业在一定会计期间的经营成果。利润包括收入减去费用后的净额、直接计入当期利润的利得和损失等。直接计入当期利润的利得和损失，是指应当计入当期损益、会导致所有者权益发生增减变动的、与所有者投入资本或者向所有者分配利润无关的利得和损失。

利润金额取决于收入和费用、直接计入当期利润的利得和损失金额的计量。

企业利润是由营业利润、利得、损失和所得税费用等部分组成的。营业利润加上当期利润的利得，减去当期利润的损失，其余额为利润总额。利润总额减去所得税费用后的余额称为净利润。

以上各要素，凡符合资产、负债的定义和确认条件的项目，以及所有者权益项目应列入资产负债表；凡符合收入、费用的定义和确认条件的项目，以及利润项目应列入利润表。

企业会计要素项目的分类，如图 2-2 所示。

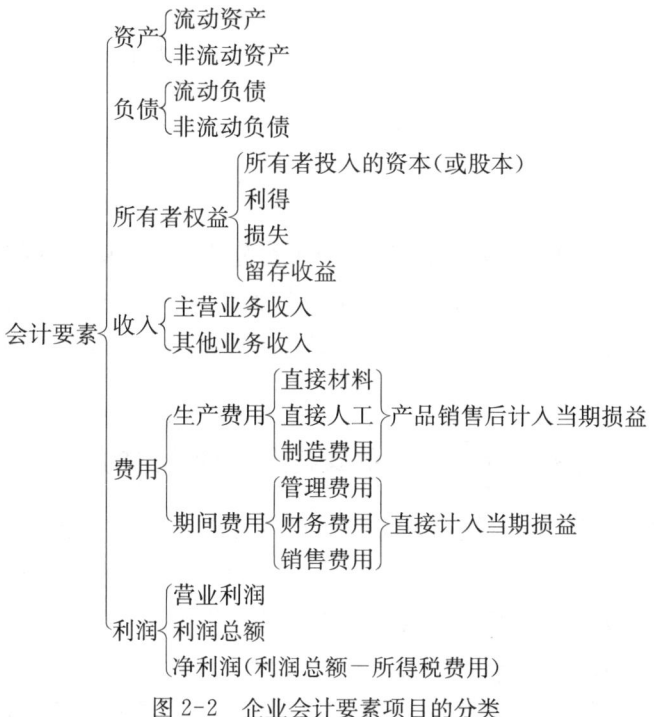

图 2-2　企业会计要素项目的分类

三、基本会计等式

会计等式是由会计要素组成的,反映了会计要素之间的平衡关系,会计等式的经济内容和数量上的等量关系是资金平衡的理论依据。

企业的资金运动在静态情况下,其资产、负债和所有者权益三要素存在着平衡关系。资产各项目反映了资金的使用情况,负债和所有者权益各项目反映了资金的来源情况,其平衡公式如下:

$$资产 = 负债 + 所有者权益$$

资金运动在动态情况下,企业循环周转过程中发生的收入、费用和利润也存在着平衡关系,其平衡公式如下:

$$收入 - 费用 = 利润$$

上述两个平衡公式相互之间存在着有机的联系。在会计期间的任一时刻,两个公式可以合并为:

$$资产 = 负债 + 所有者权益 + (收入 - 费用)$$

企业在结算时,利润经过分配,上述平衡公式又表现为:

$$资产 = 负债 + 所有者权益$$

由于"资产=负债+所有者权益"这个平衡公式反映了资产的归属关系,是会计对象的公式化,其经济内容和数学上的等量关系,既是资金平衡的理论依据,也是设置会计账户、复式记账和编制财务会计报告的基本理论依据。因此,会计上又称其为基本会计等式。

四、经济业务的发生对会计等式各个会计要素的影响

我国各类企业平日发生的经济业务是千变万化、多种多样的。每一笔经济业务的发生,都会对会计要素产生一定影响。一项会计要素发生增减变动,其他有关要素也必然随之发生等额变动;或者是在同一会计要素中,某一具体项目发生增减变动,其他有关项目也会随之等额变动。但不管会计要素如何增减变动,都不会破坏会计等式中各要素的平衡关系,其资产总量总是与负债和所有者权益的总量相等的。归纳起来,经济业务的发生所引起等式两边会计要素的增减变动方式不外

乎以下4种类型。

(1) 资产方和负债方双方项目同时增加,增加的金额相等,变动后的等式仍保持平衡。

(2) 资产方和负债方双方项目同时减少,减少的金额相等,变动后的等式仍保持平衡。

(3) 资产方内部项目有增有减,增减的金额相等,变动后的资产方总额不变,等式仍保持平衡。

(4) 负债方内部项目有增有减,增减的金额相等,变动后的负债方总额不变,等式仍保持平衡。

以上4种资金变化情况,如图2-5所示。

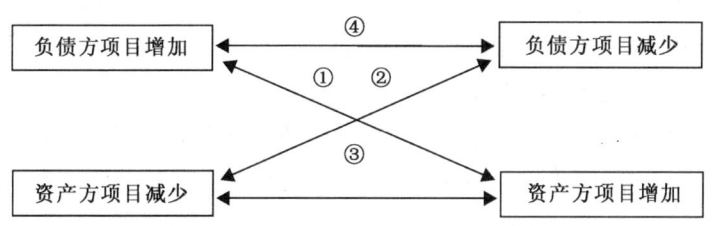

图 2-3 资金增减变化图

注:企业的资产方包括资产类各项目;负债方包括负债类和所有者权益类各项目。

(一) 企业资金变化情况举例

假设某企业某日的资产、负债和所有者权益等项目的简要情况如表2-1所示。

表 2-1

某企业期初各项目情况表

单位:元

资　产	金　额	负债和所有者权益	金　额
库存现金	2 000	短期借款	872 000
银行存款	400 000	应付账款	50 000
应收账款	100 000	应付票据	30 000
原材料	200 000	实收资本	500 000
库存商品	250 000		
固定资产	500 000		
总　计	1 452 000	总　计	1 452 000

表 2-1 中，资产、负债和所有者权益各为 1 452 000 元，双方相等。随着经济业务的发生，有关项目金额会相应发生变化，但无论项目金额如何变化，双方的总额总是平衡的。

现举例说明如下。

(1) 资产、负债和所有者权益双方同时等额增加。

【例 2-1】 某企业向供货单位购入原材料 50 000 元，货款暂欠。

这笔经济业务，使资产方增加"原材料"50 000 元，同时使负债和所有者权益方增加"应付账款"50 000 元，结果双方总额仍保持平衡。

(2) 资产、负债和所有者权益双方同时等额减少。

【例 2-2】 某企业以银行存款归还短期借款 200 000 元。

这笔经济业务使资产方减少"银行存款"200 000 元，同时使负债和所有者权益方减少"短期借款"200 000 元，结果双方总额仍保持平衡。

(3) 资产方内部有增有减，增减的金额相等。

【例 2-3】 某企业用银行存款 20 000 元，购置生产用机器一台，已投入使用。

这笔经济业务，使资产方增加"固定资产"20 000 元，同时使资产方减少"银行存款"20 000 元，结果资产方总额相等，双方总额仍保持平衡。

(4) 负债和所有者权益方内部有增有减，增减的金额相等。

【例 2-4】 某企业向银行借入短期借款 30 000 元，用于偿付应付乙单位的货款 30 000元。

这笔经济业务，使负债和所有者权益方增加"短期借款"30 000 元，同时减少"应付账款"30 000 元。结果负债和所有者权益方总额不变，双方总额仍保持平衡。

上述[例 2-1]至[例 2-4]经济业务所引起的资产方、负债和所有者权益方的变动情况如表 2-2 所示(表中以圈码代表例题编号，如[例 2-3]对应以③表示，下同)。

会计要素增减变动的 4 种类型还可进一步细分为 9 种情况，如表 2-3 所示。

现举例说明如下。

(5) 资产类内部有增有减，增减金额相等。

【例 2-5】 某企业从银行提取现金 40 000 元，准备发放职工工资。

表 2-2

某企业资产、负债变动情况表

单位：元

资　产	期初金额	增减金额	期末金额	负债和所有者权益	期初金额	增减金额	期末金额
库存现金	2 000		2 000	短期借款	872 000	②－200 000 ④＋30 000	702 000
银行存款	400 000	②－200 000 ③－20 000	180 000	应付票据	30 000		30 000
应收账款	100 000		100 000	应付账款	50 000	①＋50 000 ④－30 000	70 000
原材料	200 000	①＋50 000	250 000	实收资本	500 000		500 000
库存商品	250 000		250 000				
固定资产	500 000	③＋20 000	520 000				
总　计	1 452 000	－150 000	1 302 000	总　计	1 452 000	－150 000	1 302 000

表 2-3

会计要素增减变动的 9 种情况

1. 一项资产增加,另一项资产减少
2. 一项负债增加,另一项负债减少
3. 一项所有者权益增加,另一项所有者权益减少
4. 一项资产增加,一项负债增加
5. 一项资产增加,一项所有者权益增加
6. 一项资产减少,一项负债减少
7. 一项资产减少,一项所有者权益减少
8. 一项负债减少,一项所有者权益增加
9. 一项负债增加,一项所有者权益减少

这笔经济业务的发生,使资产项目"银行存款"减少 40 000 元,"库存现金"增加 40 000 元。这是资产类内部有关项目之间的变动,一项增加,另一项减少。该业务发生后,资产类总额仍然不变。

(6) 负债类内部有增有减,增减金额相等。

【例 2-6】 某企业将即将到期的应付票据转为应付账款,票面价值为 10 000 元。

这笔经济业务的发生,使负债项目"应付账款"增加 10 000 元,"应付票据"减少 10 000 元。这是负债类内部有关项目之间的变动,一项增加,一项减少。该业务发生后,负债类总额仍然不变。

(7) 所有者权益类内部有增有减,增减金额相等。

【例 2-7】 某企业将盈余公积 50 000 元转作资本。

这笔经济业务的发生,使所有者权益项目"实收资本"增加 50 000 元,"盈余公积"减少 50 000 元。这是所有者权益类内部有关项目之间的变动,一项增加,一项减少。该业务发生后,所有者权益类总额仍然不变。

(8) 资产类和负债类同时等额增加。

【例 2-8】 某企业向金融机构借入长期借款 200 000 元,存入银行,准备用作对外投资。

这笔经济业务的发生,使资产项目"银行存款"增加 200 000 元,负债项目"长期借款"也增加 200 000 元。这是资产类项目和负债类项目同时等额增加的业务。该业务发生后,资产类总额与负债和所有者权益类总额仍然相等。

(9) 资产类和所有者权益类同时等额增加。

【例 2-9】 某投资者以固定资产作为资本投入,经投资双方商议,确认其价值为 300 000 元。

这笔经济业务的发生,使资产项目"固定资产"增加 300 000 元,所有者权益项目"实收资本"也增加 300 000 元。这是资产类项目和所有者权益类项目同时等额增加的业务。该业务发生后,资产类总额与负债和所有者权益类总额仍然相等。

(10) 资产类和负债类同时等额减少。

【例 2-10】 某企业以银行存款 50 000 元归还前欠 A 单位货款。

这笔经济业务的发生,使资产项目"银行存款"减少 50 000 元,负债项目"应付账款"也减少 50 000 元。这是资产类项目和负债类项目同时等额减少的业务。该业务发生后,资产类总额与负债和所有者权益类总额仍然相等。

(11) 资产类和所有者权益类同时等额减少。

【例 2-11】 经董事会批准,某企业以银行存款退还某投资者股金 100 000 元。

这笔经济业务的发生,使资产项目"银行存款"减少 100 000 元,所有者权益项目"实收资本"也减少 100 000 元。这是资产类项目与所有者权益类项目同时等额减少的业务。该业务发生后,资产类总额与负债和所有者权益类总额仍然相等。

(12) 所有者权益类和负债类有增有减,增减金额相等。

【例 2-12】 某企业向银行借入为期 3 年的长期借款 300 000 元,因到期无力偿还,经双方协商,将此笔借款转作银行在本企业的投资。

这笔经济业务的发生,使所有者权益项目"实收资本"增加 300 000 元,负债项目"长期借款"减少 300 000 元。这是所有者权益类项目和负债类项目之间变动的业务。一项增加,一项减少。该业务发生后,负债和所有者权益类总额仍然不变。

(13) 负债类和所有者权益类有增有减,增减金额相等。

【例 2-13】 某企业按规定从税后利润中提取奖励职工的福利费 30 000 元。

这笔经济业务的发生,使负债项目"应付职工薪酬"增加 30 000 元,所有者权益项目"利润分配"减少 30 000 元。这是负债类项目和所有者权益类项目之间的变动,一项增加,一项减少,其负债和所有者权益类总额仍然不变。

上述[例 2-5]至[例 2-13]说明,不论会计要素的项目如何增减变化,其会计等式双方的数额始终是相等的,如表 2-4 所示(表中"期初数"栏金额为假设数)。

表 2-4

资产、负债平衡表

单位：元

资产	期初数	增减数	期末数	负债	期初数	增减数	期末数	所有者权益	期初数	增减数	期末数
库存现金	5 000	⑤ +40 000	45 000	应付票据	10 000	⑥ -10 000	0	实收资本	500 000	⑦ +50 000 ⑨ +300 000 ⑪ -100 000 ⑫ +300 000	1 050 000
银行存款	210 000	⑤ -40 000 ⑧ +200 000 ⑩ -50 000 ⑪ -100 000	220 000	应付账款	50 000	⑥ +10 000 ⑩ -50 000	10 000	盈余公积 利润分配	60 000 40 000	⑦ -50 000 ⑬ -30 000	10 000 10 000
库存商品	350 000		350 000	长期借款	300 000	⑧ +200 000 ⑫ -300 000	200 000				
固定资产	400 000	⑨ +300 000	700 000	应付职工薪酬	5 000	⑬ +30 000	35 000				
总　计	965 000	+350 000	1 315 000		365 000	-120 000	245 000		600 000	+470 000	1 070 000

	资产		负债		所有者权益
期初数	965 000	=	365 000	+	600 000
增减数	350 000	=	-120 000	+	470 000
期末数	1 315 000	=	245 000	+	1 070 000

第二节 会 计 科 目

一、会计科目的概念

会计科目是对会计对象的具体内容进行分类核算的类目。会计对象的具体内容各有不同,管理要求也有不同。为了全面、系统、分类地核算与监督各项经济业务的发生情况,以及由此而引起的各项会计对象的增减变动,就有必要按照各项会计对象分别设置会计科目。设置会计科目是对会计对象的具体内容加以科学归类,进行分类核算与监督的一种方法。

设置会计科目能使编制、整理会计凭证和设置账簿有所依据,编制会计报表有了基础,并能提供全面、统一的会计信息,便于投资人、债权人以及其他会计信息使用者掌握和分析企业的财务情况、经营成果和现金流量。

二、设置会计科目的原则

会计科目必须根据会计法和国家统一会计制度的规定设置和使用。设置会计科目应遵循下列基本原则:

(1)在不影响会计核算的要求和会计报表指标的汇总,以及对外提供统一的财务会计报告的前提下,各单位可以根据实际情况自行增设、减少或合并某些会计科目和明细科目。

(2)会计科目的设置要保持会计指标体系的完整和统一,要在会计要素的基础上对会计对象的具体内容作进一步分类,达到全面而概括地反映单位财务活动情况的目的,便于清晰地提供会计信息,以满足国家宏观经济管理的要求和单位内部经营管理的需要,以及有关信息使用者了解本单位财务状况、经营成果和现金流量的需要。

(3)会计科目应按国家规定的会计制度统一编号,以便编制会计凭证,登记账簿,查阅账目,实行会计电算化。

(4)会计科目名称力求简明扼要,内容确切。每一科目,原则上反映一项内容,各科目之间不能互相混淆。各单位可以根据具体情况,在不违背会计科目使用原则的基础上,确定适合于本单位的明细会计科目名称。

三、会计科目的分类

1. 按反映的经济内容分类

会计科目按其反映的经济内容不同,一般企业可分为资产类、负债类、所有者权益类、损益类和成本类。

(1) 资产类科目分为流动资产科目和非流动资产科目。其中,流动资产科目包括"库存现金""银行存款""交易性金融资产""应收账款""预付账款"等;非流动资产科目包括"长期股权投资""固定资产""无形资产"等。

(2) 负债类科目分为流动负债科目和非流动负债科目。其中,流动负债科目包括"短期借款""应付账款""预收账款""应付职工薪酬""应交税费""应付股利"等;非流动负债科目包括"长期借款""长期应付款""专项应付款"等。

(3) 所有者权益类科目包括"实收资本""资本公积""盈余公积""本年利润""利润分配"等。

(4) 损益类科目包括"主营业务收入""主营业务成本""销售费用""管理费用""财务费用""其他业务收入""其他业务成本"等。

(5) 成本类科目包括"生产成本""制造费用""劳务成本""研发支出"等。

2. 按隶属关系分类

会计科目就其隶属关系可分为总账科目和明细科目,明细科目又可分为二级明细科目和三级明细科目。总账科目又称一级科目,它反映各种经济业务的概括情况;二级明细科目又称子目,是对总账科目所作的进一步分类;三级明细科目又称细目,是对二级明细科目的分类。例如,"原材料"科目属于总账科目,下设"主要材料""辅助材料""修理用备件"等二级明细科目,并按材料品种、类别设置三级明细科目。又如,"工程物资"科目属于总账科目,下设"专用材料""专用设备"等二级明细科目,而在二级明细科目下再根据不同的品种、规格、型号分设三级明细科目。

四、会计科目设置

《企业会计准则——应用指南》设置的会计科目,是根据《企业会计准则》中确认和计量的规定制定的,涵盖了我国所有企业的交易或者事项。企业可在不违反《企业会计准则》中确认和计量、报告规定的前提下,根据各单位的实际情况自行设置、分拆和合并某些科目。

本书举例中所涉及的会计科目是按照《企业会计准则——应用指南》中的部分会计科目阐述的。为了便于学习,现在将《企业会计准则——应用指南》中设置的主要会计科目列示于表 2-5。

表 2-5

《企业会计准则——应用指南》会计科目表

顺序	编号	会 计 科 目	顺序	编号	会 计 科 目
		一、资产类	24	1311	代理兑付证券
1	1001	△库存现金	25	1321	代理业务资产
2	1002	△银行存款	26	1401	△材料采购
3	1003	存放中央银行款项	27	1402	△在途物资
4	1011	存放同业	28	1403	△原材料
5	1012	△其他货币资金	29	1404	△材料成本差异
6	1021	结算备付金	30	1405	△库存商品
7	1031	存出保证金	31	1406	发出商品
8	1101	△交易性金融资产	32	1407	△商品进销差价
9	1111	买入返售金融资产	33	1408	委托加工物资
10	1121	△应收票据	34	1411	△周转材料
11	1122	△应收账款	35	1421	消耗性生物资产
12	1123	△预付账款	36	1431	贵金属
13	1131	应收股利	37	1441	抵债资产
14	1132	应收利息	38	1451	损余物资
15	1201	应收代位追偿款	39	1461	融资租赁资产
16	1211	应收分保账款	40	1471	存货跌价准备
17	1212	应收分保合同准备金	41	1501	持有至到期投资
18	1221	△其他应收款	42	1502	持有至到期投资减值准备
19	1231	△坏账准备	43	1503	可供出售金融资产
20	1301	贴现资产	44	1511	△长期股权投资
21	1302	拆出资金	45	1512	长期股权投资减值准备
22	1303	贷款	46	1521	投资性房地产
23	1304	贷款损失准备	47	1531	长期应收款

(续表)

顺序	编号	会 计 科 目	顺序	编号	会 计 科 目
48	1541	未实现融资收益	77	2101	交易性金融负债
49	1551	存出资本保证金	78	2111	卖出回购金融资产款
50	1601	△固定资产	79	2201	△应付票据
51	1602	△累计折旧	80	2202	△应付账款
52	1603	固定资产减值准备	81	2203	△预收账款
53	1604	△在建工程	82	2211	△应付职工薪酬
54	1605	△工程物资	83	2221	△应交税费
55	1606	△固定资产清理	84	2231	应付利息
56	1611	未担保余值	85	2232	△应付股利
57	1621	生产性生物资产	86	2241	△其他应付款
58	1622	生产性生物资产累计折旧	87	2251	应付保单红利
59	1623	公益性生物资产	88	2261	应付分保账款
60	1631	油气资产	89	2311	代理买卖证券款
61	1632	累计折耗	90	2312	代理承销证券款
62	1701	无形资产	91	2313	代理兑付证券款
63	1702	累计摊销	92	2314	代理业务负债
64	1703	无形资产减值准备	93	2401	递延收益
65	1711	商誉	94	2501	△长期借款
66	1801	△长期待摊费用	95	2502	△应付债券
67	1811	递延所得税资产	96	2601	未到期责任准备金
68	1821	独立账户资产	97	2602	保险责任准备金
69	1901	待处理财产损溢	98	2611	保户储金
		二、负债类	99	2621	独立账户负债
70	2001	△短期借款	100	2701	长期应付款
71	2002	存入保证金	101	2702	未确认融资费用
72	2003	拆入资金	102	2711	专项应付款
73	2004	向中央银行借款	103	2801	预计负债
74	2011	吸收存款	104	2901	递延所得税负债
75	2012	同业存放			三、共同类
76	2021	贴现负债	105	3001	清算资金往来

(续表)

顺序	编号	会 计 科 目	顺序	编号	会 计 科 目
106	3002	货币兑换	130	6061	汇兑损益
107	3101	衍生工具	131	6101	公允价值变动损益
108	3201	套期工具	132	6111	投资收益
109	3202	被套期项目	133	6201	摊回保险责任准备金
		四、所有者权益类	134	6202	摊回赔付支出
110	4001	△实收资本	135	6203	摊回分保费用
111	4002	△资本公积	136	6301	△营业外收入
112	4101	△盈余公积	137	6401	△主营业务成本
113	4102	一般风险准备	138	6402	△其他业务成本
114	4103	△本年利润	139	6403	△税金及附加
115	4104	△利润分配	140	6411	利息支出
116	4201	库存股	141	6421	手续费及佣金支出
		五、成本类	142	6501	提取未到期责任准备金
117	5001	△生产成本	143	6502	提取保险责任准备金
118	5101	△制造费用	144	6511	赔付支出
119	5201	劳务成本	145	6521	保单红利支出
120	5301	研发支出	146	6531	退保金
121	5401	工程施工	147	6541	分出保费
122	5402	工程结算	148	6542	分保费用
123	5403	机械作业	149	6601	△销售费用
		六、损益类	150	6602	△管理费用
124	6001	△主营业务收入	151	6603	△财务费用
125	6011	利息收入	152	6604	勘探费用
126	6021	手续费及佣金收入	153	6701	资产减值损失
127	6031	保费收入	154	6711	△营业外支出
128	6041	租赁收入	155	6801	△所得税费用
129	6051	△其他业务收入	156	6901	以前年度损益调整

△表示本书述及的会计科目。

第三节 会 计 账 户

设置会计账户是对会计要素的具体内容用货币计量进行日常归类、核算与监督的一种方法。上述会计科目只是对会计要素具体内容进行分类的类目,但各单位发生的各种经济业务十分频繁、复杂,为了系统、连续地把各种经济业务发生情况和由此而引起的各项资金变化情况分门别类地进行核算与监督,企业必须根据规定的会计科目在账簿中开设账户,以便提供日常管理所需要的会计信息。

一、会计账户的概念

会计账户是根据会计科目设置的,具有一定的结构,用来系统、连续地记载各项经济业务的一种方式。每一个账户都有一个简明的名称,用以说明该账户的经济内容。会计科目就是会计账户的名称。会计科目与会计账户既有联系,又有区别。它们的联系在于会计科目是设置会计账户的依据,是会计账户的名称;会计账户是会计科目的具体运用,会计科目所反映的经济内容,就是会计账户所要登记的内容。它们之间的区别在于:会计科目只是对会计要素具体内容的分类,本身没有结构;会计账户则有相应的结构,具体反映资金运动状况。因此,会计账户与会计科目相比,分户更为明细,内容更为丰富。此外,会计科目一般由会计准则、制度统一规定,会计账户除统一规定外,还可根据单位实际情况自行确定。

二、会计账户的基本结构和内容

会计账户的结构就是指账户的格式。为了全面、清晰地记录各项经济业务,每一个会计账户既要有明确的经济内容,又要有一定的结构。根据资金平衡的原理,各项经济业务引起的资金变动尽管错综复杂,但从数量上看,不外乎增加和减少这两种情况。因此,账户的基本结构也相应地划分为两个部分:一部分反映数额的增加;另一部分反映数额的减少。通常,会计账户分为左右两方,分别记录增加额和减少额,增减相抵后的差额,称为余额。会计账户一般来说应包括以下几个方面。

(1) 会计账户的名称(即会计科目)。

(2) 日期和凭证号数(用以说明账户记录的日期及来源)。

(3) 摘要(概括说明经济业务的内容)。

(4) 增加和减少的金额。

(5) 余额。

在复式借贷记账法下,会计账户的左方称为"借方",右方称为"贷方"。"借""贷"是记账符号,分别反映资产、负债和所有者权益的增减变化。凡是属于资产类账户,增加数记入借方,减少数记入贷方,余额在借方;凡是属于负债和所有者权益类账户,减少数记入借方,增加数记入贷方,余额在贷方。每个账户在一定时期内(月、年),借方金额合计称为借方发生额,贷方金额合计称为贷方发生额,两个发生额相抵后的余额称为期末余额。其计算公式如下所述。

资产类账户:

期末余额＝期初余额＋借方本期发生额－贷方本期发生额

负债类账户：

期末余额＝期初余额＋贷方本期发生额－借方本期发生额

反映企业生产过程中资金流出状况的支出类账户(即费用、成本账户)在记账方向上与资产类账户相同；收入类账户(即收入、成果账户)在记账方向上与负债类账户相同。

借贷记账法的账户基本结构如表 2-6 所示。

表 2-6

账户基本结构

会计科目(账户名称)

年		凭证号数	摘　要	借　方	贷　方	借或贷	余　额
月	日						

表 2-6 所列账户基本结构，在教学上通常用简化了的"丁"字式账户表示，如表 2-7 和表 2-8 所示(标题括号内为行政事业单位账户类别)。

表 2-7

资产类账户和费用、成本类(支出类)账户

借方	会计科目(账户名称)		贷方
期初余额	×××		
发生额(增加数)	×××	发生额(减少数)	×××
本期发生额(增加合计)	×××	本期发生额(减少合计)	×××
期末余额	×××		

表 2-8

负债和所有者权益类账户与收入、成果类(净资产和收入类)账户

借方	会计科目(账户名称)		贷方
		期初余额	×××
发生额(减少数)	×××	发生额(增加数)	×××
本期发生额(减少合计)	×××	本期发生额(增加合计)	×××
		期末余额	×××

在表 2-7 和表 2-8 中，如会计账户属于费用、成本类账户或收入、成果类账户，在通常情况下，期末没有余额。

三、总分类账和明细分类账

设置会计账户是会计核算的一种专门方法。会计账户的开设应与会计科目的设置相适应,会计科目分为总账科目、二级明细科目和三级明细科目,会计账户也相应地分为总分类账(一级账户)和明细分类账(二级、三级账户)。总分类账所属的各明细分类账余额总计,应与总分类账余额相等。因此,总分类账是明细分类账的统驭账户,它对明细分类账起着控制作用;明细分类账则是总分类账的从属账户,它对总分类账起着辅助和补充作用。两者结合起来就能概括而详细地反映同一经济业务的核算内容。所以,在记账时,总分类账和明细分类账总是平行登记的。

总分类账和明细分类账的平行登记可以概括为同时间登记、同方向登记和同金额登记。

(1) 同时间登记。对发生的每项经济业务,要根据同一会计凭证,一方面在有关的总分类账中进行总括登记,另一方面要在有关的明细分类账中进行明细登记。

(2) 同方向登记。登记总分类账户及其所属的明细分类账户时,借贷记账方向必须一致。

(3) 同金额登记。登记总分类账户及其所属的明细分类账户时,总分类账户的金额,必须与记入其所属的一个或几个明细分类账户的金额合计数相等。

例如,企业开设的"原材料"账户是总分类账户,开设的各种原材料的账户是明细分类账户。某工厂月初有原材料1 000 000元。其中:甲材料600 000元,乙材料300 000元,丙材料100 000元。本期购入原材料292 000元。其中:甲材料200 000元,乙材料72 000元,丙材料20 000元。本期生产领用原材料为514 000元。其中:甲材料320 000元,乙材料144 000元,丙材料50 000元。

该工厂进行平行登记时,应该先设置和登记"原材料"总分类账户,以金额综合反映甲、乙、丙三种原材料的期初结存、本期购入、生产领用和期末结存等总金额,同时还应分别设置和登记甲、乙、丙三种原材料的明细分类账户,以具体反映各种材料的期初结存、本期购入、生产领用和期末结存等数量和金额。这样,三个明细分类账户的金额总和,应等于原材料总分类账户的金额。本例证实,总分类账与明细分类账平行登记时,其登记的时间、方向、金额都是相同的,如表2-9至表2-12所示。(注:根据会计业务工作的惯例,会计凭证、会计分录、会计账簿,包括"丁"字式账、日记账、总账、明细分类账等账中的金额均以"元"为单位填制,不需要另外标示。)如果通过核对发现总分类账户的金额与其所属三个明细分类账户合计数金额不等,则表明总分类账或明细分类账的登记有误,应及时查明原因,予以更正。

表 2-9

总 分 类 账

借方	原 材 料		贷方
期初余额	1 000 000		
本期发生额	292 000	本期发生额	514 000
期末余额	778 000		

表 2-10

明 细 分 类 账

借方	甲 材 料		贷方
期初余额	600 000		
本期发生额	200 000	本期发生额	320 000
期末余额	480 000		

表 2-11

明 细 分 类 账

借方	乙 材 料		贷方
期初余额	300 000		
本期发生额	72 000	本期发生额	144 000
期末余额	228 000		

表 2-12

明 细 分 类 账

借方	丙 材 料		贷方
期初余额	100 000		
本期发生额	20 000	本期发生额	50 000
期末余额	70 000		

第四节 复 式 记 账

一、记账方法

登记账簿必须采用科学的记账方法。记账方法就是根据一定的原理、记账符号和记账规则,采用一定的计量单位,利用文字和数字记录经济业务活动的一种专门方法。

按记录方式的不同,记账方法可分为单式记账法和复式记账法两大类。单式记账法是一种简单而又不完整的记账方法,它对每一项经济业务,只在一个账户中登记,反映经济业务的一个方面,一般只反映现金收付及"人欠""欠人"事项,而不反映现金收付及债权、债务的对象。例如,以现金支付费用,只记录现金支出而不记录费用发生。复式记账法是相对单式记账法而言的,它是指对每一项经济业务在两个或两个以上账户中登记,以反映经济业务的来龙去脉,是一种较为完善的记账方法。当前,我国企业、机关、事业单位和其他组织均采用复式记账法。

二、复式记账法

复式记账法就是对每项交易或者事项所引起的资金运动,都要用相等的金额,同时在两个或两个以上相互联系的账户中进行全面登记的一种记账方法。

复式记账法的基本理论依据,是"资产＝负债＋所有者权益"这一平衡原理。

复式记账法可分为借贷记账法、增减记账法和收付记账法三种。借贷记账法是国际上通用的一种记账法;增减记账法是在20世纪60年代我国商业系统在改革记账方法时设计提出的一种记账方法;收付记账法是在我国传统的收付记账法的基础上发展起来的复式记账法。我国企业会计准则规定,所有企业一律采用借贷复式记账法记账。

三、借贷记账法

借贷记账法是用"借"和"贷"作为记账符号的一种复式记账方法。

据史料记载,借贷记账法产生于公元13世纪意大利地中海沿海一带城市。最初它只是一种单式记账方法,后来逐步发展成为一种比较完善的复式记账方法。随着市场经济的发展,借贷记账法也不断完善和发展,成为经济管理中的一种科学记账方法,并被各国广泛采用。19世纪,借贷记账法传入我国,一些比较大的工商企业、银行以及政府机关开始采用这种记账方法。目前,借贷记账法已成为我国各单位广泛使用的一种复式记账法。我国《企业会计准则》规定,各企业、机关、事业单位和其他组织统一使用借贷记账法。

(一)借贷记账法的基本内容

1. 用"借"和"贷"作为记账符号

借贷记账法以"借"和"贷"作为记账符号,把每个账户结构都划分为"借方""贷方"和"余额"三栏。借方在左,贷方在右,以反映资金的增减变化情况。

借贷记账法使用的"借""贷"两字,已同本来的字义脱节,演变成了一对单纯的记账符号,有其专门的含义。"借""贷"的含义因账户性质不同而恰好相反。在资产类账户中,"借"表示增加,"贷"表示减少;而在负债和所有者权益类账户中,"借"表示减少,"贷"表示增加。

费用、成本类账户与资产类账户方向相同,收入、成果类账户与负债和所有者权益类账户方向相同,具体如表2-13所示。

表 2-13

借 贷 方 向

借	贷
资产的增加	负债的增加
负债的减少	资产的减少
费用、成本、支出的增加	收入、成果的增加
收入、成果的减少	费用、成本、支出的减少

2. 以"有借必有贷,借贷必相等"作为记账规则

根据复式记账原理,对每项经济业务都要以相等金额,同时在两个或两个以上相互联系的账户中进行登记。记账时,对每项经济业务必须用相等金额,一方面记入一个或几个有关账户的借方,另一方面记入一个或几个有关账户的贷方。记入借方账户与贷方账户的数额必然相等,这就形成了借贷记账法的记账规则,"有借必有贷,借贷必相等"。

3. 按"有借必有贷,借贷必相等"的记账规则进行试算平衡

由于借贷记账法在处理每项交易或者事项时,都必须遵循"有借必有贷,借贷必相等"的记账规则,记账方向相反,但金额相等。因此,在一定时期内(如1个月、1个季度、1个年度),所有账户的借贷发生额双方合计必然相等;所有账户的借方期末余额合计数与贷方期末余额合计数也必然是相等的。其试算平衡的公式如下:

全部账户期初借方余额合计=全部账户期初贷方余额合计

全部账户本期借方发生额合计=全部账户本期贷方发生额合计

全部账户期末借方余额合计=全部账户期末贷方余额合计

利用这种平衡关系,就可以检查各账户记录是否正确,以提高会计核算质量。

4. 可以设置和运用双重性质的账户

在借贷记账法下,账户按经济性质一般分为资产、负债和所有者权益三类。但企业为了灵活地处理账务,也可以设置和运用既可以是资产又可以是负债的双重性质账户(共同性账户),如设置"待处理财产损溢""清算资金往来"等账户。双重性

账户(共同性账户),应根据它们的期末余额方向来确定其性质,如果是借方余额,就是资产类账户;相反,如果是贷方余额,则是负债类账户。

(二)借贷记账法的运用

1. 编制会计分录

会计分录简称分录。它是对每项交易或者事项指出应登记的账户、记账方向与金额的一种记录。

会计上需要设置的账户很多,发生的经济业务又十分频繁,为了准确地反映账户的对应关系与登记金额,在每项交易或者事项发生后、正式记入账户之前,必须编制会计分录。

一笔会计分录主要包括会计科目、记账符号、变动金额三个要素。

会计分录按其所反映经济业务的复杂程度,可分为简单会计分录和复合会计分录两种。

简单会计分录是指一项交易或者事项发生以后,只在两个账户中记录其相互联系的两个经济因素的数量变化情况的会计分录。这种分录,其科目的对应关系一目了然。

复合会计分录亦称"复合分录",是指交易或者事项发生后,需要应用三个或三个以上的账户,记录其相互联系的多种经济因素的数量变化情况的会计分录。

一个复合会计分录可以分解为几个简单的会计分录。复合会计分录有利于集中反映整个交易或者事项的全貌,简化记账工作,提高会计工作效率。

在记账以前,及时、准确地编制会计分录(实际工作中是在专用格式的记账凭证上编制),可以保证账户的准确性,便于日后查考。在借贷记账法下,可以编制"一借一贷""一借多贷"或"多借一贷"的会计分录,也可以编制"多借多贷"的会计分录。

现以企业所发生的经济业务为例来说明会计分录的编制。

【例2-14】 某企业201×年6月份发生以下经济业务:

(1)由上级主管部门投入资本金20 000元,存入银行。

这笔经济业务使企业所有者权益账户"实收资本"增加了20 000元;同时,使资产账户"银行存款"也增加了20 000元,两类账户同时增加。根据记账规则,编制会计分录如下:

① 借:银行存款 20 000
  贷:实收资本 20 000

(2) 以银行存款 10 000 元偿还银行短期借款。

这笔经济业务使企业负债账户"短期借款"减少 10 000 元;同时,使资产账户"银行存款"也减少 10 000 元,两类账户同时减少。根据记账规则,编制会计分录如下:

② 借:短期借款　　　　　　　　　　　　　　　　　　　　10 000
　　　贷:银行存款　　　　　　　　　　　　　　　　　　　　　10 000

(3) 将应付账款 1 000 元转为应付票据。

这笔经济业务只涉及负债类账户,它使"应付票据"账户增加 1 000 元;同时,使"应付账款"账户减少 1 000 元。根据记账规则,负债类账户有增有减,增减金额相等,编制会计分录如下:

③ 借:应付账款　　　　　　　　　　　　　　　　　　　　1 000
　　　贷:应付票据　　　　　　　　　　　　　　　　　　　　　1 000

(4) 开出 5 000 元转账支票一张,购买原材料。

这笔经济业务只涉及资产类账户,它使"原材料"账户增加 5 000 元;同时,使"银行存款"账户减少 5 000 元。根据记账规则,资产类账户有增有减,增减金额相等,编制会计分录如下:

④ 借:原材料　　　　　　　　　　　　　　　　　　　　　　5 000
　　　贷:银行存款　　　　　　　　　　　　　　　　　　　　　5 000

2. 过账

各项经济业务在编制会计分录以后,即应记入有关账户,这个记账步骤通常称为"过账"。过账以后,一般要在月终进行结账,即结算出各账户的本期发生额合计和期末余额。现将[例 2-14]经济业务的会计分录记入下列账户。

假设某企业 201×年 5 月 31 日各账户余额如表 2-14 所示。

表 2-14

某企业各账户余额

201×年 5 月 31 日

资　产　类		负债和所有者权益类	
库存现金	500	短期借款	33 000
银行存款	20 000	应付账款	10 000
应收账款	1 500	实收资本	120 000
原材料	71 000		
固定资产	70 000		
总　　计	163 000	总　　计	163 000

该企业201×年6月各账户发生额及期末余额如表2-15所示。

表2-15

本期各账户发生额及期末余额

借方		库 存 现 金	贷方	
期初余额		500		
本期发生额		—	本期发生额	—
期末余额		500		

借方		银 行 存 款	贷方	
期初余额		20 000	②	10 000
①		20 000	④	5 000
本期发生额		20 000	本期发生额	15 000
期末余额		25 000		

借方		应 收 账 款	贷方	
期初余额		1 500		
本期发生额		—	本期发生额	—
期末余额		1 500		

借方		原 材 料	贷方	
期初余额		71 000		
④		5 000		
本期发生额		5 000	本期发生额	—
期末余额		76 000		

借方		固 定 资 产	贷方	
期初余额		70 000		
本期发生额		—	本期发生额	—
期末余额		70 000		

借方		短 期 借 款	贷方	
			期初余额	33 000
②		10 000		
本期发生额		10 000	本期发生额	—
			期末余额	23 000

（续表）

借方	应付票据		贷方
		③	1 000
本期发生额	—	本期发生额	1 000
		期末余额	1 000

借方	应付账款		贷方
		期初余额	10 000
③	1 000		
本期发生额	1 000	本期发生额	—
		期末余额	9 000

借方	实收资本		贷方
		期初余额	120 000
		①	20 000
本期发生额	—	本期发生额	20 000
		期末余额	140 000

3. 编制试算平衡表

根据记账规则和试算平衡公式，对上述交易或者事项编制总分类账试算平衡表（见表 2-16）进行试算平衡，以检查其记账是否正确。

表 2-16

某企业总分类账试算平衡表

201×年 6 月 30 日

会计科目	期初余额		本期发生额		期末余额	
	借 方	贷 方	借 方	贷 方	借 方	贷 方
库存现金	500				500	
银行存款	20 000		20 000	15 000	25 000	
应收账款	1 500				1 500	
原材料	71 000		5 000		76 000	
固定资产	70 000				70 000	

(续表)

会计科目	期初余额		本期发生额		期末余额	
	借 方	贷 方	借 方	贷 方	借 方	贷 方
短期借款		33 000	10 000			23 000
应付票据				1 000		1 000
应付账款		10 000	1 000			9 000
实收资本		120 000		20 000		140 000
合　　计	163 000	163 000	36 000	36 000	173 000	173 000

从表 2-16 可以看出，各账户期初借、贷方余额合计数均为 163 000 元；本期借、贷方发生额合计数都是 36 000 元；期末借、贷方余额合计数都是 173 000 元，各自保持平衡。这说明记账是准确的。如果相应的合计数不等，就表明账户记录有错误，应认真检查更正。企业通过该表既可以检查账户记录的准确性，又可以利用它所提供的资料，了解企业经济活动的概况，并为编制资产负债表提供一定的方便。

综上所述，借贷记账法的特点是用"借""贷"两个高度抽象化的记账符号，依据"有借必有贷，借贷必相等"的记账规则，分别反映每项经济业务所涉及的资金增减变化的内在联系，使各类账户能完整地体现各项资金活动的来龙去脉和对应平衡关系。因此，借贷记账法具有严谨的科学性和广泛的适用性，记账规律易于掌握，确实是一种科学的记账方法。

复习思考题

1. 什么是资金平衡关系？
2. 会计等式是如何组成的？
3. 试述会计要素的含义及内容。
4. 试述会计要素增减变动的 4 种类型及 9 种情况。
5. 什么是会计科目？什么是会计账户？会计科目与会计账户有什么区别与联系？
6. 会计科目包括哪几类？其内容分别是什么？
7. 什么是复式借贷记账方法？它的记账规则如何？

8. 为什么既要设置总分类账户，又要设置明细分类账户？总分类账户和明细分类账户的相互关系如何？

习 题 一

【目的】 分析会计科目并按隶属关系分类。

【资料】 某企业使用的部分会计总账科目和明细科目如下。

1. 原材料   2. 短期借款   3. B产品生产成本
4. 应收B公司货款 5. 主要材料   6. 辅助材料
7. 应付丑厂货款   8. 应付账款   9. 临时借款
10. 固定资产   11. 甲材料   12. 乙材料
13. 生产成本   14. 基本生产成本   15. 润滑油
16. 运输工具   17. 生产用房   18. 建筑材料
19. A产品生产成本 20. 机器设备   21. 应收账款
22. 辅助生产成本 23. 应收A单位货款   24. 应付子公司货款

【要求】 分析上列科目中哪些属于一级科目，哪些属于二级科目，哪些属于三级科目，并按表2-17中的举例分类列示。

表2-17

按科目隶属关系分类表

一级总账科目	二 级 科 目	三 级 科 目
原材料	主要材料	甲材料 乙材料

习 题 二

【目的】 分析会计科目按经济内容的分类。

【资料】 某企业有下列经济业务和内容。

1. 存放在出纳处的现金500元。
2. 存放在银行里的现金144 500元。

3. 向银行借入 3 个月期限的临时借款 600 000 元。

4. 仓库中存放的材料 380 000 元。

5. 仓库中存放的已完工产品 60 000 元。

6. 正在加工中的在产品 75 000 元。

7. 向银行借入 1 年以上期限的借款 1 450 000 元。

8. 房屋及建筑物 2 400 000 元。

9. 所有者投入的资本 2 000 000 元。

10. 机器设备 750 000 元。

11. 应收外单位的货款 140 000 元。

12. 应付外单位的材料款 120 000 元。

13. 以前年度积累的未分配利润 280 000 元。

14. 对外长期股权投资 500 000 元。

【要求】

1. 判断上列经济业务和内容所属的科目及所属会计要素,填入表 2-18。

表 2-18

按科目经济内容分类表

序号	项　　目	会计科目	资　产	负　债	所有者权益
1	存放在出纳处的现金	库存现金	500		
2					
3					
4					
5					
…					
	总　　计				

2. 试算资产总额是否等于负债和所有者权益总额。

习　题　三

【目的】 计算账户中的有关数据。

【资料】 账户资料见表 2-19。

表 2-19

账 户 资 料 表

账户名称	期初余额	本期借方发生额	本期贷方发生额	期末余额
银行存款	430 000	1 985 000	2 040 000	?
固定资产	2 400 000	?	496 000	1 920 000
短期借款	?	160 000	260 000	300 000
应付账款	230 000	?	200 000	55 000

【要求】 根据已知数据,计算每个账户的未知数据。

习 题 四

【目的】 分析资金变化类型。

【资料】 某企业发生经济业务如下。

1. 用银行存款购买材料。

2. 用银行存款支付前欠 A 单位货款。

3. 从利润分配中提取盈余公积。

4. 向银行借入长期借款,存入银行。

5. 收到所有者投入的设备。

6. 向国外进口设备,款未付。

7. 用银行存款归还长期借款。

8. 企业以固定资产向外单位投资。

9. 将前欠 B 单位货款转为应付票据。

10. 经批准,退还所有者乙资本金并代其偿还应付其他单位欠款。

11. 企业所有者甲代企业归还银行借款,并将其转为投入资本。

12. 将盈余公积转作资本。

【要求】 分析上列各项经济业务的资金变化类型,填入表 2-20。

表 2-20

经济业务的资金变化类型

类　　型	经济业务序号
1. 一项资产增加,另一项资产减少	
2. 一项负债增加,另一项负债减少	
3. 一项所有者权益增加,另一项所有者权益减少	
4. 一项资产增加,一项负债增加	

(续表)

类　　　型	经济业务序号
5. 一项资产增加，一项所有者权益增加	
6. 一项资产减少，一项负债减少	
7. 一项资产减少，一项所有者权益减少	
8. 一项负债减少，一项所有者权益增加	
9. 一项负债增加，一项所有者权益减少	

习　题　五

【目的】　练习会计基本等式。

【资料】

1. 某企业201×年7月初的资产、负债和所有者权益项目基本情况见表2-21。

表2-21

某企业月初各项目情况表

单位：元

资产项目	金　　额	负债和所有者权益项目	金　　额
库存现金	1 000	负债：	
银行存款	13 000	短期借款	100 000
应收账款	14 000	应付账款	25 000
其他应收款	2 000	应付职工薪酬	5 000
在途物资	10 000		
生产成本	140 000	所有者权益：	
原 材 料	50 000	实收资本	500 000
库存商品	70 000	盈余公积	50 000
固定资产	400 000	未分配利润	20 000
合　　计	700 000	合　　计	700 000

2. 该企业7月份发生下列各项经济业务。

(1) 向甲公司购入原材料一批，计价20 000元，材料验收入库，货款未付。

(2) 生产车间领用材料45 000元，投入生产。

(3) 向银行借入短期借款50 000元，存入银行。

(4) 以现金暂付职工××出差费1 000元。

(5) 以银行存款偿还前欠甲公司材料款20 000元。

(6) 收到某单位投入资本30 000元，存入银行。

(7) 收回乙公司前欠货款12 000元，存入银行。

(8) 从银行提取现金1 000元。

(9) 以银行存款购入计算机一台,价值20 000元。

(10) 以银行存款支付职工医药费5 000元。

【要求】 将资产、负债和所有者权益各项目的7月初金额和月内增减变化的金额填入表2-22,同时计算出月末余额和合计数(为简化手续,暂不使用"应交税费"科目,下题同)。

表2-22

某企业月末各项目情况表

单位:元

资产项目	期初数	本月增加数	本月减少数	月末余额	负债和所有者权益项目	期初数	本月增加数	本月减少数	月末余额
库存现金 银行存款 应收账款 其他应收款 在途物资 生产成本 原材料 库存商品 固定资产					负债: 短期借款 应付账款 应付职工薪酬 负债合计 所有者权益: 实收资本 盈余公积 未分配利润 所有者权益合计				
总 计					总 计				

习 题 六

【目的】 练习借贷记账法。

【资料】

1. 某企业201×年7月资产、负债和所有者权益各账户的期初余额见表2-23。

表2-23

各账户期初余额表

资产类账户	金 额	负债和所有者权益类账户	金 额
库存现金	1 000	负债:	
银行存款	135 000	短期借款	62 000
应收账款	10 000	应付账款	8 000
在途物资	40 000	负债合计	70 000

(续表)

资产类账户	金额	负债和所有者权益类账户	金额
原材料	120 000	所有者权益：	
库存商品	24 000	实收资本	860 000
固定资产	600 000	所有者权益合计	860 000
总计	930 000	总计	930 000

2. 该企业7月份发生下列各项经济业务。

(1) 购进材料一批,计价1 300元(含增值税,税率13%),材料验收入库,货款以银行存款支付。

(2) 生产车间向仓库领用材料40 000元,全部投入生产。

(3) 从银行提取现金400元。

(4) 以银行存款购入新汽车一辆,计价100 000元。

(5) 用银行存款偿还应付供货单位材料款3 000元。

(6) 生产车间向仓库领用材料25 000元。

(7) 收到购货单位前欠货款3 000元,存入银行。

(8) 以银行存款16 000元归还短期借款12 000元,归还应付供货单位货款4 000元。

(9) 收到其他单位投入资本20 000元,存入银行。

(10) 收到购货单位前欠货款4 000元,其中:支票3 600元(存入银行),现金400元。

【要求】

1. 根据资料2的各项经济业务,用借贷记账法编制会计分录。

2. 开设各账户(丁字式)登记期初余额和本期发生额,计算期末余额,并编制总分类账户本期发生额对照表。

【格式】

1. 会计分录格式见表2-24。

表2-24

会 计 分 录 表

顺序号	日期	摘 要	账户名称	过账	借方金额	贷方金额

2. 总分类账户本期发生额对照表格式见表2-25。

表 2-25

总分类账户本期发生额对照表

会计科目	期初余额		本期发生额		期末余额	
	借方	贷方	借方	贷方	借方	贷方

习 题 七

【目的】 通过账户对应关系,了解经济业务内容。

【资料】 某企业201×年7月份有关账户记录见表2-26。

表 2-26

有关账户记录表

借方		库 存 现 金	贷方	
期初余额		160		
② 应收账款		100	① 其他应收款	120
④ 银行存款		400	⑥ 银行存款	400
⑨ 银行存款		400	⑩ 原材料	160
⑪ 其他应收款		40	⑫ 应付账款	300
本期发生额		940	本期发生额	980
期末余额		120		

借方		银 行 存 款	贷方	
期初余额		16 800		
② 应收账款		5 600	④ 库存现金	400
③ 固定资产		42 000	⑤ 其他应付款	6 020
⑥ 库存现金		400	⑧ 应付账款	28 600
⑦ 应收账款		20 620	⑨ 库存现金	400
⑬ 短期借款		10 000	⑫ 应付账款	1 700
⑭ 实收资本		20 000	⑮ 短期借款	24 000
			⑯ 固定资产	54 000
本期发生额		98 620	本期发生额	115 120
期末余额		300		

(续表)

借方	应 收 账 款		贷方
期初余额	30 800		
		② 银行存款	5 600
		② 库存现金	100
		⑦ 银行存款	20 620
本期发生额	—	本期发生额	26 320
期末余额	4 480		

借方	其 他 应 收 款		贷方
① 库存现金	120	⑪ 原材料	80
		⑪ 库存现金	40
本期发生额	120	本期发生额	120

借方	原 材 料		贷方
期初余额	46 000		
⑩ 库存现金	160		
⑪ 其他应收款	80		
本期发生额	240	本期发生额	—
期末余额	46 240		

借方	生 产 成 本		贷方
期初余额	36 120		
本期发生额	—	本期发生额	—
期末余额	36 120		

借方	库 存 商 品		贷方
期初余额	19 120		
本期发生额	—	本期发生额	—
期末余额	19 120		

借方	固 定 资 产		贷方
期初余额	360 000		
⑯ 银行存款	54 000	③ 银行存款	42 000
本期发生额	54 000	本期发生额	42 000
期末余额	372 000		

（续表）

借方		短期借款		贷方
		期初余额		32 800
⑮ 银行存款	24 000	⑬ 银行存款		10 000
本期发生额	24 000	本期发生额		10 000
		期末余额		18 800

借方		应付账款		贷方
		期初余额		56 600
⑧ 银行存款	28 600			
⑫ 银行存款	1 700			
⑫ 库存现金	300			
本期发生额	30 600	本期发生额		—
		期末余额		26 000

借方		其他应付款		贷方
		期初余额		6 420
⑤ 银行存款	6 020			
本期发生额	6 020	本期发生额		—
		期末余额		400

借方		实收资本		贷方
		期初余额		413 180
		⑭ 银行存款		20 000
本期发生额	—	本期发生额		20 000
		期末余额		433 180

【要求】

1. 根据上列账户资料，补编会计分录。
2. 按照账户对应关系，说明各项经济业务的内容。
3. 编制总分类账户本期发生额对照表。

第 三 章

生产企业的生产经营过程核算

【内容提示】 本章在第二章的基础上,以生产企业主要经济业务为例,进一步阐明会计账户与复式记账方法的运用(所列账户名称皆使用《企业会计准则——应用指南》规定的会计科目)。学习本章,学生应了解生产企业主要生产经营过程的核算方法和成本计算内容等基础知识和操作技能。

第一节 主要生产经营过程核算的意义和内容

一、主要生产经营过程核算的意义

生产企业是按照社会主义市场经济体制的要求面向市场、独立核算、自负盈亏、自我积累、自我发展、制造产品的营利性单位。它的基本任务是努力增加产品产量,注重品质提升,满足市场需求,加强企业管理,不断技术创新,减少活劳动和物化劳动耗费,降低成本,增加盈利,提高经济效益,为发展社会主义市场经济积累更多资金。为了完成上述任务,企业必须注重质量,以效益为中心,坚持持续科学发展,做好各方面工作,增强自我改造和自我发展能力。其中,正确组织生产经营过程核算工作,利用会计资料,加强会计管理,规范企业生产经营行为,是一个重要方面。要做到及时、正确地提供能反映实际生产经营过程情况,如材料采购数量和单位材料采购成本、产品生产数量和单位产品生产成本,以及利润净额(或亏损)和利润分配情况,以便企业及时了解经营过程进度,纠正偏差,真正做到高产、优质、节能、减排、低消耗,不断技术创新,满足市场需求,提高经济效益。

二、主要生产经营过程核算的内容

生产企业为了进行生产经营活动,必须拥有一定数量的财产、物资,这些再生产过程中财产物资的货币表现就是资金。随着生产经营活动的进行,资金以货币资金→储备资金→生产资金→成品资金→货币资金的形式不断运动。资金投入企业以后,依次经过采购、生产、销售三个过程。在采购过程中,企业要用货币购买材料、物资,并按照等价交换的原则支付货款及采购费用,结转材料采购成本。这时资金从货币资金形态转化为储备资金形态。在生产过程中,企业通过劳动者制造产品,发生固定资产和材料等物化劳动和劳动者活劳动的耗费,这些生产费用要归集和分配到各种产品上去,结转产品生产成本。随着生产费用的支出,资金就从储备资金形态转化为生产资金形态。产品制成以后,资金又从生产资金形态转化为成品资金形态。在销售过程中,企业出售产品,并根据等价交换原则收取货款,这时资金又从成品资金形态转化为货币资金形态,其间还要交付销售费用、交纳税金、结转销售产品的生产成本,计算财务成果。这些都是在采购、生产、销售过程中发生的经济业务。所以,这三个过程以及资金的投入、调整、退出等经济活动,构成了生产企业经营过程核算的主要内容。

三、成本计算的意义和内容

(一) 成本计算的意义

成本计算是会计核算的一种专门方法,也是生产过程中一项主要内容。企业在进行生产活动中经常要发生经济资源的耗费,如各种人力、物力和财力的消耗。这些耗费的货币表现,是企业经济利益的流出,即费用。费用要按照一定对象(产品、材料)进行归集和分配,构成该对象的成本。在采购过程中所支付的材料买价、采购费用,按各种材料进行归集,构成各种材料的采购成本。在生产过程中所发生的生产费用(包括采购成本),按各种产品进行归集,构成各种产品的制造成本。因此,成本计算就是将企业在生产过程中所发生的各种费用,按各种不同对象进行归集和分配,借以确定各对象的总成本和单位成本。

通过成本计算,可以取得产品实际成本资料,据以确定实际成本与计划成本的差异;分析成本升降原因,挖掘降低成本潜力,可以有效地控制各项费用支出,达到预期的成本目标;并为成本预测、规划下期成本目标和制定产品价格提供参考资料。

(二) 成本计算的基本要求

成本计算过程实际上是费用的归集和分配过程,要做好成本计算工作,必须准确归集和分配各种费用,一般要求做到三点。

1. 按规定的成本内容进行确认和计量

我国《企业会计准则》规定,会计要素应按规定的会计计量基础进行计算,确定其金额,包括:历史成本、重置成本、可变现净值、现值和公允价值。企业对确认的会计要素的计量在一般情况下采用历史成本计算较多,按实际支付的现金或者现金等价物的金额进行计量。企业对成本的计算应根据规定的成本内容和费用开支范围确认和计量,不得随意改变费用、成本的确认标准或者计量方法,不得虚列、多列、不列或者少列费用、成本,以保持成本的真实性和计算口径的一致性。

2. 划清支出与费用、费用与成本的界限

(1) 支出与费用的界限。支出与费用是两个不同的概念。支出的范围广泛,企业日常发生的支出,有的属于收益性支出,有的属于资本性支出;有些与产品的生产有关,有些与产品的生产无关。不同的费用支出,其补偿的资金来源也是不同的。在进行成本计算时,凡是与产品生产有关,应从当期产品销售收入中得到补偿的生产费用,才能计入产品成本;凡是与产品生产无关,而又不应从产品销售收入中得到补偿的其他各种支出,如购建固定资产、无形资产、其他资产支出,罚款等营业外支出,均不能计入产品成本。

(2) 费用与成本的界限。费用与成本的概念也是不同的。已经发生与产品生产有关的费用,并不一定等于已经形成产品成本。虽然费用与成本的经济内容是一致的,但计算的基础却不相同。费用是按照一定会计期间汇集的资金耗费,而成本则是以产品为对象进行归集的资金耗费。费用要按对象归集后才能形成成本,也可以说是对象化了的费用。一般来说,费用和成本不一定相等。只有在一定会计期内所发生的生产费用都已归属于该期的产品,该期的费用和成本才会相等。

3. 按权责发生制进行成本计算

会计核算的基础有权责发生制和收付实现制。企业会计准则规定,企业应以权责发生制为基础进行会计确认、计量和报告。收付实现制即实收实付制,是以货币资金的实际收、付作为标准来确定本期的收益和费用的。凡是本期实际收入或付出的款项,不论是否属于本期的收益和费用,都作为本期的收益和费用。这种方法,核算手续简单,但不能准确反映各个时期的盈亏,不适宜企业采用。权责发生制即应收应付制,是以应收和应付作为标准来确立本期的收益和费用,凡属于本期的收益和费用,不论是否已经收入或付出,都作为本期的收益和费用处理,而不属于本期的收益和费用,即使已经实际收入或付出,都不能作为本期的收益和费用。

这种方法适宜企业采用,能准确反映各个时期的盈亏。

为此,要准确、合理地计算各期成本,必须以权责发生制为基础,准确划分费用的归属期,由各期成本合理地负担。凡是由本期成本负担的费用,不论是否支付,都应全部计入本期成本;凡不应由本期成本负担的费用,即使已经支付,也不能计入本期成本。

(三) 成本计算的内容和程序

在企业经营过程的各个阶段中,成本计算和生产费用核算是同时进行的。各种生产费用发生后,先按各种成本对象在有关账户中进行归集、分配和登记,然后计算出各对象的总成本和单位成本。归纳起来,主要有以下几个方面。

(1) 确定成本计算对象。成本计算对象即生产费用归属的对象。在进行成本计算时,只有先确定成本计算的对象,才能按成本计算对象归集生产费用,计算各种成本计算对象的成本。

一般地说,成本计算的对象应为劳动耗费的受益物。例如,在采购过程中,为采购各种物资所发生的费用,应以各种物资为成本计算对象进行归集和计算各种物资的采购成本;在生产过程中,为生产各种产品所发生的各种生产费用,应以各种产品的加工成本计算对象进行归集和计算各种产品的生产成本。

(2) 划分成本计算期。成本计算期是指多少时间计算一次成本。一般地说,成本计算期应与产品的生产周期相一致,但这要取决于企业生产组织的特点。如果是单件、小批量生产,那就能按产品的生产周期确定成本计算期;如果是反复不断地大量生产同一种产品或几种产品,那就只能按月计算成本。

(3) 确定成本项目。各种生产费用按其经济用途分类,就是成本项目。企业在进行成本计算时,必须先分析确定成本项目,了解费用的经济用途和成本的经济构成;再查明成本升降的原因,以便挖掘降低成本的潜力。产品成本项目必须按照国家财政部门和上级主管部门制定的成本计算规程的有关规定并结合单位具体情况加以确定,一般分为直接材料、直接人工、制造费用等项目。

(4) 准确归集和分配各种生产费用。成本计算的过程,实际上是生产费用按一定成本对象进行归集和分配的过程。有些生产费用发生只同某一个成本计算对象有关,应直接计入该成本计算对象,这些直接计入成本计算对象的生产费用,称为直接费用。有些生产费用的发生同几个成本计算对象有关,应由几个成本计算对象共同负担的,就要按一定的标准在几个成本计算对象之间进行分配,这些经过分配才能计入成本计算对象的生产费用,称为间接费用。分配间接费用的标准对成本计算的正确性影响很大。因此,对生产费用分配标准的选用必须慎重,一经选定,不能随意变动,以保持各期成本计算口径的一致性。

(5) 健全成本计算原始记录。应设置登记生产费用、成本的明细分类账户,编制成本计算表。各个成本计算对象的成本,是要通过生产费用、成本的明细分类核算完成的。因此,对材料耗用、工时消耗、生产费用分配、产品入库都要有健全的原始记录,据以进行费用、成本的明细分类核算,取得必要的成本计算资料,编制材料采购成本、产品生产成本计算表。

第二节 资金筹集核算

生产企业的资金包括所有者权益资金和负债资金,其来源主要有投资者投入和向银行及其他金融机构借入两个方面。

一、筹集资金核算需要设置的主要账户

(一)"银行存款"账户

本账户是资产类账户,用来核算企业存入银行或其他金融机构的各种存款。本账户的借方登记增加数;贷方登记减少数;期末借方余额表示企业存放在银行或其他金融机构的各种存款。本账户按开户银行和其他金融机构设置银行存款日记账,根据收付凭证按业务发生顺序逐笔登记。

(二)"实收资本"账户

本账户是所有者权益类账户,用来核算按照企业章程规定,企业接受投资者投入的实收资本,即企业在工商行政管理部门登记的注册资金(资本金)。本账户的贷方登记实际收到投资者作为资本投入的现金、银行存款以及房屋、建筑物、机器设备、材料物资等实物或无形资产;借方登记投资者收回的资本;期末贷方余额表示投资者投入企业的资本(或股本)总额。在一般情况下,除企业将资本公积、盈余公积转作资本外,"实收资本"账户数额不能随意变动。本账户应按投资者设置明细分类账。

(三)"短期借款"账户

本账户是负债类账户,用来核算企业向银行或其他金融机构借入的期限在1年以内(含1年)的各种借款。本账户的贷方登记借入的各种短期借款;借方登记偿还的各种短期借款;期末贷方余额表示企业尚未偿还的各种短期借款。本账户

按贷款人和贷款币种设置明细分类账。

(四)"长期借款"账户

本账户是负债类账户,用来核算企业向银行或其他金融机构借入的期限在1年以上(不含1年)的各种借款。本账户的贷方登记借入的各种长期借款;借方登记偿还的各种长期借款;期末贷方余额表示尚未偿还的各种借款。本账户按贷款单位和贷款种类分别"本金""利息调整"等设置明细分类账。

(五)"固定资产"账户

本账户是资产类账户,用来核算企业为生产产品、提供劳务、出租或经营管理而持有的,使用寿命超过一个会计年度的有形资产的原价,如设备、器具、工具等。本账户的借方登记固定资产增加的原始价值;贷方登记固定资产减少的原始价值;期末借方余额表示结存的固定资产原始价值。本账户按固定资产类别和项目设置明细分类账。

(六)"工程物资"账户

本账户是资产类账户,用来核算企业为在建工程准备的各种物资的实际成本,包括工程用材料、尚未安装的设备以及为生产准备的工器具等。本账户的借方登记购入为工程准备的物资的实际成本;贷方登记工程领用的工程物资的实际成本;期末借方余额表示企业为在建工程准备的各种物资的实际成本。本账户按物资品种如"专用材料""专用设备""工器具"等设置明细分类账。

二、筹集资金的主要经济业务核算

(一)投入资金的核算

投入资金是投资者投入企业的资本金,包括货币和实物。它是所有者权益的主要来源和表现形式,是投资者拥有的根本权益,对企业的盈余分配和净资产处置权利起着直接影响作用。

【例3-1】 收到投资者投入企业的资本200 000元,存入银行。

这笔经济业务的发生,一方面反映投入资本增加,应记入"实收资本"账户的贷方;另一方面反映银行存款增加,应记入"银行存款"账户的借方。其会计分录如下:

① 借:银行存款　　　　　　　　　　　　　　　200 000
　　　贷:实收资本——×××投资　　　　　　　　　　　200 000

【例3-2】 某单位投入企业全新运输汽车一辆,经投资各方确认其成本,价值为 250 000 元。

这笔经济业务的发生,一方面说明其他单位以固定资产作为资本投入,应记入"实收资本"账户的贷方;另一方面说明企业固定资产增加,应记入"固定资产"账户的借方。其会计分录如下:

② 借:固定资产　　　　　　　　　　　　　　　　　　　250 000
　　贷:实收资本——××单位投资　　　　　　　　　　　　250 000

(二) 借入资金的核算

企业在生产经营过程中,由于周转资金不足,可以向银行或其他金融机构借款,以补充资本的不足。企业从银行或其他金融机构借入的款项,必须按贷款单位借款规定办理手续,支付利息,到期归还。

【例 3 - 3】 由于季节性储备材料需要,企业临时向银行借入 50 000 元,存入银行。借款期限为 2 个月。

这笔经济业务的发生,一方面说明因需要购买材料而增加临时借款 50 000 元,应记入"短期借款"账户的贷方;另一方面说明银行存款增加,应记入"银行存款"账户的借方。其会计分录如下:

③ 借:银行存款　　　　　　　　　　　　　　　　　　　50 000
　　贷:短期借款　　　　　　　　　　　　　　　　　　　　50 000

【例 3 - 4】 因生产需要购置机床一台,向银行借入 33 900 元,贷款期为 2 年。根据发票入账。

这笔经济业务的发生,一方面说明因购置生产设备而增加长期借款 33 900 元,应记入"长期借款"账户的贷方;另一方面说明属于固定资产的生产设备增加,应记入"固定资产"账户的借方。

根据"存贷分户"的规定,企业向银行借入贷款,应先转入"银行存款"账户后支用,其会计分录如下:

④-1 借:银行存款　　　　　　　　　　　　　　　　　　33 900
　　　贷:长期借款　　　　　　　　　　　　　　　　　　　33 900
④-2 借:固定资产——生产设备　　　　　　　　　　　　　33 900
　　　贷:银行存款　　　　　　　　　　　　　　　　　　　33 900

注:根据增值税会计处理规定,企业购入固定资产,如增值税专用发票上注明增值税额应计入固定资产的价值,作扣税处理(本节会计分录均未作扣税处理)。

【例 3 - 5】 因进行在建工程需要,购置建筑材料 120 000 元,向银行借入长期借款支付价款。

这笔经济业务的发生,一方面说明长期借款增加,应记入"长期借款"账户的贷方;另一方面为工程准备的建筑材料增加,应记入"工程物资"账户的借方。其会计分录如下:

现将资金投入企业的上述[例 3-1]至[例 3-5]绘成核算图,如图 3-1 所示。

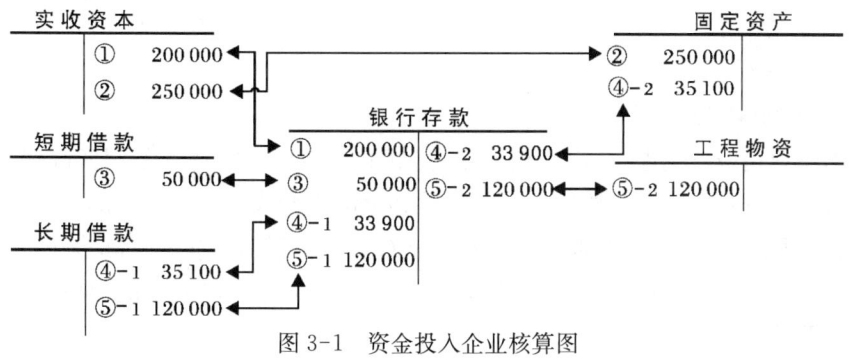

图 3-1 资金投入企业核算图

第三节 采购过程核算

采购过程是生产企业经营过程的第一个阶段。在采购过程中,其主要经济业务是用货币资金购买原材料、辅助材料,支付采购费用,计算采购成本。采购过程核算的主要任务是:核算与监督材料的买价和采购费用,确定采购成本,检查材料采购计划执行情况,核算与监督储备资金占用量,考核储备资金使用情况。

一、采购过程核算需要设置的主要账户

为了组织采购过程核算,需要设置下列主要账户。
(一)"材料采购"账户
本账户是资产类账户,用来核算企业采用计划成本进行日常核算而购入的材料采购成本。本账户的借方登记实际支付材料和运杂费的金额；贷方登记转入"原材料"账户的计划成本，其实际成本大于计划成本的差额记入"材料成本差异"账户借方，其实际成本小于计划成本的差额记入"材料成本差异"账户贷方；期末借方余额表示企业在途材料的采购成本。本账户可按供应单位和材料品种设置明细分类账。

（二）"材料成本差异"账户

本账户是资产类账户，用来核算企业采用计划成本进行日常核算的材料计划成本与实际成本的差额。本账户的借方登记入库材料实际成本大于计划成本的差异；贷方登记入库材料实际成本小于计划成本的差异；期末借方余额表示企业库存材料的实际成本大于计划成本的差异；期末如为贷方余额，则表示库存材料的实际成本小于计划成本的差异。本账户按"原材料""周转材料"等账户设置明细分类账。

（三）"在途物资"账户

本账户是资产类账户，用来核算企业采购材料、商品等物资采用实际成本（或进价）计价，货款已付尚未验收入库的在途物资的采购成本。本账户的借方登记购入材料、商品成本的实际金额；贷方登记验收入库的材料、商品的实际金额；期末借方余额表示企业在途材料、商品等物资的采购成本。本账户可按供应单位和物资品种设置明细分类账。

（四）"原材料"账户

本账户是资产类账户，用来核算企业库存各种材料的收入、发出和结存情况，包括原料及主要材料、辅助材料、外购半成品（外购件）、外购材料、修理用备件（备品、备件）、包装材料、燃料等的计划成本或实际成本等。本账户的借方登记企业购入应验收入库的各种材料的计划成本或实际成本；贷方登记材料发出、减少的数额；期末借方余额表示库存材料的计划成本或实际成本。采用计划成本进行材料日常核算的，发出材料还应结转材料成本差异。将发出材料的计划成本调整为实际成本；采用实际成本进行日常核算的，发出材料的实际成本，可采用规定的计算方法确定（见本章第五节[例3-27]）。本账户也要按照材料的保管地点、类别、品种、规格等设置明细分类账，具体反映每种材料的库存和增减变动情况。

与"原材料"账户性质、结构相同的还有"周转材料"账户（或"包装物""低值易耗品"账户），这里不再重复。

（五）"应付账款"账户

本账户是负债类账户，用来核算企业因购置材料、商品和接受劳务供应等经营活动而应付的款项。本账户的贷方登记应支付而未支付的款项；借方登记实际偿还的款项；期末贷方余额表示企业尚未支付的应付账款余额。

如果企业按合同规定先预付货款，后购入材料、商品，则应在"预付账款"账户中核算。本账户应按债权人设置明细分类账。

（六）"预付账款"账户

本账户是资产类账户，用来核算企业按照合同规定预付的款项。本账户的借方登记因购货、进行在建工程而预付的款项；贷方登记收到所购物资、结算工程价款而转销的款项；期末借方余额表示企业预付的款项；期末如为贷方余额，则表示企业尚未补付的款项。本账户可按供货单位、承包工程单位设置明细分类账。

（七）"应付票据"账户

本账户是负债类账户，用来核算企业购买材料、商品和接受劳务供应等开出并承兑的商业汇票，包括银行承兑汇票和商业承兑汇票。本账户的贷方登记开出并承兑的商业汇票数额；借方登记支付到期商业承兑汇票、银行承兑汇票数额；期末贷方余额表示企业尚未到期的商业汇票的票面金额。

为了具体反映应付各供应单位的款项增减变动情况，本账户需按债权人设置明细分类账。

（八）"应交税费"账户

本账户是负债类账户，用来核算企业按税法等规定应交纳的各种税费，包括增值税、消费税、企业所得税、资源税、土地增值税、城市维护建设税、房产税、城镇土地使用税、车船税、教育费附加、矿产资源补偿费以及企业代扣代缴的个人所得税等。本账户的贷方登记按规定计算应交纳的各项税费；借方登记实际交纳的各项税费；期末贷方余额表示企业尚未交纳的各项税费。本账户可按应交纳的税费项目设置明细分类账。期末如为借方余额表示企业多交或尚未抵扣的税费。

"应交增值税"明细账户还应分别设置"进项税额""销项税额""出口退税""进项税额转出""已交税金"等专栏。其借方发生额反映企业购进货物或接受应税劳务支付的进项税额和实际已交纳的增值税；贷方发生额反映企业销售货物或提供应税劳务应交纳的销项税额，转出已支付或应负担的增值税（纳税人从销项税额中抵扣进项税额后向税务部门交纳增值税）；期末借方余额反映多交或者尚未抵扣的增值税；期末如为贷方余额，则反映企业尚未交纳的增值税。2017年7月"营改增"后，增值税税率调整为一般纳税人销售货物、提供服务、提供加工修理劳务等类别应税行为的，增值税税率分别为17%、11%和6%等；自2018年5月起，17%改为16％、11％改为10％；自2019年5月起，16％改为13％，10％改为9％。但小规模纳税人按销售额征收增值税（税率为3％），不抵扣进项税额。

（九）"库存现金"账户

本账户是资产类账户，用来核算企业的库存现金。本账户的借方登记库存现金增加；贷方登记库存现金减少；期末借方余额表示企业持有的库存现金。

二、采购过程中的主要经济业务核算

采购过程的主要经济业务是采购材料。在购进材料时，一般有：材料已验收入库，货款尚未支付；材料验收入库的同时支付货款；支付材料采购费用；结转材料采购成本等经济业务。企业采购材料采用计划成本计价的，在"材料采购"账户中核算；采用实际成本计价的，在"在途物资"账户中核算。

本节例题采用计划成本计价，为简化核算，暂不设置"材料成本差异"账户，并假设企业材料的计划成本与实际成本一致。现按不同经济业务举例说明如下。

【例3-6】 向外地某单位购入甲材料4 000千克，单价为8元；购入乙材料2 000千克，单价为4元；以上共计40 000元。增值税税率为13％，增值税进项税额为5 200元。材料已验收入库，货款以商业汇票付讫。

这笔经济业务的发生，一方面表明甲、乙两种材料的购入价是40 000元，应记入"材料采购"账户的借方，增值税进项税额5 200元记入"应交税费"账户的借方；另一方面表明货款以商业汇票支付，形成企业对供货单位的债务，应记入"应付票据"账户的贷方。其会计分录如下：

⑥ 借：材料采购——甲材料　　　　　　　　　　　　　　　32 000
　　　　　　——乙材料　　　　　　　　　　　　　　　　8 000
　　　应交税费——应交增值税（进项税额）　　　　　　　　5 200
　　　贷：应付票据　　　　　　　　　　　　　　　　　　　45 200

【例3-7】 向本地某单位购入丙材料5 000千克，单价为10元，计50 000元。增值税税率为13％，增值税进项税额为6 500元。材料已验收入库，货款以银行存款支付。

这笔经济业务的发生，一方面表明丙材料的购入价是50 000元，已验收入库，应记入"材料采购"账户的借方，增值税进项税额6 500元，应记入"应交税费"账户的借方；另一方面表明材料价款已用银行存款付清，应记入"银行存款"账户的贷方。其会计分录如下：

⑦ 借：材料采购——丙材料　　　　　　　　　　　　　　　50 000
　　　应交税费——应交增值税(进项税额)　　　　　　　　6 500
　　贷：银行存款　　　　　　　　　　　　　　　　　　　56 500

【例3-8】 以银行存款支付甲、乙、丙三种材料运输费用1 760元(假设无增值税)，以现金支付装卸费440元。

这笔经济业务的发生，一方面表明因采购甲、乙、丙三种材料而发生的采购费用2 200元，应记入"材料采购"账户的借方；另一方面表明这两笔采购费用分别用银行存款和库存现金支付，应记入"银行存款""库存现金"账户的贷方。其会计分录如下：

⑧ 借：材料采购——甲材料　　　　　　　　　　　　　　　　800
　　　　　　　　——乙材料　　　　　　　　　　　　　　　　400
　　　　　　　　——丙材料　　　　　　　　　　　　　　　1 000
　　贷：银行存款　　　　　　　　　　　　　　　　　　　　1 760
　　　　库存现金　　　　　　　　　　　　　　　　　　　　　440

【例3-9】 商业汇票到期，以银行存款归还外地某单位材料款45 200元。

这笔经济业务的发生，一方面表明商业汇票到期付款，应记入"应付票据"账户的借方；另一方面表明银行存款减少，应记入"银行存款"账户的贷方。其会计分录如下：

⑨ 借：应付票据　　　　　　　　　　　　　　　　　　　　45 200
　　贷：银行存款　　　　　　　　　　　　　　　　　　　　45 200

【例3-10】 月末结转三种材料实际采购总成本92 200元。

这笔经济业务表明，甲、乙、丙三种材料的采购过程已经完成，各种材料的实际采购总成本已分别计算确定(各种材料成本计算方法，参见本节材料采购成本计算)，应从"材料采购"账户的贷方转入"原材料"账户的借方，以反映入库材料的实际成本，即材料储备资金增加了92 200元。其会计分录如下：

⑩ 借：原材料——甲材料　　　　　　　　　　　　　　　　32 800
　　　　　　——乙材料　　　　　　　　　　　　　　　　 8 400
　　　　　　——丙材料　　　　　　　　　　　　　　　　51 000
　　贷：材料采购——甲材料　　　　　　　　　　　　　　　32 800
　　　　　　　　——乙材料　　　　　　　　　　　　　　　 8 400
　　　　　　　　——丙材料　　　　　　　　　　　　　　　51 000

现将采购过程的上述[例3-6]至[例3-10]绘成核算图，如图3-2所示。

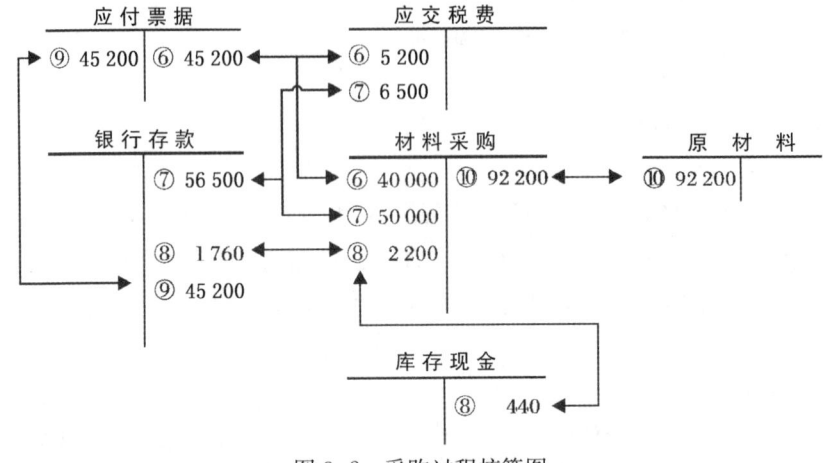

图 3-2 采购过程核算图

三、材料采购成本计算

材料采购成本的计算就是将供应过程中所发生的材料买价和有关采购费用,按一定种类的材料进行归集和分配,确定该种材料的实际成本。

材料采购成本的内容主要有如下几项。

(1) 买价(供货单位的发票价格)。

(2) 运杂费(包括运输费、装卸费、保险费、包装费、仓储费等)。

(3) 运输途中的合理损耗。

(4) 入库前的挑选整理费用(包括挑选整理中发生的工资支出和必要的损耗,扣除回收的废料价值)。

(5) 购入材料应负担的相关税金和其他费用。

在计算材料采购成本中,凡是能直接计入各种材料的直接费用,应直接计入各种材料的采购成本;不能直接计入的各种间接费用,应按一定标准在有关材料之间进行分配,分别计入各种材料的采购成本。分配标准一般按材料重量或买价的比例计算。

下面根据[例3-6]至[例3-8]资料说明材料采购成本的计算方法。

企业购进甲、乙、丙三种材料的各项支出,如表3-1所示。

根据表3-1资料,材料的买价可以直接计入各种材料的采购成本。而运杂费为三种材料共同负担的间接费用,需要按一定标准(重量或金额),在三种材料之间进行分配,然后再分摊计入各种材料的采购成本。

表 3-1

材料采购成本支出表

金额单位：元

材料名称	重量(千克)	单价	买价	运杂费
甲	4 000	8	32 000	
乙	2 000	4	8 000	2 200
丙	5 000	10	50 000	
合计	11 000		90 000	2 200

具体计算分配方法如下所述。

(1) 按重量分摊共同运杂费。

$$每千克材料应负担的运杂费 = \frac{2\ 200}{4\ 000 + 2\ 000 + 5\ 000} = 0.20(元)$$

甲材料应分摊的运杂费 = 0.20 × 4 000 = 800(元)

乙材料应分摊的运杂费 = 0.20 × 2 000 = 400(元)

丙材料应分摊的运杂费 = 0.20 × 5 000 = 1 000(元)

(2) 登记甲、乙、丙材料的材料采购明细分类账，如表 3-2 至表 3-4 所示。

表 3-2

"材料采购"明细分类账

材料名称或类别：甲材料　　　　　　　　　　　　　　　金额单位：元

年		凭证号数	摘要	借方金额			贷方金额	结余金额
月	日			买价	采购费用	合计		
		1	购入 4 000 千克,@8 元	32 000		32 000		32 000
		3	分摊运杂费		800	800		32 800
			结转实际采购成本				32 800	—
			发生额和余额	32 000	800	32 800	32 800	—

表 3-3

"材料采购"明细分类账

材料名称或类别：乙材料　　　　　　　　　　　　　　　金额单位：元

年		凭证号数	摘要	借方金额			贷方金额	结余金额
月	日			买价	采购费用	合计		
		1	购入 2 000 千克,@4 元	8 000		8 000		8 000
		3	分摊运杂费		400	400		8 400
			结转实际采购成本				8 400	—
			发生额和余额	8 000	400	8 400	8 400	—

表 3-4

"材料采购"明细分类账

材料名称或类别：丙材料   金额单位：元

年		凭证号数	摘要	借方金额			贷方金额	结余金额
月	日			买价	采购费用	合计		
		2	购入5 000千克，@10元	50 000		50 000		50 000
		3	分摊运杂费		1 000	1 000		51 000
			结转实际采购成本				51 000	—
			发生额和余额	50 000	1 000	51 000	51 000	—

（3）编制材料采购成本计算表，如表3-5所示。

表 3-5

材料采购成本计算表

编制单位：××厂   201×年×月   金额单位：元

成本项目	甲材料		乙材料		丙材料	
	总成本（4 000千克）	单位成本	总成本（2 000千克）	单位成本	总成本（5 000千克）	单位成本
1. 买价	32 000	8.00	8 000	4.00	50 000	10.00
2. 采购费用	800	0.20	400	0.20	1 000	0.20
材料采购成本	32 800	8.20	8 400	4.20	51 000	10.20

第四节 生产过程核算

生产过程是生产企业资金循环的第二阶段。在生产过程中，工人借助于劳动资料对劳动对象进行加工，制成劳动产品。因此，生产过程既是产品制造过程，又是物化劳动（劳动资料和劳动对象）和活劳动的消耗过程。

生产过程中所发生的各种耗费称为生产费用。其主要包括：生产产品所消耗的原材料、辅助材料、燃料和动力，生产工人的工资及福利费，厂房和机器设备等固定资产的折旧费，以及管理和组织生产、为生产服务而发生的各种费用。这些生产费用，要按一定种类的产品进行归集和分配，以计算产品的生产成本。为此，生产过程核算的主要任务是：核算与监督生产费用的发生和分配，产品生产的品种、数量和质量；计算产品成本，考核生产资金定额和成本计划的执行情况；反映生产过程中的问题，总结经验，降低成本，提高效益。

一、生产过程核算需要设置的主要账户

生产过程的主要经济业务是:生产费用的支出、归集、分配和核算产品的实际成本。为了组织生产过程核算,需要设置下列主要账户。

(一)"生产成本"账户

本账户是成本类账户,用来核算企业进行生产发生的各项生产成本,包括生产各种产品(产成品、自制半成品等)、自制材料、自制工具、自制设备等。本账户的借方登记企业为生产产品而发生的各项直接生产成本,包括原材料、车间工人薪酬以及生产车间应负担的制造费用等;贷方登记应结转的企业已经生产完成并已验收入库的产成品及自制半成品成本;期末借方余额表示企业尚未加工完成的在产品成本。为了具体反映每一种产品的生产费用和实际生产成本,本账户可按"基本生产成本"和"辅助生产成本"设置明细分类账,并可按成本核算对象(产品种类)进行三级明细核算。

(二)"制造费用"账户

本账户是成本类账户,用来核算企业生产车间(部门)为生产产品和提供劳务而发生的各项间接费用。本账户的借方登记生产车间发生的机物料消耗、管理人员薪酬、固定资产折旧、办公费、水电费、季节性停工损失等费用;贷方登记期末分配计入有关成本核算对象的数额;期末分配后,本账户一般无余额。本账户按不同车间、部门和费用项目设置明细分类账。

为了考核不同车间的经费开支情况,以及不同产品的制造费用分配标准和数额,本账户应按不同车间、部门和费用项目设置明细分类账。

在企业连续经营过程中发生的生产费用应该分期计算,以便分期考核经营成果。但是,在连续经营过程中,往往会出现生产费用的支付期与生产费用的归属期不相一致的情况,那就要按照权责发生制的原则,严格划清生产费用的受益期限,准确计算各期产品成本。

(三)"库存商品"账户

本账户是资产类账户,用来核算企业库存的各种商品的实际成本,包括库存产成品、外购商品以及完工验收入库的来料加工制造的代制品和为外单位修理的代修品等。生产企业的库存商品主要是指产成品。产成品是指企业已完成全部生产过程并已验收入库可供销售的产品。本账户的借方登记已经生产完工验收入库的各种产品的实际生产成本;贷方登记结转已经出售的各种商品的销售成本;期末借方余额表示企业库存商品的实际成本。

为了具体反映库存商品的结构和增减变动情况,应按库存商品的种类、品种和规格等设置明细分类账。

(四)"应付职工薪酬"账户

本账户是负债类账户,用来核算企业根据有关规定,应付给职工的各种薪酬,包括职工工资、奖金、津贴等。本账户的贷方登记应付给职工的各种薪酬;借方登记支付给职工的各种薪酬及支付的工会经费、职工教育经费、交纳的社会保险费、住房公积金等;期末贷方余额表示企业应付未付的职工薪酬。本账户可按"工资""职工福利费""社会保险费""住房公积金""工会经费""职工教育经费""非货币性福利""辞退福利""股份支付"等设置明细分类账。

(五)"累计折旧"账户

本账户是资产类账户,是固定资产的抵减账户,用来核算固定资产因磨损而减少的价值。本账户的贷方登记按期计提的固定资产累计折旧;借方登记处置固定资产、结转累计折旧减少额;期末贷方余额表示现有固定资产累计折旧额。"累计折旧"账户的贷方余额抵销"固定资产"账户的借方余额后,为现有固定资产的价值,即为现有固定资产的净值。

生产过程的核算,除了需要设置和运用以上一些账户外,还需要设置和运用一些其他账户,如"管理费用""财务费用"账户。考虑其业务相关性,以及为系统表述利润核算账户的设置,本书特将这两个账户的详细说明列入本章第五节阐述。

二、生产过程中主要经济业务的核算

在生产过程中,发生的主要经济业务有:车间领用制造产品的原材料投入生产;计算和分配职工薪酬;从银行提取现金发放工资;计提固定资产折旧;分配制造费用,计算产品成本;产品完工后结转产品实际生产成本;等等。

现按不同经济业务,举例说明如下。

【例 3-11】 从仓库领用甲、乙、丙材料各一批,价值 55 000 元,用以生产 A、B 两种产品和其他一般耗用,如表 3-6 所示。

表 3-6

材料领用情况表

项目	甲材料		乙材料		丙材料		合计	
	数量(千克)	金额(元)	数量(千克)	金额(元)	数量(千克)	金额(元)	数量(千克)	金额(元)
制造 A 产品耗用	1 000	8 000	600	2 400	2 000	20 000		30 400

第三章　生产企业的生产经营过程核算

(续表)

项　　目	甲材料		乙材料		丙材料		合　　计	
	数量（千克）	金额（元）	数量（千克）	金额（元）	数量（千克）	金额（元）	数量（千克）	金额（元）
制造B产品耗用	1 000	8 000	300	1 200	1 000	10 000		19 200
小　　计	2 000	16 000	900	3 600	3 000	30 000		49 600
车间一般耗用	500	4 000			100	1 000		5 000
管理部门领用			100	400				400
合　　计	2 500	20 000	1 000	4 000	3 100	31 000		55 000

这笔经济业务的发生，一方面说明减少库存材料 55 000 元，应记入"原材料"账户的贷方；另一方面说明材料投入生产，增加生产费用 55 000 元。其中：用于A、B产品 49 600 元，直接计入产品成本，应记入"生产成本"账户的借方；车间一般耗用材料 5 000 元，属于间接费用，管理部门耗用材料 400 元，属于期间费用，应分别记入"制造费用"账户和"管理费用"账户的借方。其会计分录如下：

⑪借：生产成本——A产品　　　　　　　　　　　　　　30 400
　　　　　　——B产品　　　　　　　　　　　　　　19 200
　　　制造费用　　　　　　　　　　　　　　　　　　5 000
　　　管理费用　　　　　　　　　　　　　　　　　　400
　　贷：原材料　　　　　　　　　　　　　　　　　　55 000

【例 3-12】结算本月份应付职工工资 24 000 元，其中：制造 A 产品工人工资 14 000 元，制造 B 产品工人工资 6 000 元，车间管理人员工资 1 600 元，厂部管理人员工资 2 400 元。

这笔经济业务的发生，一方面说明本月份发生应付职工工资 24 000 元，应记入"应付职工薪酬"账户的贷方；另一方面说明工资费用也增加了 24 000 元。其中：制造 A、B 产品的生产工人工资属于直接费用，应直接计入产品成本，记入"生产成本"账户的借方；车间管理人员工资属于间接费用，应记入"制造费用"账户的借方，厂部管理人员工资属于期间费用，应记入"管理费用"账户的借方。其会计分录如下：

⑫借：生产成本——A产品　　　　　　　　　　　　　　14 000
　　　　　　——B产品　　　　　　　　　　　　　　6 000
　　　制造费用　　　　　　　　　　　　　　　　　　1 600
　　　管理费用　　　　　　　　　　　　　　　　　　2 400
　　贷：应付职工薪酬　　　　　　　　　　　　　　　24 000

【例3-13】 从银行存款中提取现金24 000元,准备用以发放职工工资。

这笔经济业务的发生,一方面说明企业增加了24 000元现金,应记入"库存现金"账户的借方;另一方面说明银行存款减少了24 000元,应记入"银行存款"账户的贷方。其会计分录如下:

⑬ 借:库存现金　　　　　　　　　　　　　　　　　　　24 000
　　　贷:银行存款　　　　　　　　　　　　　　　　　　　　24 000

【例3-14】 以现金24 000元发放职工工资。

这笔经济业务的发生,一方面说明现金减少24 000元,应记入"库存现金"账户的贷方;另一方面说明应付工资也减少了24 000元,应记入"应付职工薪酬"账户的借方。其会计分录如下:

⑭ 借:应付职工薪酬　　　　　　　　　　　　　　　　　24 000
　　　贷:库存现金　　　　　　　　　　　　　　　　　　　　24 000

【例3-15】 提取职工社会保险费3 360元,其中:A产品生产工人1 960元,B产品生产工人840元,车间管理人员224元,厂部管理人员336元。

职工社会保险费是用于职工医药卫生方面的支出,属于职工薪酬范围,一方面要计入费用,另一方面形成一笔应付款项。因此,这笔经济业务要按照工资费用的归属分别记入"生产成本""制造费用""管理费用"等账户的借方和记入"应付职工薪酬"账户的贷方。其会计分录如下:

⑮ 借:生产成本——A产品　　　　　　　　　　　　　　 1 960
　　　　　　　　 ——B产品　　　　　　　　　　　　　　　 840
　　　制造费用　　　　　　　　　　　　　　　　　　　　　 224
　　　管理费用　　　　　　　　　　　　　　　　　　　　　 336
　　　贷:应付职工薪酬　　　　　　　　　　　　　　　　　 3 360

【例3-16】 以银行存款支付行政管理部门水电费1 600元。

这笔经济业务的发生,一方面使银行存款减少1 600元,应记入"银行存款"账户的贷方;另一方面行政管理部门的费用属于管理费用,应记入"管理费用"账户的借方。其会计分录如下:

⑯ 借:管理费用——水电费　　　　　　　　　　　　　　 1 600
　　　贷:银行存款　　　　　　　　　　　　　　　　　　　　1 600

【例3-17】 以银行存款1 000元支付业务招待费。

业务招待费属于管理费用,这笔经济业务的发生,一方面要增加管理费用,记入"管理费用"账户的借方;另一方面银行存款要减少,记入"银行存款"账户的贷方。其会计分录如下:

⑰ 借:管理费用——业务招待费　　　　　　　　　　　　　1 000
　　贷:银行存款　　　　　　　　　　　　　　　　　　　　　　　　1 000

【例 3 - 18】 以银行存款支付应由本月行政管理费负担的书报杂志订阅费 200 元。

书报杂志订阅费属于办公费用。这笔经济业务的发生,一方面使管理费用增加了 200 元,应记入"管理费用"账户的借方;另一方面使银行存款减少了 200 元,应记入"银行存款"账户的贷方。其会计分录如下:

⑱ 借:管理费用——办公费　　　　　　　　　　　　　　　200
　　贷:银行存款　　　　　　　　　　　　　　　　　　　　　　　　200

【例 3 - 19】 以银行存款支付应由本期承担的短期借款利息 600 元。

短期借款利息属于财务费用,应计入本期损益。这笔经济业务的发生,一方面要记入"财务费用"账户的借方,作为期间费用;另一方面要减少银行存款,记入"银行存款"账户的贷方。其会计分录如下:

⑲ 借:财务费用——利息支出　　　　　　　　　　　　　　600
　　贷:银行存款　　　　　　　　　　　　　　　　　　　　　　　　600

【例 3 - 20】 按照规定的固定资产折旧率,计提本月固定资产折旧 12 600 元。其中:车间固定资产折旧 8 000 元,行政管理部门固定资产折旧 4 600 元。

固定资产在使用过程中所磨损的一部分价值,称为固定资产折旧。这部分价值应按照固定资产原始价值和核定的折旧率,按月计算折旧费用,并计入间接费用或期间费用。

因此,这笔经济业务一方面要反映折旧费用增加,应分别记入"制造费用"账户和"管理费用"账户的借方;另一方面要反映固定资产折旧增加,应记入"累计折旧"账户的贷方。其会计分录如下:

⑳ 借:制造费用——固定资产折旧　　　　　　　　　　　8 000
　　　管理费用——固定资产折旧　　　　　　　　　　　4 600
　　贷:累计折旧　　　　　　　　　　　　　　　　　　　　　　　12 600

【例 3 - 21】 以银行存款支付车间办公费 3 676 元,行政管理部门修理费 1 964 元。

这笔经济业务的发生,一方面要增加生产中的间接费用和行政管理部门的管理费用,计入产品生产成本和期间费用,应分别记入"制造费用"账户和"管理费用"账户的借方;另一方面要减少银行存款,应记入"银行存款"账户的贷方。其会计分录如下:

㉑ 借:制造费用——办公费　　　　　　　　　　　　　　　　3 676
　　　管理费用——修理费　　　　　　　　　　　　　　　　1 964
　　贷:银行存款　　　　　　　　　　　　　　　　　　　　　　　5 640

【例 3-22】 将本月发生的制造费用 18 500 元转入生产成本。

制造费用是产品生产成本的组成部分,月末应将月内归集的各种间接生产费用从"制造费用"账户转入"生产成本"账户[按一定标准分配,详见本节第"三"目中"(三) 具体分配计算方法"的"(1)"]。

这笔经济业务一方面要转销(各项)制造费用,应记入"制造费用"账户的贷方;另一方面要增加产品生产成本,应记入"生产成本"账户的借方。其会计分录如下:

㉒ 借:生产成本——A 产品　　　　　　　　　　　　　　　　12 950
　　　　　　　——B 产品　　　　　　　　　　　　　　　　　5 550
　　贷:制造费用　　　　　　　　　　　　　　　　　　　　　　　18 500

【例 3-23】 本月 A 产品 100 台全部制造完工,并已验收入库,按其实际生产成本 59 310 元转账。

A 产品的实际生产成本是根据 A 产品的明细分类账的记录计算确定的(产品制造成本计算方法在本节第"三"目介绍)。

这笔经济业务说明 A 产品已全部制造完工,并已验收入库。一方面表示产品生产完成,按实际成本转账,应记入"生产成本"账户的贷方;另一方面表示产成品增加,应记入"库存商品"账户的借方。其会计分录如下:

㉓ 借:库存商品　　　　　　　　　　　　　　　　　　　　　59 310
　　贷:生产成本——A 产品　　　　　　　　　　　　　　　　　59 310

另外,B 产品尚未制造完工,因此,月末"生产成本"账户的借方余额 31 590 元为 B 产品的在产品的实际生产成本。

三、产品制造成本计算

产品制造成本的计算,就是按照生产的各种产品,归集和分配在生产过程中所发生的各种生产费用,并按成本项目计算各种产品的总成本和单位成本。

（一）产品制造成本的内容

它包括：① 劳动资料耗费的费用，即厂房、建筑物、机器设备等固定资产折旧。② 劳动对象耗费的费用，即原材料、辅助材料、燃料。③ 活劳动耗费的费用，即职工工资、福利费。④ 其他费用支出，即其他为生产产品而发生的间接费用。

（二）产品制造成本计算应归入的成本项目

1. 直接材料

这是指企业生产过程中实际消耗的直接材料、辅助材料、设备配件、外购半成品、燃料、动力、包装物、低值易耗品以及其他直接材料和电力、蒸汽等动力。

2. 直接人工

这是指企业直接从事产品生产人员的工资、福利费、奖金、津贴和补贴等。

3. 制造费用

这是指为生产产品和提供劳务而发生的各种间接费用，如车间、分厂管理人员、技术人员的工资及福利费，车间使用的固定资产折旧费和修理费、办公费、水电费、机物料消耗、劳动保护费，季节性停工损失、修理期间的停工损失等。

在计算产品生产成本时，应将生产过程中发生的各项生产费用，按产品的名称或类别分别进行归集和分配，以便分别计算各种（类）产品的生产总成本和单位成本。在不同类型的企业里，因生产组织和工艺过程各有特点，可采用不同的产品成本计算方法。这些专门的产品成本计算方法，将在有关专业会计中论述。

下面根据[例3-11][例3-12][例3-15]资料来说明生产成本的一般计算方法。企业×月生产A、B两种产品所发生的各项生产费用按其用途整理，如表3-7所示。

表3-7

A、B产品各生产费用资料

金额单位：元

产品名称	完工产品数量	直接材料	直接人工	制造费用	合　计
A产品	100台	30 400	15 960	18 500	—
B产品	—	19 200	6 840		—
合　计	—	49 600	22 800	18 500	90 900

从表3-7资料看出：直接材料49 600元和直接人工（生产工人工资及福利费）22 800元是直接成本项目费用，可直接计入各种产品的生产成本；而制造费用18 500元是A、B两种产品共同负担的间接费用，需按一定标准在A、B产品之间进行分配，然后再分别计入各种产品的生产成本。分配的标准一般有：按生产工人工

资;按生产工人工时;按机器工时;按直接原材料成本;按直接总成本。企业在用某一种分配标准时,要慎重考虑各种间接费用的发生与该种分配标准有无直接关系,是否接近实际,以保证产品生产成本的计算相对正确。企业之所以选择按生产工人的工资比例作为分配标准,主要是因为它简便易行。但这种分配标准对生产工人的工资水平差别较大而又经常变动的企业则不尽合理。总之,企业要根据实际情况选用。

(三)具体分配计算方法

(1)按 A、B 产品的生产工人工资分摊共同负担的制造费用。

$$每1元工资应负担的制造费用 = \frac{18\,500}{15\,960+6\,840} = 0.811\,4(元)$$

A 产品应分摊的制造费用 = $15\,960 \times 0.811\,4 = 12\,950$(元)

B 产品应分摊的制造费用 = $6\,840 \times 0.811\,4 = 5\,550$(元)

(2)登记 A、B 产品生产明细分类账,如表 3-8 和表 3-9 所示。

(3)编制产品生产成本计算表,如表 3-10 所示。

表 3-8

"生产成本"明细分类账

产品品种或类别:A 产品　　　　　　　　　　　　　　　单位:元

年		凭证号数	摘要	借方(成本项目)				贷方	借或贷	余额
月	日			直接材料	直接人工	制造费用	合计			
		6	生产耗用材料	30 400			30 400		借	30 400
		7	分配工资及福利费		15 960		15 960		借	46 360
		17	分配制造费用			12 950	12 950		借	59 310
		18	结转完工产品生产成本					59 310	平	—
			本期发生额和余额	30 400	15 960	12 950	59 310	59 310	平	—

表 3-9

"生产成本"明细分类账

产品品种或类别:B 产品　　　　　　　　　　　　　　　单位:元

年		凭证号数	摘要	借方(成本项目)				贷方	借或贷	余额
月	日			直接材料	直接人工	制造费用	合计			
		6	生产耗用材料	19 200			19 200		借	19 200
		7	分配工资及福利费		6 840		6 840		借	26 040
		17	分配制造费用			5 550	5 550		借	31 590
			本期发生额和余额	19 200	6 840	5 550	31 590		借	31 590

第三章 生产企业的生产经营过程核算

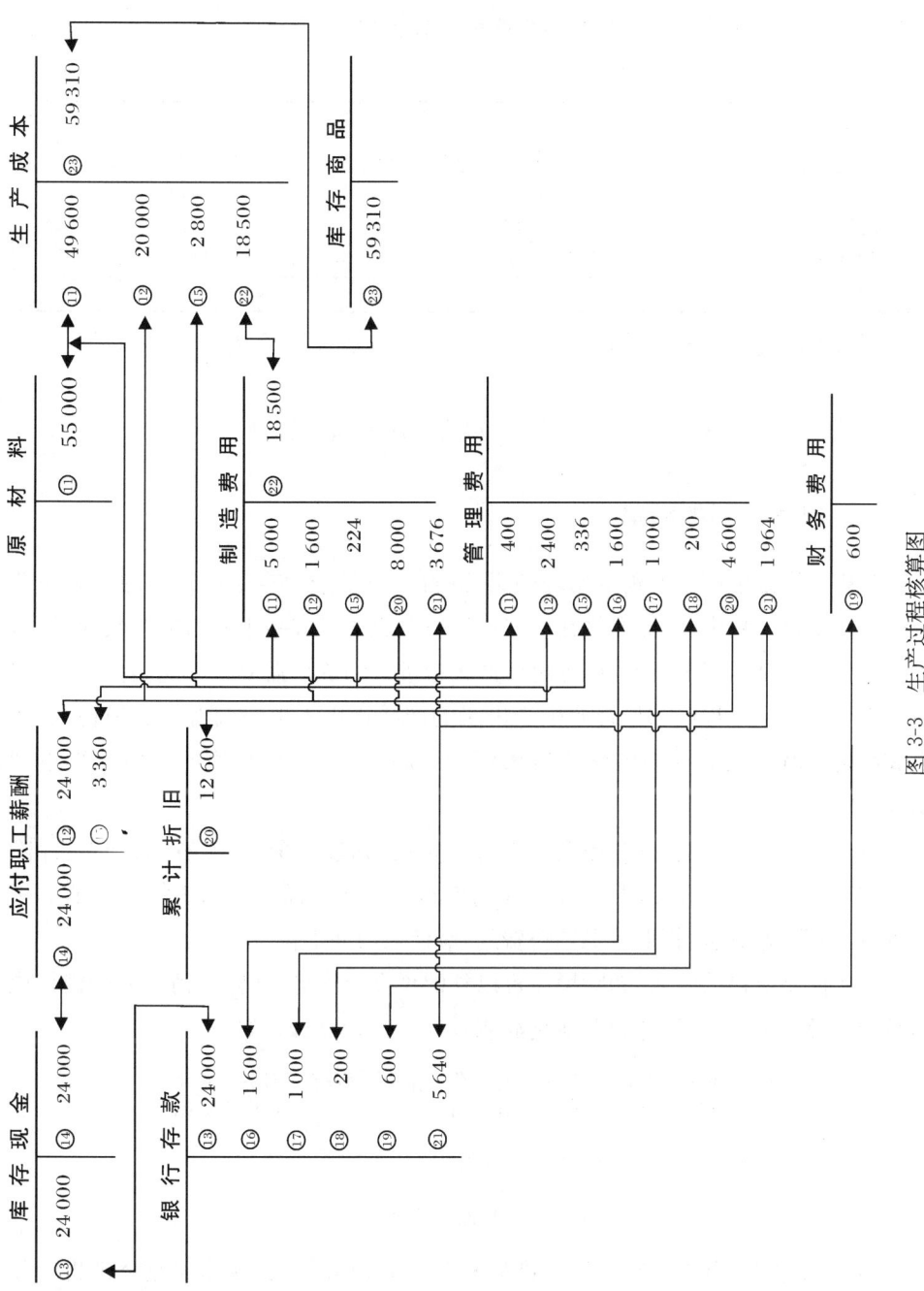

图3-3 生产过程核算图

表 3-10

产品生产成本计算表

单位：元

成 本 项 目	A 产 品	
	总成本（100 台）	单 位 成 本
直接材料	30 400	304.00
直接人工	15 960	159.60
制造费用	12 950	129.50
产品生产成本	59 310	593.10

现将生产过程的上述[例 3-11]至[例 3-23]绘成核算图，如图 3-3 所示。

第五节 销售过程和利润核算

一、销售过程的核算

销售过程是生产企业资金循环的第三阶段，也是企业再生产过程的最后一个阶段。在销售过程中，企业要将在生产过程所完成的产成品销售出去并收回货币，以补偿生产产品的资金耗费，保证再生产正常进行的资金需要。因此，这是资金周转最重要的一个过程。如果企业生产出来的产品销售不出去或者不能销售完，那么成品资金就不能顺利地转化为货币资金，通过生产过程增值的价值就得不到实现。

企业在销售产品过程中，还会发生各种费用，如包装费、运输费、装卸费、保险费、展览费、广告费、商品维修费以及为销售本企业产品而专设的销售机构的职工工资、福利费、业务费、折旧费等销售费用，应计入当期损益。

销售商品取得的收入，扣除增值税以外的税金及附加，补偿已销商品的销售成本及期间费用后的余额，即为营业利润或亏损。其计算公式如下：

$$\text{营业利润(或亏损)} = \text{营业收入} - \text{营业成本} - \text{税金及附加} - \text{销售费用} - \text{管理费用} - \text{财务费用} + \text{投资收益}$$

营业收入 = 主营业务收入 + 其他业务收入

营业成本 = 主营业务成本 + 其他业务成本

为此，销售过程的主要任务是：准确核算产品销售收入，核算与监督销售货款结算情况，准确计算税金及附加，确定销售业务成果。

第三章 生产企业的生产经营过程核算

（一）销售过程需要设置的主要账户

为了组织销售过程的核算，需要设置下列主要账户。

1．"主营业务收入"账户

本账户是损益类账户，用来核算企业销售产品、提供劳务等日常活动中所产生的主营业务收入。本账户的贷方登记已销售产品、提供劳务等的收入；借方登记期末余额转入"本年利润"账户的数额；期末结转后，本账户应无余额。为了核算每种产品的销售收入，本账户需要按主营业务产品类别设置明细分类账。

2．"主营业务成本"账户

本账户是损益类账户，用来核算企业确认销售产品、提供劳务等主营业务收入的应结转的成本。本账户的借方登记本期销售各种产品、提供劳务计算的应结转的主营业务成本；贷方登记期末余额转入"本年利润"账户的数额；期末结转后，本账户应无余额。本账户也按主要业务产品类别设置明细分类账。

3．"销售费用"账户

本账户是损益类账户，用来核算企业在销售商品和材料、提供劳务的过程中所发生的各种费用，包括运输费、装卸费、包装费、保险费、展览费、广告费、商品维修费、预计产品质量保证损失和为销售本企业产品而专设的销售机构的职工薪酬、业务费以及固定资产折旧费、修理费等经营费用。本账户的借方登记月内发生的各种销售费用；贷方登记期末余额转入"本年利润"账户的数额；期末结转后，本账户应无余额。本账户可按费用项目设置明细分类账。

4．"税金及附加"账户

本账户是损益类账户，用来核算企业经营活动所发生的税金及附加费，包括消费税、城市维护建设税、资源税、教育费附加及房产税、城镇土地使用税、车船税、印花税等相关税费。本账户的借方登记按规定税率计算确认的与经营活动有关的各种税费；贷方登记期末余额转入"本年利润"账户的数额；期末结转后，本账户应无余额。增值税直接记入"应交税费"账户，不通过本账户核算。

5．"应收账款"账户

本账户是资产类账户，用来核算企业因销售产品、提供劳务等经营活动应收取的款项。本账户的借方登记应向购货单位或接受劳务单位收取的账款；贷方登记收回的应收款；期末借方余额表示企业尚未收回的应收账款。本账户应按债务人设置明细分类账。如果是按合同预先收取货款，后实现销售，可在"预收账款"账户中核算。

6. "预收账款"账户

"预收账款"账户是负债类账户,用来核算企业按照合同规定预收的款项。本账户的贷方登记企业向购货单位预收的款项;借方登记实现的销售收入;期末贷方余额表示企业预收的款项。本账户可按购货单位设置明细分类账,如果企业预收款项不多,该款项也可并入"应收账款"账户核算。

(二)销售过程中的主要经济业务核算

在销售过程中,发生的主要经济业务是:销售产品,办理结算,收回货款,支付费用,计算税金及附加。

现按不同经济业务,举例说明如下:

【例3-24】 向本市某厂出售A产品100台,每台售价为921元,计92 100元。产品已发出,货款尚未收到。该项产品应交消费税税率为10%(其核算方法见[例3-25]),应交增值税税率为13%。

这笔经济业务的发生,一方面表明销售产品收入92 100元和应交增值税11 973元(92 100×13%),应记入"主营业务收入""应交税费——应交增值税"账户的贷方;另一方面表明应收回销货款及增值税104 073元(92 100+11 973),应记入"应收账款"账户的借方。其会计分录如下:

㉔ 借:应收账款——某厂　　　　　　　　　　　　　　104 073
　　　贷:主营业务收入　　　　　　　　　　　　　　　　92 100
　　　　　应交税费——应交增值税(销项税额)　　　　　11 973

【例3-25】 计算已销A产品应交消费税,按销售收入的10%计算的税额为9 210元。

这笔经济业务的发生,一方面表明增加税金支出9 210元,应记入"税金及附加"账户的借方;另一方面因税金尚未交纳,按照税金核算原则,应记入"应交税费——应交消费税"账户的贷方。其会计分录如下:

㉕ 借:税金及附加——消费税　　　　　　　　　　　　9 210
　　　贷:应交税费——应交消费税　　　　　　　　　　　9 210

【例3-26】 以银行存款支付A产品包装费用148元。

这笔经济业务的发生,一方面表明销售费用增加148元,应记入"销售费用"账户的借方;另一方面表明银行存款减少148元,应记入"银行存款"账户的贷方。其会计分录如下:

㉖ 借:销售费用——包装费　　　　　　　　　　　　　148
　　　贷:银行存款　　　　　　　　　　　　　　　　　　148

【例 3-27】 计算应结转 A 商品 100 台,销售成本为 53 552 元(按先进先出法计算,A 商品期初库存为 100 台)。

这笔经济业务的发生,一方面表明库存产品减少,应记入"库存商品"账户的贷方;另一方面表明销售成本增加,应记入"主营业务成本"账户的借方。其会计分录如下:

㉗ 借:主营业务成本——A 产品　　　　　　　　　　　　　　53 552
　　贷:库存商品——A 产品　　　　　　　　　　　　　　　　　53 552

产品销售成本的确定,取决于发出存货的实际单位成本。在一般情况下,由于产品加工的材料成本、人工和机物料耗费等因素,每批入库的完工产品的实际生产成本不尽相同。因此,计算产品销售成本,首先要解决每批存货发出和销售的实际单位成本计算问题。计算发出存货成本的方法很多,按企业会计准则规定,对发出存货可以采用先进先出法、加权平均法或个别计价法等方法来确定发出存货的实际成本。现将几种计价方法分别介绍如下。

1. 先进先出法

先进先出法是以最先入库的存货单位成本作为计算存货发出和销售的单位成本的一种计价方法,即以先入库的存货单价乘以发出和销售数量作为产品销售成本。

例如,A 产品期初结存 200 件,单价为 535.52 元,金额 107 104 元。本期第一批入库 100 件,单价为 593.10 元,金额 59 310 元。如果销售 100 件,则应将期初库存先售出,单价应为 535.52 元。其产品销售成本计算如下:

$$535.52 \times 100 = 53\,552(元)$$

注:[例 3-27]的发出商品的单价为 535.52 元,是按照先进先出法计算的,[例 3-23]的产品生产成本单价为 593.10 元,是本期完工产品的生产成本,两者的概念不同,计算口径也不一样。

2. 加权平均法

加权平均法是以期初存货和本期增加的数量和金额计算出加权平均单价,再以加权平均单价乘以本期发出和销售数量作为产品销售成本的一种计价方法。其计算公式如下:

$$加权平均单价 = \frac{期初结存金额 + 本期收入金额}{期初结存数量 + 本期收入数量}$$

$$产品销售成本 = 本期销售数量 \times 加权平均单价$$

如以先进先出法中 A 产品的数量、单价为例,则 A 产品销售成本计算如下:

$$A 产品加权平均单价 = \frac{107\,104 + 59\,310}{200 + 100} = 554.71(元)$$

$$A 产品销售成本 = 554.71 \times 100 = 55\,471(元)$$

3. 个别计价法

个别计价法是以每一批存货实际进价作为该批产品销售成本的一种计价方

法。其计算公式如下：

$$商品销售成本＝每批存货销售数量×该批存货实际生产单位成本$$

【例 3－28】 以现金支付销售部门业务费 300 元。

这笔经济业务的发生，一方面表明销售部门业务费增加，应记入"销售费用"账户的借方；另一方面表明现金减少，应记入"库存现金"账户的贷方。其会计分录如下：

㉘ 借：销售费用——销售部门　　　　　　　　　　　300.00
　　　贷：库存现金　　　　　　　　　　　　　　　　　　　300.00

二、利润的核算

利润（或亏损）是企业在一定会计期间的经营成果。它是综合反映企业经济效益的一个重要指标。企业在产品销售过程中所取得的营业利润，还不能算是最终的利润，因为企业在经营活动中，由于种种原因，还会发生一些其他业务收入、其他业务支出、期间费用（销售费用、管理费用、财务费用）、营业外收入和营业外支出，这些也是企业利润的组成部分。利润总额的计算公式如下：

$$利润总额 = 营业利润 + 营业外收入 - 营业外支出$$

企业实现的利润，应按规定向国家交纳所得税，余下部分为税后净利润，要在投资者与企业之间进行分配。

$$净利润＝利润总额－所得税费用$$

为此，利润核算的任务是：准确核算企业利润（或亏损），并按规定进行利润分配。

（一）利润核算需要设置的主要账户

1．"其他业务收入"账户

本账户是损益类账户，用来核算企业确认除主营业务活动以外的其他经营活动实现的收入，如销售材料、出租固定资产、出租无形资产、出租包装物、出租商品，以及用材料进行非货币性资产交换或债务重组等实现的收入。本账户的贷方登记本期各项其他业务收入的发生数；借方登记期末余额转入"本年利润"账户数；期末结转后，本账户应无余额。

2．"其他业务成本"账户

本账户是损益类账户，用来核算企业确认除主营业务活动以外的其他经营活动所发生的支出，包括销售材料成本、提供劳务、出租固定资产的折旧额、出租无形资产的摊销额、出租包装物的成本或摊销额等。除主营业务以外的其他经营活动发生的相关税费在"税金及附加"账户核算。本账户的借方登记本期各项其他业务成本的发生数;贷方登记期末余额转入"本年利润"账户数;期末结转后,本账户应无余额。

"其他业务收入"与"其他业务成本"两个账户的差额,即为其他业务利润。两账户应按其他业务成本的种类如材料销售、出租、提供劳务等设置明细分类账。

3. "管理费用"账户

本账户是损益类账户,用来核算企业为组织和管理企业生产经营活动而发生的管理费用,包括企业在筹建期内发生的开办费、董事会和行政管理部门在企业经营管理中发生的或者应由企业统一负担的公司经费(包括行政管理部门职工工资和福利费、物料消耗、低值易耗品摊销、办公费、差旅费等)。董事会费(包括董事会成员津贴、会议费和差旅费等)、工会经费、聘请中介机构费、咨询费(含顾问费)、业务招待费、诉讼费、矿产资源补偿费、房产税、车船税、城镇土地使用税、印花税、技术转让费、研究费用、排污费等。本账户的借方登记本期发生的各项管理费用;贷方登记期末余额转入"本年利润"账户数;期末结转后,本账户应无余额。本账户可按费用项目设置明细分类账。

4. "财务费用"账户

本账户是损益类账户,用来核算企业为筹集生产经营所需资金等而发生的筹资费用,包括利息支出(减利息收入)、汇兑损益以及相关的手续费、企业发生的现金折扣或收到的现金折扣等。本账户的借方登记本期发生的各项财务费用;贷方登记期末余额转入"本年利润"账户数;期末结转后,本账户应无余额。本账户可按费用项目设置明细分类账。

5. "营业外收入"账户

本账户是损益类账户,用来核算企业发生的各项营业外收入,主要包括非流动资产处置利得、非货币性资产交换利得、债务重组利得、政府补助、盘盈利得、捐赠利得等。本账户的贷方登记企业发生的各项营业外收入;借方登记期末余额转入"本年利润"账户数;期末结转后,本账户应无余额。本账户按营业外收入项目设置明细分类账。

6. "营业外支出"账户

本账户是损益类账户,用来核算企业发生的各项营业外支出,包括非流动资产处置损失、非货币性资产交换损失、债务重组损失、公益性捐赠支出、非常损失、盘亏损失等。本账户的借方登记企业发生的各项营业外支出;贷方登记期末余额转入"本年利润"账户数;期末结转后,本账户应无余额。本账户可按营业外支出的项目设置明细分类账。

7."投资收益"账户

本账户是损益类账户,用来核算企业确认的投资收益或投资损失。本账户的贷方登记被投资单位宣告发放的现金股利或利润中属于本企业的部分;借方登记被投资单位亏损中属于本企业的部分;其期末余额转入"本年利润"账户后,本账户应无余额。本账户按投资项目设置明细分类账。

8."本年利润"账户

本账户是所有者权益类账户,用来核算企业在当期实现的净利润或发生的净亏损。本账户的贷方登记由"主营业务收入""其他业务收入""营业外收入"等账户转入的余额;借方登记由"主营业务成本""销售费用""管理费用""财务费用""其他业务成本""税金及附加""营业外支出""所得税费用"等账户转入的余额;期末,企业应将本期的收入和支出相抵后结出累计余额,贷方余额表示当期的净利润,借方余额表示当期的净亏损。年度终了,企业应将本年实现的净利润全部转入"利润分配"账户的贷方(如为净亏损则编制相反分录)。年度结转后,本账户应无余额。

9."利润分配"账户

本账户是所有者权益类账户,用来核算企业利润的分配(或亏损的弥补)和历年分配(或弥补)后的余额。本账户的借方登记提取的盈余公积、应付现金股利和利润,以及由"本年利润"账户转入的本年累计亏损数;贷方登记盈余公积弥补的亏损数,以及年末由"本年利润"账户转来的本年累计的净利润数;期末贷方余额表示企业的未分配利润;期末若为借方余额,则表示未弥补亏损。本账户应按"提取法定盈余公积""提取任意盈余公积""应付现金股利或亏损""盈余公积补亏""转作股本的股利"和"未分配利润"等分配项目设置明细分类账。

10."应付股利"账户

本账户是负债类账户,用来核算企业经董事会、股东大会或类似机构审议确定分配支付的现金股利或利润。本账户的贷方登记应付给投资者的股利和利润数;借方登记实际支付的股利和利润数;期末贷方余额为企业应付未付的股利和利润数。本账户可按投资者设置明细分类账。

11."所得税费用"账户

本账户是损益类账户,用来核算企业确认应从当期利润总额中扣除的所得税费用。本账户的借方登记本期按税法规定的应纳税所得额计算确定的当期应交所得税;贷方登记期末应交所得税费用余额转入"本年利润"账户数;期末结转后,本账户应无余额。本账户可按"当期所得税费用""递延所得税费用"设置明细分类账。

12. "盈余公积"账户

本账户是所有者权益类账户,用来核算企业按规定从净利润中提取的盈余公积,是具有特定用途的留存收益。本账户的贷方登记提取的盈余公积数;借方登记用以弥补企业亏损或转增资本数;期末贷方余额表示盈余公积结余数。本账户要按提取的不同用途设置明细分类账,包括"法定盈余公积""任意盈余公积"等明细分类账。外商投资企业还应分别按规定提取储备基金、企业发展基金等,并设立明细分类账。

(二) 利润的主要经济业务核算

【例3-29】 出售材料一批,价值3 500元,增值税税率为13%,计455元。款已收到,存入银行。

这笔经济业务属于商品销售以外的其他销售,应记入"其他业务收入""应交税费"账户的贷方和"银行存款"账户的借方。其会计分录如下:

㉙ 借:银行存款　　　　　　　　　　　　　　　　　　　　　　　3 955
　　　贷:其他业务收入——材料销售　　　　　　　　　　　　　　3 500
　　　　　应交税费——应交增值税(销项税额)　　　　　　　　　　455

【例3-30】 结转出售材料的实际成本3 000元。

这笔经济业务一方面表明销售材料实际成本增加,应记入"其他业务成本"账户的借方;另一方面表明库存材料减少,应记入"原材料"账户的贷方。其会计分录如下:

㉚ 借:其他业务成本——材料销售　　　　　　　　　　　　　　3 000
　　　贷:原材料　　　　　　　　　　　　　　　　　　　　　　　3 000

【例3-31】 以现金支付交通违章罚款450元。

交通违章罚款属于营业外支出。这笔经济业务表明企业营业外支出增加450元,应记入"营业外支出"账户的借方和"库存现金"账户的贷方。其会计分录如下:

㉛ 借:营业外支出——罚款支出　　　　　　　　　　　　　　　450
　　　贷:库存现金　　　　　　　　　　　　　　　　　　　　　　450

【例3-32】 报废旧机器一台,发生清理净收入150元。

报废旧机器为处置固定资产,应转入"固定资产清理"账户(该账户的性质、用途和账务处理详见本章第六节[例3-39])核算。由于本节要完整地反映利润核算情况,故将[例3-39]未述及的会计分录移到此处。

处置报废、毁损固定资产净收入为处置非流动资产利得,应转入"营业外收入"

账户。为此,这一事项一方面要转销"固定资产清理"借方金额 150 元,另一方面要记入"营业外收入"账户的贷方。其会计分录如下(为简化,此处未反映增值税):

㉜ 借:固定资产清理——出售机器　　　　　　　　　　　　　150
　　贷:营业外收入　　　　　　　　　　　　　　　　　　　　　　150

【例 3-33】 将本期各损益账户余额转入"本年利润"账户并计算利润总额。

营业利润 = 营业收入 − 营业成本 − 税金及附加 − 销售费用 − 管理费用 − 财务费用
　　　　 = 95 600 − 56 552 − 9 210 − 448 − 12 500 − 600 = 16 290(元)

利润总额 = 营业利润 + 营业外收入 − 营业外支出
　　　　 = 16 290 + 150 − 450 = 15 990(元)

净利润 = 利润总额 − 所得税费用
　　　 = 15 990 − 3 997.50 = 11 992.50(元)

其会计分录如下:

㉝-1　借:主营业务收入　　　　　　　　　　　　　　　　　　92 100
　　　　　其他业务收入　　　　　　　　　　　　　　　　　　　3 500
　　　　　营业外收入　　　　　　　　　　　　　　　　　　　　　150
　　　　贷:本年利润　　　　　　　　　　　　　　　　　　　　95 750

㉝-2　借:本年利润　　　　　　　　　　　　　　　　　　　　79 760
　　　　贷:主营业务成本　　　　　　　　　　　　　　　　　53 552
　　　　　　税金及附加　　　　　　　　　　　　　　　　　　9 210
　　　　　　其他业务成本　　　　　　　　　　　　　　　　　3 000
　　　　　　销售费用　　　　　　　　　　　　　　　　　　　　448
　　　　　　管理费用　　　　　　　　　　　　　　　　　　　12 500
　　　　　　财务费用　　　　　　　　　　　　　　　　　　　　600
　　　　　　营业外支出　　　　　　　　　　　　　　　　　　　450

【例 3-34】 按利润总额 15 990 元计算和结转应交所得税,设所得税税率为 25%。

按 25% 的所得税税率计算,应交所得税为 3 997.50 元(15 990×25%)。这笔经济业务一方面表明所得税增加 3 997.50 元,应记入"所得税费用"账户的借方;另一方面表明应交所得税增加 3 997.50 元,应记入"应交税费——应交所得税"账户的贷方;同时将"所得税费用"账户借方余额转入"本年利润"账户。其会计分录如下:

㉞-1　借:所得税费用　　　　　　　　　　　　　　　　　　3 997.50
　　　　贷:应交税费——应交所得税　　　　　　　　　　　3 997.50

㉞-2　借:本年利润　　　　　　　　　　　　　　　　　　　3 997.50
　　　　贷:所得税费用　　　　　　　　　　　　　　　　　3 997.50

【例3-35】 期末,将税后净利润11 992.50元(15 990－3 997.50)转入"利润分配"账户后,"本年利润"账户应无余额。其会计分录如下:

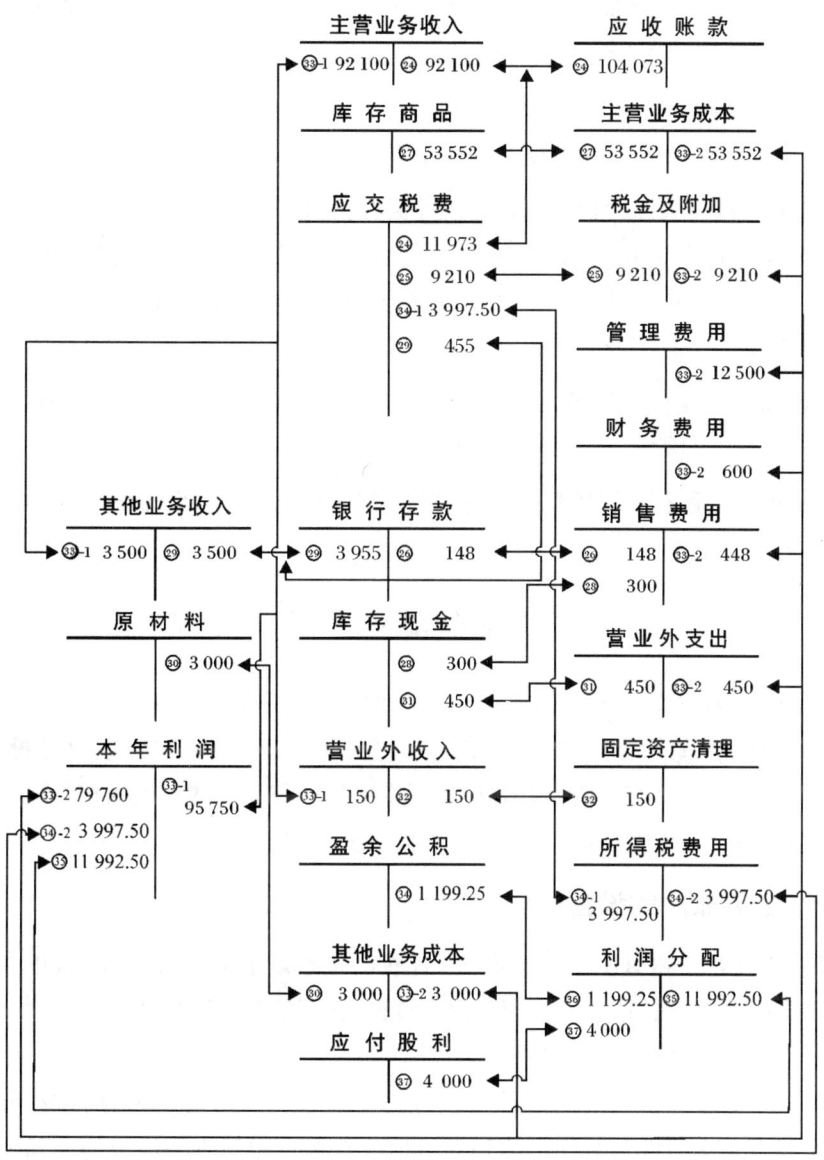

图 3-4　销售过程和财务成果核算图

㉟　借:本年利润　　　　　　　　　　　　　　　　　　　11 992.50
　　　　贷:利润分配　　　　　　　　　　　　　　　　　　　　11 992.50

【例 3-36】 按税后净利润 11 992.50 元的 10% 提取法定盈余公积。

盈余公积是从净利润中提取的,是利润分配的一个项目。因此,这笔经济业务一方面表明利润分配增加,应记入"利润分配"账户的借方;另一方面表明提取的盈余公积增加,应记入"盈余公积"的贷方。其会计分录如下:

㊱ 借:利润分配——提取法定盈余公积　　　　　　　　1 199.25
　　　贷:盈余公积——提取法定盈余公积　　　　　　　　　　　1 199.25

【例 3-37】 从税后利润中分配给投资者利润 4 000 元。

这笔经济业务说明一方面应付投资者的利润增加,应记入"应付股利"账户的贷方;另一方面应付利润是从利润中支付的,属于利润分配项目,应记入"利润分配"账户的借方。其会计分录如下:

㊲ 借:利润分配——应付现金股利　　　　　　　　　　4 000
　　　贷:应付股利——应付现金股利　　　　　　　　　　　　4 000

现将销售过程和利润核算的上述[例 3-24]至[例 3-37]绘成核算图,如图 3-4 所示。

第六节　资金调整和退出核算

除了前面第一节至第五节所述生产企业主要经济业务核算以外,在资金使用过程中,还有一些资金调整和退出的事项,包括利润分配、资产转换、对外投资、归还借款、资金退出、上交税费以及其他各项支出等。其中有些事项的核算已在前面有所讲述,这里就未述及的事项简要地加以补充说明。

一、主要账户的设置

核算资金调整和退出企业的账户,有些已在本章前面几节述及,这里主要就"交易性金融资产""长期股权投资""固定资产清理"等几个账户加以说明。

(一)"交易性金融资产"账户

本账户为资产类账户,用来核算企业为交易目的所持有的债券投资、股票投资、基金投资等交易性金融资产的公允价值。本账户的借方登记取得交易性金融资产的价值;贷方登记出售交易性金融资产收到的金额;期末借方余额表示企业持有的交易性金融资产的公允价值。本账户按交易性资产的类别和品种分别"成本""公允价值变动"等设置明细分类账。

（二）"长期股权投资"账户

本账户是资产类账户，用来核算企业持有的通过企业合并形成或以支付现金、非现金资产等其他方式形成的各种股权性质的投资。本账户的借方登记各种长期股权投资的价值；贷方登记实际收回长期股权投资的价值，如有差额应记入"投资收益"账户的贷方（收益）或借方（损失）；期末借方余额表示长期股权投资的成本。本账户可按被投资单位设置明细账。

（三）"固定资产清理"账户

本账户是资产类账户，用来核算企业因出售、报废、毁损、对外投资、非货币性资产交换、债务重组等原因转出清理的固定资产价值以及在清理过程中所发生的清理费用和清理收入等。本账户的借方登记因出售、报废、毁损、对外投资等转出的固定资产账面净值，清理过程中应支付的相关税费及其他费用；贷方登记收回出售固定资产的价款、残料价值和变价收入等；期末借方余额表示尚未清理完毕的固定资产清理净损失。属于生产经营期间正常处理损失应转入"营业外支出"账户，其贷方余额表示固定资产清理后的净收益，属于生产经营期间的应转入"营业外收入"账户，结转后应无余额。本账户应按被清理的固定资产项目设置明细分类账。

二、资金调整和退出的主要经济业务核算

（一）归还借款

在本章第二节中曾述及企业向银行或其他金融机构借入款项的核算，这里补充讲述归还借款的核算。

【例 3-38】 用银行存款归还银行临时借款 50 000 元。

这笔经济业务表明用银行存款归还银行临时借款，临时借款属于短期借款，应同时减少银行存款和短期借款，记入"短期借款"账户的借方和"银行存款"账户的贷方。其会计分录如下：

㊳ 借：短期借款——临时借款   50 000
   贷：银行存款   50 000

（二）固定资产处置

处置固定资产应通过"固定资产清理"账户进行核算。

【例 3-39】 经批准，处置毁损的旧机器一台，计价 30 150 元，原值 40 000 元，已提折旧 10 000 元，价款已收到，存入银行。

这笔经济业务表明，毁损的固定资产的处置。一方面要减少其原始价值，记入

"固定资产"账户的贷方;另一方面要记入"固定资产清理"账户的借方,同时转销累计折旧,记入"累计折旧"账户的借方。在收到价款时,借记"银行存款"账户,贷记"固定资产清理"账户。其会计分录如下:

㊴-1 借:固定资产清理——机器出售价款 30 000
　　　　累计折旧 10 000
　　　　　贷:固定资产——机器 40 000
㊴-2 借:银行存款 30 150
　　　　　贷:固定资产清理——机器出售价款 30 150

通过以上账务处理,"固定资产清理"账户发生贷方余额 150 元,属于处置非流动资产利得,应转入"营业外收入"账户(此笔会计分录详见本章第五节[例 3-32])。

(三) 对外投资

企业除了使用资金进行生产经营活动以外,还可以用资金对外投资,以获取经济效益。

【例 3-40】 以固定资产向其他单位换入长期股权投资。该项固定资产原值 60 000 元,已提折旧 20 000 元。

这笔经济业务表明用固定资产向其他单位进行长期股权投资。一方面要将固定资产转入清理,按固定资产净值记入"固定资产清理"账户的借方,同时要转销固定资产折旧,记入"累计折旧"账户的借方,还要减少固定资产原值,记入"固定资产"账户的贷方;另一方面要按"固定资产清理"账户的余额,分别记入"长期股权投资"账户的借方和"固定资产清理"账户的贷方。其会计分录如下:

㊵-1 借:固定资产清理——固定资产净值 40 000
　　　　累计折旧 20 000
　　　　　贷:固定资产——固定资产原值 60 000
㊵-2 借:长期股权投资——×投资单位 40 000
　　　　　贷:固定资产清理——固定资产净值 40 000

【例 3-41】 企业购入面值 1 000 元的 1 年期债券 10 张,年利率为 5%。以银行存款支付 10 000 元。

这笔经济业务表明购入 1 年期的债券,属于短期投资。一方面要记入"交易性金融资产"账户的借方;另一方面支付价款要记入"银行存款"账户的贷方。其会计分录如下:

㊶ 借:交易性金融资产——债券 10 000
　　　贷:银行存款 10 000

如果1年到期收回本利10 500元(其中:本金10 000元,利息500元),债券利息属于投资收益,应在"投资收益"账户核算。其会计分录如下:

　　借:银行存款　　　　　　　　　　　　　　　　　　　　　　　10 500
　　　　贷:交易性金融资产——债券　　　　　　　　　　　　　　　　10 000
　　　　　　投资收益　　　　　　　　　　　　　　　　　　　　　　　500

（四）职工福利费支出

【例3-42】　以银行存款支付职工教育经费1 000元,有关职工福利支出应在"应付职工薪酬"账户核算(该账户性质、用途见本章第四节)。

这笔经济业务表明,一方面银行存款减少,记入"银行存款"账户的贷方;另一方面职工教育经费支出,应记入"应付职工薪酬"账户的借方。其会计分录如下:

　㊷借:应付职工薪酬——职工教育经费　　　　　　　　　　　　　1 000
　　　　贷:银行存款　　　　　　　　　　　　　　　　　　　　　　1 000

（五）上交税费

【例3-43】　交纳消费税9 210元,以银行存款付讫。

这笔经济业务表明,以银行存款交纳应交未交的消费税,一方面要转销"应交税费——应交消费税"账户9 210元,记入其借方;另一方面银行存款减少,应记入"银行存款"账户的贷方。其会计分录如下:

　㊸借:应交税费——应交消费税　　　　　　　　　　　　　　　　9 210
　　　　贷:银行存款　　　　　　　　　　　　　　　　　　　　　　9 210

现将以上[例3-38]至[例3-43]绘成核算图,如图3-5所示。

综前所述,工业生产企业生产经营过程核算,主要是采购、生产和销售3个过程的核算,现将其内容作一般概括如下:

采购过程是准备过程,在此过程中发生的与采购过程有直接联系的经济业务,是用货币采购原料,支付价款和采购费用。前述[例3-6][例3-7][例3-8][例3-10]均属此类业务性质。这类经济业务的发生,反映和控制了货币资金转化为储备资金的全过程。

生产过程既是产品制造过程,又是人力、物力、财力的耗费过程。在此过程中发生的与生产过程有直接联系的经济业务是生产耗用材料,支付工资,支付、分摊各项制造费用。前述[例3-11][例3-12][例3-15][例3-16][例3-18][例3-20][例3-21][例3-22][例3-23]均属此类业务性质。这类经济业务的发生,反映和控制了储备资金转化为生产资金又转化为成品资金的全过程。

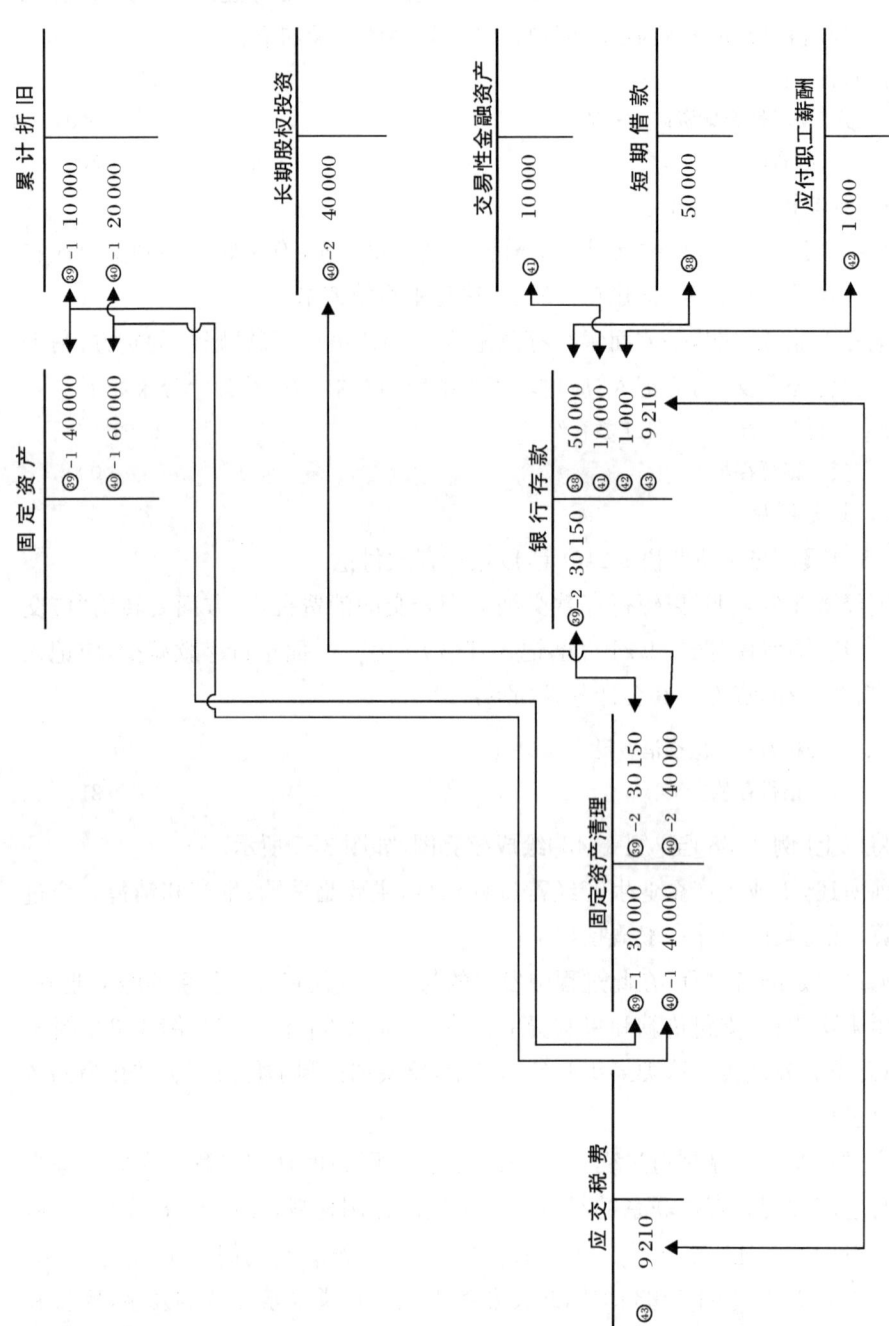

图 3-5 资金调整和退出核算图

销售过程主要是将产成品销售出去,收回货币。在此过程中,与销售过程有直接联系的经济业务是发出产品、收回货币、支付销售费用、计算销售税金。前述[例3-24][例3-26][例3-27][例3-28]均属此类业务性质。这类经济业务的发生,反映和控制了成品资金又转化为货币资金的全过程。

现根据本章第二节至第六节的[例3-1]至[例3-43]的会计分录,首先登记有关总分类账户,分别结出本期发生额和期末余额,如表3-11所示;其次根据各分类账户的发生额和余额,编制总分类账试算平衡表,如表3-12所示,以检查账务处理的正确性。

表3-11

总 分 类 账

借方		库 存 现 金	贷方	
期初余额		2 200		
⑬		24 000	⑧	440
			⑭	24 000
			㉘	300
			㉛	450
本期发生额		24 000	本期发生额	25 190
期末余额		1 010		

借方		银 行 存 款	贷方	
期初余额		74 296		
①		200 000	④-2	33 900
③		50 000	⑤-2	120 000
④-1		33 900	⑦	56 500
⑤-1		120 000	⑧	1 760
㉙		3 955	⑨	45 200
㊴-2		30 150	⑬	24 000
			⑯	1 600
			⑰	1 000
			⑱	200
			⑲	600
			㉑	5 640
			㉖	148
			㊳	50 000
			㊶	10 000
			㊷	1 000
			㊸	9 210
本期发生额		438 005	本期发生额	360 758
期末余额		151 543		

（续表）

借方	应收账款		贷方
㉔	104 073		
本期发生额	104 073	本期发生额	—
期末余额	104 073		

借方	材料采购		贷方
⑥	40 000	⑩	92 200
⑦	50 000		
⑧	2 200		
本期发生额	92 200	本期发生额	92 200

借方	原材料		贷方
期初余额	91 200		
⑩	92 200	⑪	55 000
		㉚	3 000
本期发生额	92 200	本期发生额	58 000
期末余额	125 400		

借方	库存商品		贷方
期初余额	65 000		
㉓	59 310	㉗	53 552
本期发生额	59 310	本期发生额	53 552
期末余额	70 758		

借方	长期股权投资		贷方
㊵-2	40 000		
本期发生额	40 000	本期发生额	—
期末余额	40 000		

借方	交易性金融资产		贷方
㊶	10 000		
本期发生额	10 000	本期发生额	—
期末余额	10 000		

(续表)

借方	固定资产		贷方
期初余额	800 000		
②	250 000	㉙-1	40 000
④-2	33 900	㊵-1	60 000
本期发生额	283 900	本期发生额	100 000
期末余额	983 900		

借方	累 计 折 旧		贷方
		期初余额	100 000
㉙-1	10 000	⑳	12 600
㊵-1	20 000		
本期发生额	30 000	本期发生额	12 600
		期末余额	82 600

借方	固定资产清理		贷方
㉜	150	㉙-2	30 150
㉙-1	30 000	㊵-2	40 000
㊵-1	40 000		
本期发生额	70 150	本期发生额	70 150

借方	工 程 物 资		贷方
⑤-2	120 000		
本期发生额	120 000	本期发生额	—
期末余额	120 000		

借方	短 期 借 款		贷方
		期初余额	80 000
㊳	50 000	③	50 000
本期发生额	50 000	本期发生额	50 000
		期末余额	80 000

(续表)

借方		应付票据		贷方
⑨	45 200	⑥		45 200
本期发生额	45 200	本期发生额		45 200

借方		其他应付款		贷方
		期初余额		31 000
本期发生额	—	本期发生额		—
		期末余额		31 000

借方		应付职工薪酬		贷方
		期初余额		
⑭	24 000	⑫		24 000
㊷	1 000	⑮		3 360
本期发生额	25 000	本期发生额		27 360
		期末余额		2 360

借方		应交税费		贷方
期初余额	15 504.00			
⑥	5 200.00	㉔		11 973.00
⑦	6 500.00	㉕		9 210.00
㊸	9 210.00	㉙		455.00
		㉞-1		3 997.50
本期发生额	20 910.00	本期发生额		25 635.50
期末余额	10 778.50			

借方		应付股利		贷方
		㊲		4 000
本期发生额	—	本期发生额		4 000
		期末余额		4 000

(续表)

借方		长 期 借 款	贷方
		期初余额	200 000
		④	33 900
		⑤	120 000
本期发生额	—	本期发生额	153 900
		期末余额	353 900

借方		实 收 资 本	贷方
		期初余额	600 000
		①	200 000
		②	250 000
本期发生额	—	本期发生额	450 000
		期末余额	1 050 000

借方		盈 余 公 积	贷方
		期初余额	100 000.00
		㊱	1 199.25
本期发生额	—	本期发生额	1 199.25
		期末余额	101 199.25

借方		本 年 利 润	贷方
㉝-2	79 760.00	㉝-1	95 750.00
㉞-2	3 997.50		
㉟	11 992.50		
本期发生额	95 750.00	本期发生额	95 750.00

借方		利 润 分 配	贷方
㊱	1 199.25	㉟	11 992.50
㊲	4 000.00		
本期发生额	5 199.25	本期发生额	11 992.50
		期末余额	6 793.25

（续表）

借方	生产成本		贷方
期初余额	62 800		
⑪	49 600	㉓	59 310
⑫	20 000		
⑮	2 800		
㉒	18 500		
本期发生额	90 900	本期发生额	59 310
期末余额	94 390		

借方	制造费用		贷方
⑪	5 000	㉒	18 500
⑫	1 600		
⑮	224		
⑳	8 000		
㉑	3 676		
本期发生额	18 500	本期发生额	18 500

借方	主营业务收入		贷方
㉝-1	92 100	㉔	92 100
本期发生额	92 100	本期发生额	92 100

借方	主营业务成本		贷方
㉗	53 552	㉝-2	53 552
本期发生额	53 552	本期发生额	53 552

借方	销售费用		贷方
㉖	148	㉝-2	448
㉘	300		
本期发生额	448	本期发生额	448

(续表)

借方	税金及附加		贷方
㉕	9 210	㉝-2	9 210
本期发生额	9 210	本期发生额	9 210

借方	其他业务收入		贷方
㉝-1	3 500	㉙	3 500
本期发生额	3 500	本期发生额	3 500

借方	其他业务成本		贷方
㉚	3 000	㉝-2	3 000
本期发生额	3 000	本期发生额	3 000

借方	管理费用		贷方
⑪	400	㉝-2	12 500
⑫	2 400		
⑮	336		
⑯	1 600		
⑰	1 000		
⑱	200		
⑳	4 600		
㉑	1 964		
本期发生额	12 500	本期发生额	12 500

借方	财务费用		贷方
⑲	600	㉝-2	600
本期发生额	600	本期发生额	600

借方	营业外收入		贷方
㉝-1	150	㉜	150
本期发生额	150	本期发生额	150

借方	营业外支出		贷方
㉛	450	㉝-2	450
本期发生额	450	本期发生额	450

(续表)

借方	所得税费用	贷方	
㉞-1	3 997.50	㉞-2	3 997.50
本期发生额	3 997.50	本期发生额	3 997.50

表 3-12

总分类账试算平衡表

201×年×月×日

账户名称	期初余额		本期发生额		期末余额	
	借方	贷方	借方	贷方	借方	贷方
库存现金	2 200.00		24 000.00	25 190.00	1 010.00	
银行存款	74 296.00		438 005.00	360 758.00	151 543.00	
交易性金融资产			10 000.00		10 000.00	
应收账款			104 073.00		104 073.00	
材料采购			92 200.00	92 200.00		
原材料	91 200.00		92 200.00	58 000.00	125 400.00	
库存商品	65 000.00		59 310.00	53 552.00	70 758.00	
长期股权投资			40 000.00		40 000.00	
固定资产	800 000.00		283 900.00	100 000.00	983 900.00	
累计折旧		100 000.00	30 000.00	12 600.00		82 600.00
固定资产清理			70 150.00	70 150.00		
工程物资			120 000.00		120 000.00	
短期借款		80 000.00	50 000.00	50 000.00		80 000.00
应付票据			45 200.00	45 200.00		
其他应付款		31 000.00				31 000.00
应付职工薪酬			25 000.00	27 360.00		2 360.00
应交税费		15 504.00	20 910.00	25 635.50	10 778.50	
应付股利				4 000.00		4 000.00
长期借款		200 000.00		153 900.00		353 900.00
实收资本		600 000.00		450 000.00		1 050 000.00
盈余公积		100 000.00		1 199.25		101 199.25
本年利润			95 750.00	95 750.00		

(续表)

账户名称	期初余额		本期发生额		期末余额	
	借方	贷方	借方	贷方	借方	贷方
利润分配			5 199.25	11 992.50		6 793.25
生产成本	62 800.00		90 900.00	59 310.00	94 390.00	
制造费用			18 500.00	18 500.00		
主营业务收入			92 100.00	92 100.00		
主营业务成本			53 552.00	53 552.00		
销售费用			448.00	448.00		
税金及附加			9 210.00	9 210.00		
其他业务收入			3 500.00	3 500.00		
其他业务成本			3 000.00	3 000.00		
管理费用			12 500.00	12 500.00		
财务费用			600.00	600.00		
营业外收入			150.00	150.00		
营业外支出			450.00	450.00		
所得税费用			3 997.50	3 997.50		
合　计	1 111 000.00	1 111 000.00	1 894 804.75	1 894 804.75	1 711 852.50	1 711 852.50

复习思考题

1. 简述生产企业生产过程的核算。
2. 成本计算的基本要求是什么？
3. 如何核算产品制造成本？
4. 怎样对销售成果进行核算？
5. 什么是财务成果？它是怎样构成的？

习　题　一

【目的】　练习生产企业采购过程的核算和采购成本的计算。

【资料】　某厂201×年7月份发生以下有关材料采购的经济业务（按实际成本

计算)。

1. 采购员××预支差旅费 500 元,以现金支付。
2. 购进下列原材料,已验收入库,货款以商业汇票结算。增值税税率为 13%。

甲材料 1 600 千克	@10 元	计 16 000 元
乙材料 800 千克	@16 元	计 12 800 元
	合　计	28 800 元

3. 以银行存款支付上述材料运费 480 元,以现金支付运达仓库的装卸费 240 元。
4. 上述材料按实际成本入账。
5. 商业汇票到期,以银行存款支付上述材料款及增值税款。
6. 从外地购入材料 11 100 元,计甲材料 550 千克,@10 元;乙材料 350 千克,@16 元,货款以银行存款支付,材料未到(增值税税率为 13%)。
7. 上述材料已到,以现金支付运费 180 元,以银行存款支付装卸搬运费 540 元。
8. 上述材料按实际成本转账。

【要求】

1. 根据上列材料采购的经济业务,编制会计分录。
2. 登记"材料采购"和"原材料"总分类账户以及"材料采购"明细分类账户(运费和装卸搬运费按材料重量比例计入材料采购成本)。

习　题　二

【目的】　练习生产企业生产过程核算和生产成本的计算。

【资料】　某厂 201×年 7 月份发生以下各项经济业务。

1. 生产车间从仓库领用各种原材料进行产品生产。用于生产 A 产品甲材料 150 千克,@10.50 元,乙材料 100 千克,@16.50 元;用于生产 B 产品甲材料 120 千克,@10.50 元,乙材料 80 千克,@16.50 元。
2. 结算本月份应付职工工资,按用途归集如下所述。

A 产品生产工人工资	5 000 元
B 产品生产工人工资	4 000 元
车间管理人员工资	2 000 元
管理部门人员工资	3 000 元

3. 计提职工社会保险费 1 400 元,其中:

  A 产品生产工人   500 元
  B 产品生产工人   400 元
  车间管理人员   200 元
  管理部门人员   300 元

4. 计提本月份固定资产折旧,车间使用的固定资产折旧 600 元,管理部门使用的固定资产折旧 300 元。

5. 以库存现金支付应由本月份车间负担的水电费 200 元。

6. 车间报销办公费及其他零星开支 400 元,以库存现金支付。

7. 车间管理人员出差,报销差旅费 237 元,原预支 300 元,余额归还现金。

8. 将制造费用总额如数转入"生产成本"账户,并按生产工人工资的比例摊入 A、B 两种产品成本。

9. 结算本月份 A、B 两种产品的生产成本。本月 A 产品 100 件、B 产品 80 件,均已全部制造完成,并已验收入库,按其实际成本入账。

【要求】

1. 根据上列产品生产的经济业务编制会计分录。

2. 登记"生产成本""制造费用"总分类账和"生产成本"明细分类账。

3. 编制产品生产成本计算表,格式见表 3-13。

表 3-13

产品生产成本计算表

单位:元

成 本 项 目	A 产 品		B 产 品	
	总成本(100 件)	单位成本	总成本(80 件)	单位成本
直接材料				
直接人工				
制造费用				
产品生产成本				

习 题 三

【目的】 练习生产企业销售过程的核算。

【资料】 某厂 201×年 7 月份发生有关销售经济业务如下。

1. 向甲厂出售 A 产品 500 件,每件售价为 60 元,增值税税率为 13%。货款已收到,存入银行。

2. 向乙公司出售 B 产品 300 件,每件售价为 150 元,增值税税率为 13%。货款尚未收到。

3. 按出售的两种产品的实际销售成本转账(A 产品单位成本为 45 元,B 产品单位成本为 115 元)。

4. 以银行存款支付上述 A、B 两种产品在销售过程中的运输费 800 元、包装费 200 元。

5. 结算本月份销售机构职工工资 1 000 元,应付职工社会保险费 100 元。

6. 向丙厂出售甲材料 100 千克,@12 元,增值税税率为 13%。货款已收到,存入银行。

7. 按出售的甲材料实际销售成本转账(@10 元)。

【要求】

1. 根据上列各项经济业务编制会计分录。

2. 计算产品销售利润和其他业务利润。

习 题 四

【目的】 练习生产企业费用的核算。

【资料】 某厂 201×年 7 月份发生经济业务如下所述。

1. 结算本月管理人员工资 8 000 元。其中:厂部管理人员工资 3 000 元,车间管理人员工资 5 000 元。

2. 计提职工社会保险费 800 元,其中:

厂部管理人员	300 元
车间管理人员	500 元

3. 计提本月固定资产折旧费 1 400 元,其中:车间固定资产折旧费 800 元,管理部门固定资产折旧费 600 元。

4. 以银行存款支付车间办公费 1 200 元。

5. 以库存现金支付机动车修理费 400 元。

6. 按税法规定,以库存现金支付车船税 300 元。

7. 以库存现金支付下半年度书报费 480 元。

8. 以银行存款支付产品广告费 1 500 元。

9. 以银行存款支付借款利息 900 元。

10. 以银行存款支付商品销售过程中发生的运输费 600 元,以库存现金支付包装费 100 元。

11. 以库存现金支付医务室人员工资 1 200 元。

12. 厂部管理人员出差回来报销差旅费 960 元,原预支 1 000 元,余款归还现金。

13. 以银行存款支付水电费 2 400 元,其中:车间用 1 900 元,办公室用 500 元。

14. 以银行存款支付房租 3 000 元,其中:办公用房租金 1 000 元,车间生产用房租金 2 000 元。

【要求】 根据上列各项经济业务编制会计分录。

习 题 五

【目的】 练习财务成果的核算。

【资料】

1. 某厂 201×年 11 月 30 日有关损益类账户总分类账的累计额资料见表 3-14。

表 3-14

账户累计额资料表

账 户 名 称	借方累计额	贷方累计额
主营业务收入		500 000
主营业务成本	375 000	
其他业务收入		6 000
其他业务成本	3 500	
销售费用	25 000	
管理费用	3 000	
财务费用	2 000	
营业外收入		4 000
营业外支出	1 500	

2. "利润分配"账户借方余额 39 515 元。

3. 该厂 12 月份发生以下收支经济业务。

(1) 出售产品一批,售价为 50 000 元,按 13% 税率计算增值税。货款收到,存入银行。

(2) 按出售产品的实际销售成本 35 000 元转账。

（3）以库存现金支付产品销售过程中的运杂费、包装费 500 元。

（4）以银行存款支付厂部办公费 300 元。

（5）以银行存款支付银行借款利息 2 200 元。

（6）以银行存款支付违约罚金 500 元。

（7）没收某公司逾期未还包装物的押金 300 元。

4．计算、结转和分配利润。

（1）根据资料 3 将 12 月份各损益账户余额转入"本年利润"账户。

（2）按 12 月份利润总额的 25％计算应交所得税。

（3）将 12 月份利润净额转入"利润分配"账户。

（4）按 12 月份利润净额的 10％计算提取法定盈余公积。

（5）按 12 月份利润净额的 15％计算提取任意盈余公积。

（6）按 12 月份利润净额的 10％计算应付投资者利润。

【要求】 根据上列资料的各项经济业务内容编制会计分录，同时登记"本年利润""利润分配"总分类账。

习 题 六

【目的】 练习资金投入和退出企业的核算。

【资料】 某厂 201×年 7 月份发生如下资金投入和退出企业的各项经济业务。

1．收到投资者投入资金 400 000 元，存入银行。

2．接受 A 单位作为资本投入生产设备一台，原值为 200 000 元，已提折旧 50 000 元。

3．向银行借入临时借款 50 000 元，存入银行，借款期为 3 个月。

4．因建造厂房向银行借入长期借款 500 000 元，购买建筑材料投入工程。

5．临时借款 50 000 元到期，以银行存款归还。

6．将闲置一辆运输汽车向 B 单位投资，该汽车原值为 150 000 元，已提折旧 30 000 元。双方议定价为 130 000 元。

7．出售不需用机器一台，双方协议价为 20 000 元。该机器原值为 30 000 元，已提折旧为 10 000 元，价款已收到，存入银行。

8．以银行存款支付职工医药费 3 000 元。

【要求】 按上列经济业务编制会计分录。

习 题 七

【目的】 综合练习生产企业主要经营过程核算和成本计算。

【资料】

1. 某厂201×年11月30日各总分类账户余额及有关账户明细资料见表3-15。

表3-15

有关账户明细资料表

账户名称	借方余额	账户名称	贷方余额
库存现金	1 300	短期借款	42 900
银行存款	139 200	应付账款	1 000
应收账款	3 000	其他应付款	300
原 材 料	125 000	应交税费	1 500
库存商品	164 000	实收资本	1 000 000
固定资产	882 000	盈余公积	14 000
利润分配	326 800	本年利润	427 000
		累计折旧	154 600
合　　计	1 641 300	合　　计	1 641 300

"库存商品"账户余额164 000元,其中:

　　　　A商品4 000件　@20元　计80 000元

　　　　B商品7 000件　@10元　计70 000元

　　　　C商品　500件　@28元　计14 000元

"应收账款"账户余额3 000元,系新华厂欠款。

"应付账款"账户余额1 000元,系欠八一厂货款。

2. 该厂12月份发生下列经济业务。

(1) 仓库发出材料40 000元,用于生产A产品21 900元、B产品18 100元。

(2) 仓库发出辅助材料2 000元,供车间使用。

(3) 从银行存款中提取现金30 000元。

(4) 以现金支付职工工资24 000元。

(5) 向光明厂购入甲材料14 000元,增值税税率为13%,货款以银行存款支付。材料已验收入库,按其实际采购成本转账。

(6) 向八一厂购入乙材料40 000元,增值税税率为13%。货款以商业承兑汇票结算,材料已到达并验收入库。

(7) 以库存现金支付上述购入材料的搬运费600元,并按其实际采购成本转账。

(8) 收到新华厂还来欠款3 000元,存入银行。

(9) 以银行存款支付上月应交税费1 000元。

(10) 本月份职工工资分配如下:

A产品生产工人工资	10 000元
B产品生产工人工资	10 000元
车间职工工资	3 000元
管理部门职工工资	1 000元
合　　计	24 000元

(11) 计提应付职工社会保险费2 400元,其中:

A产品生产工人	1 000元
B产品生产工人	1 000元
车间职工	300元
管理部门职工	100元

(12) 计提本月固定资产折旧3 160元,其中:车间使用固定资产折旧2 380元,管理部门用固定资产折旧780元。

(13) 以银行存款支付本月车间管理费用1 400元。

(14) 将制造费用按生产工人工资比例摊入A、B产品成本。

(15) A产品已全部完成,共2 000件,按其实际生产成本转账。

(16) 出售商品给新华厂。计A商品1 800件,每件售价为28元,B商品4 400件,每件售价为14元,共计售价112 000元,增值税税率为13%,货款尚未收到。

(17) 结转上述出售商品生产成本。A商品每件20元,B商品每件10元,共计80 000元。

(18) 用库存现金支付销售产品包装费、装卸费等销售费用1 100元。

(19) 以银行存款支付临时借款利息5 000元。

(20) 以银行存款支付管理费用1 200元。

(21) 由于自然灾害使辅助材料损坏300千克,价值为1 120元,经上级批准,作非常损失处理。

（22）没收逾期未还的包装物押金300元。

（23）出售多余材料2 000元，增值税税率为13%，价款存入银行。同时结转该材料的实际成本1 500元。

（24）将12月份各损益账户余额转至"本年利润"账户，结出12月份利润总额。

（25）按12月份利润总额的25%计算和结转应交所得税。

（26）按12月份净利润10%提取盈余公积。

【要求】

1. 根据上述经济业务编制会计分录。
2. 开设"丁"字式总分类账并进行登记。
3. 根据总分类账编制本期发生额对照表。

第四章

商品流通企业主要经营过程核算

【内容提示】 本章以商品流通企业为例,阐述借贷记账法的运用。学习本章,学生应了解商品流通企业主要经济业务核算的内容,掌握商品购进、销售、储存、费用和税金以及财务成果等账务处理的基础知识和操作技能。

第一节 主要经营过程和需要设置的主要账户

一、主要经营过程

商品流通企业的主要经营过程,概括地说就是商品流转过程。商品流转是指工农业产品通过买卖方式,从生产领域进入消费领域的转移过程。它包括商品购进和商品销售两个阶段。产品进入消费领域,通常要经过批发和零售两个环节。商品在批发环节的流转活动,称为批发商品流转;商品在零售环节的流转活动,称为零售商品流转。批发商品流转是整个商品流转的起点和中间环节,零售商品流转是商品流转的终点。

商品流通企业在组织商品流转过程中,需要有一定数量的商品储备以及为商品流转服务的物资和技术设备,这些商品、物资和财产的货币表现就是资金。在商品流转过程中,资金一般是以"货币→商品→货币"的形式进行运动的。商品资金运动与生产资金运动不同:生产资金运动要经过采购、生产、销售三个过程,转化成四种形态,由货币资金→储备资金→生产资金→成品资金→货币资金,而商品资金运动只经过购进和销售两个过程,转化成两种形态。在购进过程中,通过购买商品,支付货款及费用,使货币资金转化为商品资金;在销售过程中,通过销售商品取得收入,使商品资金又转化为货币资金。随着商品购销活动的进行,资金不断地转化形态,这种周而复始的循环周转,构成了商品流通企业的资金运动。

商品流通企业的资金运动有相对静止状态(静态)和变动状态(动态)。商品流通企业的资金静态是指资金在某一时点上的暂时停留状态,表现为企业的资产、负债和所有者权益。商品流通企业的资金动态是指资金经营活动时刻处于运动变化状态,表现为循环和周转、资金的耗费和收回、不断改变形态的周期性和周转过程。

综上所述,商品资金运动的过程,就是商品流通企业主要经营过程核算的内容。

二、经营过程核算需要设置的主要账户

财政部于2000年12月29日公布的《企业会计制度》与2006年10月30日公布的《企业会计准则——应用指南》规定,工业生产企业与商品流通企业使用统一的会计科目和会计报表。因此,商品流通企业在经营过程中所设置的账户,除某些具有自身特点的具体核算内容与生产企业稍有不同外,其他基本一致。为此,对一些与生产企业核算内容完全相同的账户,在本书第三章中已有阐述,这里不再重复,本节重点介绍几个与生产企业核算内容有所不同的账户。

(一)"在途物资"账户

本账户是资产类账户,用来核算企业采用商品进价核算的购入商品货款已付,尚未验收入库的在途物资的采购成本。本账户的借方登记货款已付而商品尚未入库的商品进价;贷方登记商品到达验收入库的商品进价;期末借方余额表示货款已付但商品尚未入库的在途商品的进价成本。本账户按供应单位和商品品种设置明细分类账。

(二)"库存商品"账户

本账户是资产类账户,用来核算企业库存的各种用于销售的商品进价,包括存放在仓库、门市部和寄存在外库、委托其他单位代管的商品、发出展览的商品等。本账户的借方登记商品购进的进价;贷方登记商品销售的进价;期末借方余额表示库存商品的进价。为了具体反映每种商品的库存和增减变动情况,本账户要按照商品的品种、规格、等级设置明细分类账。

库存商品按售价核算的企业,其进价与售价之间的差额在"商品进销差价"账户中核算。

(三)"商品进销差价"账户

本账户是资产类账户,是"库存商品"账户的抵减账户,用来核算商品流通企业

采用售价日常核算的商品售价与进价之间的差额。本账户的贷方登记售价大于进价的差价;借方登记售价小于进价的差价、销售商品已实现的差价;期末贷方余额表示"库存商品"的实际进销差价。本账户可按商品类别或实物管理负责人设置明细分类账。

(四)"销售费用"账户

本账户是损益类账户,用来核算商品流通企业在购进商品、提供劳务和销售过程中发生的各种费用,包括运输费、装卸费、包装费、保险费、展览费、广告费、商品维修费以及为销售商品而专设的销售机构的本企业职工薪酬、业务费、折旧费等经营费用。此外,进货销售运输途中的合理损耗和入库前的挑选整理费也可在此账户核算。本账户的借方登记本期发生的各项销售费用;贷方登记期末余额转入"本年利润"账户数;期末结转后,本账户应无余额。

至于"应交税费""应付账款""应收账款""主营业务收入""主营业务成本""管理费用""财务费用""本年利润""利润分配""所得税费用""营业外收入""营业外支出""盈余公积"等账户,均与生产企业相同,本节从略。

第二节 批发商品核算

一、批发商品的核算方法

批发商品经营具有经营规模大、商品储存多、经营网络分散、购销对象多、购销方式多样的特点。其商品核算主要是组织库存商品的核算。批发商品库存的核算,一般采用数量、金额核算的方法,即同时采用数量和金额两种计量单位进行双重核算,反映商品的进、销、存情况。由于批发企业规模不一,日常经营活动中的商品入账价格不同,又分为"数量进价金额核算"和"数量售价金额核算"两种方法。

(一)数量进价金额核算方法

数量进价金额核算方法的主要内容有:① "库存商品"的总分类账和明细分类账统一按进价记账。② "库存商品"明细分类账按商品的编号、品名、规格、等级分户,登记数量和金额。③ 设置类目账,按商品大类分户,控制明细分类账。④ 在业务部门和仓库设置商品调拨账和商品保管账,分户方法与"库存商品"明细账相同,只记数量,不记金额,以随时掌握各种商品数量变化情况。⑤ 根据商品不同特点,采用不同方法,定期计算和结转已销商品的进价成本。

(二)数量售价金额核算方法

数量售价金额核算方法的主要内容与数量进价金额核算基本相同,其不同点为:①"库存商品"总分类账、类目账、明细分类账均按售价记账。② 设置"商品进销差价"账户,记载售价金额和进价金额之间的差额,定期分摊进销差价,计算已销商品进价成本和结存商品的进价金额。

"数量进价金额核算"方法一般适宜于从事批发商品经营的大中型企业。小型企业和需要掌握贵重商品的零售商品经营企业,可采用"数量售价金额核算"方法。本节所述批发商品的核算,按"数量进价金额核算"方法讲述。

二、批发商品购进的核算

批发商品的流转过程包括商品购进、销售和储存三个环节。商品购进是商品流转的起点,为商品销售、储存提供物质基础。

批发商品购进是指企业为了销售或加工后销售,通过货款结算而购进商品的交易行为。在会计核算上,以支付货款和收到商品的时间作为核算购进入账时间。批发商品按购进的地点不同,分为本地购进和外地购进。

批发商品购进过程是商品资金循环的开始,是货币资金转化为商品资金的过程,其主要经济业务是购买商品,支付货款及费用。一般情况有:货款已付,商品未到;商品已到,货款未付;商品到达同时支付货款等。现举例说明如下。

【例 4-1】 向本地某厂购入内衣 10 000 件,单价为 5.60 元,计 56 000 元。增值税进项税税率为 13%,计 7 280 元。商品已运到,并验收入库,货款以银行存款支付。

这笔经济业务表明,一方面购入商品用银行存款支付货款,应记入"银行存款"账户的贷方;另一方面商品已验收入库,可直接记入"库存商品"账户和"应交税费"账户的借方。其会计分录如下:

① 借:库存商品——内衣 56 000
　　应交税费——应交增值税(进项税额) 7 280
　贷:银行存款 63 280

【例 4-2】 从外地某厂购入药皂 20 000 块,单价为 1.10 元,增值税进项税税率为 13%;厂方代垫运费 500 元,运费增值税税率为 9%,应扣增值税额 45 元,已通知银行支付,商品未到。

这笔经济业务表明,购入商品已支付货款和运费,但商品未运到,一方面应记入"银行存款"账户的贷方;另一方面应记入"在途物资"账户和"应交税费"账户的借方,发生的运费属于经营费用,应记入"销售费用"账户的借方。其会计分录如下:

② 借:在途物资——药皂　　　　　　　　　　　　　　　　22 000
　　　应交税费——应交增值税(进项税额)　　　　　　　　　2 905
　　　销售费用——运费　　　　　　　　　　　　　　　　　　500
　　贷:银行存款　　　　　　　　　　　　　　　　　　　　　25 405

【例 4-3】 承[例 4-2],药皂运到,经仓库点验入库。

这笔经济业务表明,药皂已运到验收入库,应转销"在途物资"账户,增加库存商品,记入"库存商品"账户的借方和"在途物资"账户的贷方。其会计分录如下:

③ 借:库存商品——药皂　　　　　　　　　　　　　　　　22 000
　　贷:在途物资　　　　　　　　　　　　　　　　　　　　22 000

【例 4-4】 向本地某贸易公司购入玻璃杯 20 000 个,单价为 1 元。商品已到,验收入库,货款未付。

这笔经济业务表明,商品购进先验收入库,后支付货款,在未付款前应根据有关凭证(随货同行发票、账单)上记载的实际价款或暂估价款入账,记入"库存商品"账户的借方和"应付账款"账户的贷方。其会计分录如下:

④ 借:库存商品——玻璃杯　　　　　　　　　　　　　　　20 000
　　贷:应付账款　　　　　　　　　　　　　　　　　　　　20 000

三、批发商品销售的核算

批发商品销售过程是商业资金循环的第二阶段,是商品资金向货币资金转化的过程,其主要经济业务是销售商品,收回货币。一般情况有:发出商品,同时收回货款;发出商品,办妥结算手续,取得收款权利;发出商品,货款未收以及收回应收货款等。现举例说明如下。

【例 4-5】 售给本地某商店内衣 1 000 件,每件售价为 6.20 元,计 6 200 元,增值税销项税税率为 13%,计 806 元,货款送存银行。

这笔经济业务表明,一方面销货收入增加,应记入"主营业务收入"账户和"应交税费"账户的贷方;另一方面货款送存银行,应记入"银行存款"账户的借方。其

会计分录如下:

⑤ 借:银行存款　　　　　　　　　　　　　　　　　　　　　7 006
　　　贷:主营业务收入　　　　　　　　　　　　　　　　　　　6 200
　　　　 应交税费——应交增值税(销项税额)　　　　　　　　 806

【例4-6】　承[例4-5],结转已销内衣1 000件的销售成本5 600元。

批发商品销售成本的计算和结转,一般有逐日结转和定期结转两种方法。如采用逐日结转的方法,则在反映商品销售收入以后,还要反映商品销售成本,计算商品销售毛利。这笔经济业务表明,一方面增加商品销售成本;另一方面减少库存商品,应分别记入"主营业务成本"账户的借方和"库存商品"账户的贷方。其会计分录如下:

⑥ 借:主营业务成本　　　　　　　　　　　　　　　　　　　5 600
　　　贷:库存商品——内衣　　　　　　　　　　　　　　　　　5 600

【例4-7】　售给外地某服装厂棉布2 000米,每米售价为4元,计8 000元,增值税销项税税率为13%,计1 040元,另以银行存款代垫运杂费400元,已办妥委托银行收款手续。

这笔经济业务表明,一方面销售收入增加8 000元;另一方面办妥委托银行收款手续,取得收款的权利,应同时记入"主营业务收入""应交税费"账户的贷方和"应收账款"账户的借方。另外,代垫运杂费属于应收账款性质,也一并委托银行代收。其会计分录如下:

⑦-1 借:应收账款——××服装厂(代垫运费)　　　　　　　400
　　　　贷:银行存款　　　　　　　　　　　　　　　　　　　　400
⑦-2 借:应收账款——××服装厂　　　　　　　　　　　　　9 440
　　　　贷:主营业务收入　　　　　　　　　　　　　　　　　　8 000
　　　　　 应交税费——应交增值税(销项税额)　　　　　　　1 040
　　　　　 应收账款——××服装厂(代垫运费)　　　　　　　 400

【例4-8】　承[例4-7],接银行通知,售给外地某服装厂棉布的销货款已收回。

这笔经济业务表明,委托银行收款已收回入账,一方面记入"应收账款"账户的贷方;另一方面记入"银行存款"账户的借方。其会计分录如下:

⑧ 借:银行存款　　　　　　　　　　　　　　　　　　　　　9 440
　　　贷:应收账款　　　　　　　　　　　　　　　　　　　　　9 440

四、批发商品的销售成本计算

商品销售成本是指已销商品的进价成本。因为批发商品库存是按购进的价格记账的,商品流通费用则另设账户核算,不记入"库存商品"账户。因此,批发商品销售成本,除某些特定商品外,实际上是已销商品的原进价。由于批发企业的进货渠道、进货批量、进货时间和付款条件不同,同种规格的商品,前后进货的单价也可能不同。除了能分清批次的商品,可以直接按原进价直接确定商品销售成本外,在一般情况下,销售的商品都要采用一定的方法来确定一个适当的进货单价,以计算商品销售成本和确定库存价值,据以核算商品销售损益,反映经营成果。

商品销售成本的计算,有顺算和倒算两种方法。

(一) 顺算成本法

顺算成本法是先计算商品销售成本,再计算期末库存金额的方法。其计算公式如下:

本期商品销售成本＝本期商品销售数量×进货单价

期末库存商品金额＝期末库存数量×进货单价

(二) 倒算成本法

倒算成本法是先计算期末库存金额,再计算商品销售成本的方法。其计算公式如下:

期末库存金额＝期末结存数量×进货单价

本期商品销售成本 ＝ 期初库存金额 ＋ 本期增加金额 － 本期非商品销售减少金额 － 期末库存金额

注:非商品销售减少金额是指商品短缺、加工商品发出等金额。

不论是采用顺算成本法还是倒算成本法,都有一个计算问题。现行会计准则、制度规定的加权平均法、先进先出法、个别计价法等计算商品销售成本的方法,都是确定存货单价的计算方法。具体如何运用,请参见第三章中发出存货的计价方法介绍。

第三节 零售商品核算

零售商品经营特点是:经营品种多,规格复杂,交易次数频繁,数量零星,成交时间短,销售对象是广大消费者,主要是一手交钱、一手交货的现金交易。因此,库存商品核算一般采用金额核算方法,反映商品进、销、存情况。由于零售经营商品的入账价格不同,金额核算方法又可分为售价金额核算方法和进价金额核算方法。

根据经营商品的特点,售价金额核算方法一般适用于日用工业品;进价金额核算方法一般适用于鲜活农副产品。

一、售价金额核算方法

售价金额核算方法又称拨货计价、实物负责制。这是一种售价记账与实物负责相结合的核算制度。因此,它不仅是一种核算方法,也是一种商品管理制度。它的主要内容如下:

(1) 建立实物负责制。根据岗位责任制的要求,按商品经营的品种和地点,划分为若干柜组,确定实物负责人,对其经营的商品承担全部责任。

(2) 售价记账,金额控制。零售商品的进、销、存,一律按销售价格入账,只记金额,不记数量。"库存商品"总账反映售价总金额,明细分类账按实物负责人分设,反映各实物负责人所经营商品的售价金额,在总账控制下,随时反映各实物负责人的经济责任。

(3) 设置"商品进销差价"账户。由于"库存商品"账户按售价反映,而商品购进支付的货款是按进价计算的。为了反映商品资金实际占用额,正确计算销售商品的进价成本和毛利,就需要设置"商品进销差价"账户来反映零售商品进价与售价之间的差额。

(4) 加强物价管理。零售商品按售价核算后,如有售价变动,就会直接影响库存商品总额,因此,必须加强物价管理,明码标价。价格如有变动,应及时调整账面。

(5) 健全商品盘点制度。由于"库存商品"明细账按售价记账,只有金额控制,没有数量指标,只有通过盘点才能确定实际数量。因此,加强商品盘点,可以检查库存商品账实是否相符,以检查实物负责人的工作质量和经济责任。

零售商品按售价核算,可以简化核算手续,减少工作量,有利于提高零售商品经营工作效率和服务质量。由于只记金额,不记数量,其不足之处是库存商品账不能提供数量指标来控制商品进、销、存情况,一旦发生差错,难以查明原因。

(一) 商品购进过程的核算

零售商品购进过程的核算与批发商品购进过程大致相同,设置和使用的账户也基本一致。所不同的是增设"商品进销差价"账户。

商品购进过程是货币资金转化为商品资金的过程,购进的商品应以商品实际进价为核算基础。但因零售商品是以"售价金额"入账的,这样,库存商品中的金额就包括商品的实际进价和未实现的进销差价两部分。为了正确反映财产的真实情况,在按售价记入"库存商品"账户的同时,还必须把商品进价与售价之间的差额记入"商品进销差价"账户。

在商品购进时,应同时根据进货发票支付进项增值税,并按零售额记入"库存商品"账户。

【例 4-9】 某零售商店向市内批发公司购进下列甲、乙两个品种,进销价格如下所述。

1. 购进价及进项税额

	商品进价	进项税额(13%)	进价合计
甲商品	20 000 元	2 600 元	22 600 元
乙商品	10 000 元	1 300 元	11 300 元
合　计	30 000 元	3 900 元	33 900 元

2. 销售价(包括销项税额)

	商品进价	毛利额	销项税额(13%)	销售价
甲商品	20 000 元×20%＝4 000 元		24 000 元×13%＝3 120 元	27 120 元
乙商品	10 000 元×10%＝1 000 元		11 000 元×13%＝1 430 元	12 430 元
合　计	30 000 元	5 000 元	4 550 元	39 550 元

3. 进销差价(即毛利额)

其会计分录如下:

⑨ 借:库存商品(零售价)　　　　　　　　　　　　　　　　　　　39 550
　　　应交税费——应交增值税(进项税额)　　　　　　　　　　　　 3 900
　　贷:商品进销差价(含税)(毛利额5 000 元＋销项税额4 550 元)　 9 550
　　　银行存款　　　　　　　　　　　　　　　　　　　　　　　　33 900

上列分录中库存商品以零售价反映,商品进销差价包含了增值税销项税额。

(二) 商品销售的核算

零售商品销售以后,同时按售价结转营业成本,月末再进行调整。对于增值税销项税额,也需到月底才由财会部门统一转入"应交税费"账户内,以便于以零售价对库存商品进行控制。

【例 4-10】 全月销售甲商品 14 040 元、乙商品 12 870 元,合计 26 910 元。其会计分录如下:

⑩-1 借:银行存款　　　　　　　　　　　　　　　　　　　　　　26 910
　　　　贷:主营业务收入　　　　　　　　　　　　　　　　　　　　26 910

⑩-2 借:主营业务成本　　　　　　　　　　　　　　　　　　　　　26 910
　　　　贷:库存商品　　　　　　　　　　　　　　　　　　　　　　26 910

本例商品销售收入中包含了已销商品的销项税额,销售成本包含了进销差价,应于月底进行调整。

（三）已销商品销项税额和进销差价的结转

1. 已销商品销项税额的计算和结转

为了正确反映已销商品的进价成本,在月度终了时,必须计算和结转已销商品的销项税额。根据[例 4-10]资料,销项税额的计算如下:

$$销项税额 = \frac{26\ 910}{1+13\%} \times 13\% = 23\ 814.16 \times 13\% = 3\ 095.84(元)$$

3 095.84 元销项税额应从销售收入中分解出来。其会计分录如下:

借:主营业务收入　　　　　　　　　　　　　　　　　　　　　　3 095.84
　　贷:应交税费——应交增值税(销项税额)　　　　　　　　　　3 095.84

2. 已销商品进销差价的计算和结转期末应分摊的已销商品进销差价

$$\begin{aligned}商品进销\\差\ 价\ 率\\(含税)\end{aligned} = \frac{期末分摊前"商品进销差价"账户余额}{\begin{aligned}本期"主营业\\务收入"账户\\贷方发生额\end{aligned} + \begin{aligned}期末"库存\\商品"账户\\借方余额\end{aligned} + \begin{aligned}期末委托\\代销商品\\借方余额\end{aligned} + \begin{aligned}期末发出\\商品账户\\借方余额\end{aligned}} \times 100\%$$

$$= \frac{9\ 550}{26\ 910(已销) + 12\ 640(库存)} \times 100\%$$

$$= \frac{9\ 550}{39\ 550} \times 100\% = 24.15\%(含税进销差价率)$$

当期已销商品进销差价(含税)计算公式如下:

$$\begin{aligned}本期销售商品应分摊\\的商品进销差价(含税)\end{aligned} = \begin{aligned}本期"主营业务收入"\\账户贷方发生额\end{aligned} \times \begin{aligned}商\ 品\\差价率\end{aligned}$$

$$= 26\ 910 \times 24.15\% = 6\ 498.77(元)$$

上列已销商品进销差价(含税)应从商品销售成本中分解出来。其会计分录如下：

  借：商品进销差价   6 498.77
    贷：主营业务成本   6 498.77
    不含税的进销差价＝6 498.77－3 095.84＝3 402.93(元)

经过计算调整为：

    库存商品(零售价)＝39 550－26 910＝12 640(元)

    进项税额＝3 900(元)

    销项税额＝3 095.84(元)

    主营业务收入(零售价)＝26 910－3 095.84＝23 814.16(元)

    主营业务成本＝26 910－6 498.77＝20 411.23(元)

    已销商品进销差价(不含税)＝23 814.16－20 411.23＝3 402.93(元)

如果企业的商品进销差价率各期之间比较均衡，也可采用上期商品进销差价率计算分摊本期的商品进销差价。年度终了应对商品进销差价进行核算调整。

二、进价金额核算方法

进价金额核算方法又称进价记账、盘存计销制。其主要内容如下：

(1) "库存商品"账户的总分类账和明细分类账只记金额，不记数量。

(2) 商品购进按进价记入"库存商品"账户。

(3) 商品销售收入按售价金额记入"主营业务收入"账户。

(4) 月末采用"以存计销"方法，实地盘点库存商品，倒计已销商品的进价成本。

采用进价金额核算方法，主要是为简化手续，便利销售，节约人力、物力，适应鲜活商品特点。但手续不够严密，平时不能掌握商品的库存情况，差错、事故不能控制，必须加强各个环节的手续制度，以相互牵制。

零售商品中有一部分农副业生产的蔬菜、瓜果、禽蛋、肉类、鱼虾等鲜活商品，这些商品季节性强，时新鲜嫩，容易变质、损耗，质量等级变化大，数量和售价变动频繁。为简化手续，便利销售，节约人力、物力，适应鲜活商品的特点，一般采用"进价记账、盘存计销"和"进价记账、售价控制"的进价金额核算方法。

(一) 进价记账、盘存计销核算的主要内容

(1) "库存商品"账户的总分类账和明细分类账(按商品大类或营业组设置)只

记金额、不记数量。如营业上需要掌握数量的商品,可设置备查簿。

(2) 商品购进时,按进价记入"库存商品"账户。对于在购进过程中发生的正常溢余或损耗,一般以增减商品损耗处理,列入"销售费用"账户。

(3) 每天发生的商品销货收入,按销售金额记入"主营业务收入"账户。在销售过程中发生的一般损耗、等级变化及售价调整等,财会部门不作账务处理。如发生事故损失,应及时查明原因,分清责任,按规定及时处理。

(4) 月末采用以存计销方法计算已销商品进价时,首先实地盘点库存商品,按原进价或其他规定的进价计算出库存商品进价总金额,再倒轧销售成本。其计算公式如下:

$$\text{本期商品销售成本} = \text{期初库存商品} + \text{本期进货总额} - \text{期末库存商品进价总额}$$

【例 4-11】 某副食品商店,禽蛋组月初库存商品 3 000 元,本期购进总额 100 000 元。本期销售收入总额 120 000 元(增值税进项税和销项税的税率为 13%),期末库存商品为 5 000 元。

(1) 月内平时进货时,按进价作会计分录如下(设先付款,后入库):

⑪-1 借:在途物资——禽蛋组 100 000
       应交税费——应交增值税(进项税额) 13 000
       贷:银行存款 113 000

⑪-2 借:库存商品——禽蛋组 100 000
       贷:在途物资——禽蛋组 100 000

(2) 月内平时销货时,按售价作会计分录如下:

⑪-3 借:银行存款 135 600
       贷:主营业务收入 120 000
       应交税费——应交增值税(销项税额) 15 600

(3) 月末一次计算,结转商品销售进价成本,作会计分录如下:

本期商品销售成本＝3 000＋100 000－5 000＝98 000(元)

⑪-4 借:主营业务成本 98 000
       贷:库存商品——禽蛋组 98 000

企业为及时了解库存及经营情况,也可以按旬结转商品销售成本。

采用进价金额核算方法,可以简化核算手续,节约人力、物力,但这种核算方法,手续不够严密,平时不能掌握商品库存情况,对商品损耗和差错事故不能控制,发生了差错事故,性质也难以确定。因此,采用"进价记账、盘存计销"的核算方法,必须加强各个环节的手续制度管理,相互牵制。

(二)进价记账、售价控制

为了弥补进价金额核算方法的不足,加强鲜活商品的核算与管理,可以在采用进价金额核算方法的同时,辅之以售价控制。其主要内容如下:

(1)财会部门仍采用进价金额记账、月末倒轧成本的方法,但对各实物小组实行售价控制。

(2)购进鲜活商品,由业务部门填制"商品内部调拨单",按售价拨给营业柜组实物负责人直接验收。

(3)商品销售后,按实收金额列入商品销售收入。

(4)每日营业终了,各营业柜组进行商品盘点,计算出本日应销金额。其计算公式如下:

$$\text{本日应销金额} = \left(\text{昨日库存数量} + \text{本日进货数量} - \text{本日存货数量}\right) \times \text{销货零售单价(含税)}$$

(5)将应销金额与实销金额进行核对,如有不符,应及时查明原因。

(6)按上述"(4)"的计算公式,计算出已销商品的进价,并算出当日的已销商品成本和毛利,填制"鲜活商品核算日报表"(见表4-1),以考核经营成果。

表4-1

鲜活商品核算日报表

填制单位: 　　　　　　　年　月　日

品名规格	摘要	昨日存货		本日供货		本日存货		本日应销			备注
		数量	金额	数量	金额	数量	金额	数量	售价	金额	
合计											

销售记录	本日应销	本日实销	本日溢余	本日损耗	销售成本	销售毛利	毛利率

进价金额核算方法适用于一般鲜活商品,对一些质量较为稳定、等级变化不大而又无须随时调整售价的,也可采用售价金额核算方法。

第四节　商品流通费核算

商品流通费是商业企业在组织商品流通过程中耗费的活劳动和物化劳动的货币表现。它是商品流通企业经营成果的重要因素。降低商品流通费，对于提高企业经济效益，增加积累，具有十分重要的意义。

一、商品流通费的范围

商品流通费的范围是指国家规定应列作商品流通企业商品流通费开支的项目及其内容。

按现行会计准则、制度规定，商品流通费范围有以下各项。

（1）商品流通企业职工的工资及工资附加费，如福利费、工会经费和工资性津贴。

（2）支付给国民经济其他部门的劳务费，如运输费、邮电费等。

（3）商品流通过程中的物质损耗，如固定资产折旧费、低值易耗品摊销、办公用品和包装材料的消耗等。

（4）商品在运输、保管和销售过程中的合理损耗。

（5）商品经营过程中发生的利息净支出、汇兑净损失及支付给金融机构的手续费等。

（6）按制度规定应列入费用的支出，如房产税、车船税、城镇土地使用税和印花税等。

（7）商品流通过程中的其他必要开支。

根据财务管理的要求，凡不是企业商品流通过程中的实际耗费，以及与商品流转没有直接关系的支出，都不属于商品流通费范围。例如，税金（不包括房产税、车船税、城镇土地使用税和印花税）、罚款、赔偿支出、财产损失、商品加工费、基建支出等，都不能作为商品流通费处理。

二、商品流通费的核算方式

商品流通费包括销售费用、管理费用、财务费用。

商品流通费的内容繁多，其发生与支付的时间又不完全一致。为了正确核算企业经营成果，应考核、比较各个会计期间的商品流通费支出情况进行核算。根据权责发生制的会计核算基础,商品流通费的核算分为直接支付、转账摊销、已付待摊等方式。

1. 直接支付费用的核算

直接支付费用是指直接以现金或银行存款支付,并应由本期负担的费用。

【例 4-12】 以转账支票支付商品保管费 200 元。

这笔经济业务表明,商品保管费用增加,银行存款减少。应分别记入"销售费用"账户的借方和"银行存款"账户的贷方。其会计分录如下:

⑫ 借:销售费用——保管费　　　　　　　　　　200
　　贷:银行存款　　　　　　　　　　　　　　　　　　200

2. 转账摊销费用的核算

转账摊销费用是指不通过货币结算而用转账摊销的形式计入本期负担的费用,如固定资产折旧费、低值易耗品和包装物的摊销等。

【例 4-13】 业务部门领用手推车一辆,原值为 300 元,按五五摊销法摊销。

低值易耗品在使用过程中会逐渐磨损,减少其价值。为此,在领用时即将此减少价值部分摊入费用。这笔经济业务表明,业务部门已领用手推车,一方面应减少手推车的价值,记入"周转材料——低值易耗品"账户的贷方(也可单独设置"低值易耗品"账户);另一方面将此减少的价值,记入"管理费用"账户的借方。其会计分录如下:

⑬ 借:管理费用——低值易耗品摊销　　　　　　150
　　贷:周转材料——低值易耗品　　　　　　　　　　150

3. 预付待摊费用的核算

预付待摊费用是指本期支付应由本期和以后各期负担的费用。对于一次支付金额过大、应由本期和以后各期负担的、分摊期在 1 年以上的各项费用,如固定资产改良支出、大修理等费用等,可以采取先预付后分摊的方法。预付待摊费用是通过"长期待摊费用"账户进行核算的。"长期待摊费用"账户是资产类账户,用来核算已经发生,但应由本期和以后各期负担的分摊期在 1 年以上的各项费用。该账户的借方登记费用的发生数,贷方登记费用的摊销数。其期末借方余额表示尚未摊销完毕的长期待摊费用。该账户可按费用项目设置明细分类账户。

【例 4-14】 以转账支票预付固定资产修理费 60 000 元,分一年半摊销,从本季开始每季摊销 10 000 元。

预付固定资产修理费,可采用分期摊销方法处理。这笔经济业务表明,一方面以银行存款预付 60 000 元,应分别记入"长期待摊费用"账户的借方和"银行存款"账户的贷方;另一方面本季应分摊费用 10 000 元,减少预付费用、增加管理费用,应分别记入"管理费用——固定资产修理费"账户的借方和"长期待摊费用"账户的贷方。其会计分录如下:

⑭-1 借:长期待摊费用——固定资产修理费　　　　　　　　60 000
　　　　贷:银行存款　　　　　　　　　　　　　　　　　　　　60 000
⑭-2 借:管理费用——固定资产修理费　　　　　　　　　　　10 000
　　　　贷:长期待摊费用——固定资产修理费　　　　　　　　　10 000

第五节　利润形成及分配核算

一、利润的构成

商品流通企业的利润(或亏损)与工业生产企业一样,也是由营业利润、其他业务利润、营业外收支、投资业务利润和所得税费用等部分组成的。其计算公式如下:

$$商业企业利润总额 = 营业利润 \pm 营业外收支$$

营业利润的各个组成部分的内容如下:

营业利润＝营业收入－营业成本－税金及附加－销售费用－管理费用－研发费用－财务费用＋其他收益＋投资收益＋净敞口套期收益＋公允价值变动收益＋信用减值损失＋资产减值损失＋资产处置收益

营业外收支＝营业外收入－营业外支出

净利润＝利润总额－所得税费用

企业为推销商品、早日收回货款而发生的销货折让与现金折扣,在会计核算上应分别进行处理。销货折让是企业因销售商品的品种、质量不符合购销合同、协议的规定,为避免购货单位拒付货款或退货所给予购货单位在销售价格上一定的折让,其会计处理应在折让实际发生时直接冲减当期销货收入;现金折扣是企业为及早收回货款而给予购货单位在信用期限内付款的现金折扣,即从应支付的货款中扣除一定比例的金额,其会计处理应在折扣实际发生时作为当期财务费用支出。

二、利润分配核算

利润分配核算的内容,主要是核算与监督利润的结转和分配。现举例说明主要经济业务的核算。

（一）利润的形成

商品流通企业在经营过程中所发生的各项收入和支出是分别在有关损益类账户中进行登记的,企业应将全部损益账户的余额分期或年末集中结转到"本年利润"账户,计算经营成果。

【例 4-15】 200×年 12 月 31 日结账前各收支账户余额如下：

收入类账户：
    主营业务收入　　　　　　　　　　　　　1 000 000 元
    其他业务收入　　　　　　　　　　　　　　　23 000 元
    营业外收入　　　　　　　　　　　　　　　　　2 000 元
支出类账户：
    主营业务成本　　　　　　　　　　　　　　850 000 元
    其他业务成本　　　　　　　　　　　　　　　15 000 元
    销售费用　　　　　　　　　　　　　　　　　30 000 元
    税金及附加　　　　　　　　　　　　　　　　30 000 元
    管理费用　　　　　　　　　　　　　　　　　18 000 元
    财务费用　　　　　　　　　　　　　　　　　　4 000 元
    营业外支出　　　　　　　　　　　　　　　　　3 000 元

根据收入类账户余额,转入"本年利润"账户的贷方；根据支出类账户余额,转入"本年利润"账户的借方。其会计分录如下：

⑮-1 借：主营业务收入　　　　　　　　　　　1 000 000
        其他业务收入　　　　　　　　　　　　23 000
        营业外收入　　　　　　　　　　　　　　2 000
     贷：本年利润　　　　　　　　　　　　　1 025 000
⑮-2 借：本年利润　　　　　　　　　　　　　　950 000
     贷：主营业务成本　　　　　　　　　　　　850 000
        其他业务成本　　　　　　　　　　　　15 000
        销售费用　　　　　　　　　　　　　　30 000
        税金及附加　　　　　　　　　　　　　30 000

管理费用	18 000
财务费用	4 000
营业外支出	3 000

【例 4-16】 按利润总额 75 000 元计算和结转应交所得税（设税率为 25%）18 750 元。其会计分录如下：

⑯-1 借：所得税费用　　　　　　　　　　　　　　　　　　18 750
　　　　贷：应交税费——应交所得税　　　　　　　　　　　　18 750
⑯-2 借：本年利润　　　　　　　　　　　　　　　　　　　　18 750
　　　　贷：所得税费用　　　　　　　　　　　　　　　　　　18 750

【例 4-17】 通过各损益类账户的结转，净利润为 56 250 元，将净利润转入"利润分配"账户进行分配。期末"本年利润"账户应无余额。其会计分录如下：

⑰ 借：本年利润　　　　　　　　　　　　　　　　　　　　　56 250
　　　贷：利润分配　　　　　　　　　　　　　　　　　　　　56 250

（二）利润分配

商品流通企业实现的利润，应按国家规定进行分配，这是正确处理投资者、企业、职工利益的一项重要内容。

企业实现的利润，按规定上交所得税后，余下的净利润可用于：冲抵被没收的财物损失，支付违反税法的罚款，弥补亏损，提取法定盈余公积及向投资者分配利润等。

【例 4-18】 按全年净利润 10% 提取法定盈余公积 5 625 元。其会计分录如下：

⑱ 借：利润分配——提取法定盈余公积　　　　　　　　　　　5 625
　　　贷：盈余公积——提取法定盈余公积　　　　　　　　　　5 625

本年"利润分配"账户的贷方余额为未分配利润。

复习思考题

1. 批发商品主要有几种核算方法？其主要内容是什么？
2. 批发商品购进过程和销售过程需要设置哪些账户？其主要核算内容是什么？
3. 售价金额核算方法的主要内容包括哪些方面？如何核算？
4. "销售费用"账户的核算内容是什么？
5. 利润的形成和分配应通过什么账户进行核算？怎样核算？

习 题 一

【目的】 练习批发商品经营业务的核算。

【资料】

1. 从本市牙膏厂购入大号中华牙膏 200 盒(10 支包装),每盒进价为 21 元,增值税税率为 13%,货款以转账支票付清,商品已验收入库。

2. 向广州百货公司购入力士香皂 100 盒(10 块包装),每盒进价为 24 元,增值税税率为 13%,广州百货公司代垫运费 42 元。今接银行转来托收承付凭证,当即承付货款,商品未到。

3. 上项力士香皂今日到货,经验收无误,入库保管。

4. 售给本市电视机商店 29 英寸彩色电视机 20 台,每台售价为 5 000 元,该批电视机每台进价为 4 000 元,增值税税率为 13%。货已发出,货款尚未收到。按实际成本转账。

5. 售给南昌家电批发公司商品一批,计售价 19 500 元,增值税税率为 13%,商品已发运,并以转账支票代垫运杂费 600 元。货款及代垫费用一并通过银行向南昌购货方托收。

6. 接银行通知,上述货款已收到入账。

【要求】 按上列经济业务编制会计分录。

习 题 二

【目的】 练习零售商品经营业务的核算。

【资料】 某零售商店向批发公司购进下列四种商品。

1. 进货。

	商品进价	进项税额(13%)	进价合计
A 商品	100 元	13.00 元	113.00 元
B 商品	115 元	14.95 元	129.95 元
C 商品	90 元	11.70 元	101.70 元
D 商品	78 元	10.14 元	88.14 元
合 计	383 元	49.79 元	432.79 元

2. 销货。

	进价	毛利率	销项税额（13%）	销售价
A商品	100元	20%	120.00元×13%＝15.60元	135.60元
B商品	115元	18%	135.70元×13%＝17.64元	153.34元
C商品	90元	10%	99.00元×13%＝12.87元	111.87元
D商品	78元	12%	87.36元×13%＝11.36元	98.72元
合　计	383元		442.06元　　57.47元	499.53元

【要求】 编制进、销货会计分录；计算已销商品销项税额和进销差价，并编制会计分录。

习　题　三

【目的】 练习商品流通费的核算。

【资料】 某商店本月内发生下列费用。

1. 以转账支票支付某运输公司运输、装卸费用3 080元。

2. 以银行存款支付仓库用房租金2 000元，商场用房租金5 000元，办公用房租金1 000元。

3. 商场向总务部门领用手推车一辆（账面价值600元），予以转账（按五五法摊销）。

4. 以银行存款预付营业用房大修理费48 000元，分2年摊销。

5. 摊销本月应负担的营业用房修理费2 000元。

6. 以银行存款支付本季应负担的商品周转短期借款利息1 200元。

7. 采购员出差预支差旅费2 000元，以库存现金支付。

8. 商店业务经理出差回来报销差旅费1 890元，原借支2 000元，余款交回现金。

9. 以银行存款支付广告费3 000元。

10. 以银行存款支付本季度借款利息4 500元。

【要求】 按上列经济业务编制会计分录。

习 题 四

【目的】 练习利润形成和分配的核算。

【资料】 本年年末某商业企业各损益类账户余额如下：

主营业务收入	3 000 000 元	主营业务成本	2 560 000 元
其他业务收入	109 000 元	其他业务成本	72 000 元
营业外收入	1 000 元	销售费用	77 000 元
		管理费用	40 500 元
		财务费用	9 200 元
		营业外支出	800 元

【要求】

1. 按上列资料将各损益类账户结转至"本年利润"账户，并编制会计分录。
2. 按利润总额的25%计算和结转应交所得税，并编制会计分录。
3. 将净利润转入"利润分配"账户，并编制会计分录。
4. 按净利润的10%计提法定盈余公积，并编制会计分录。

第 五 章

企业会计账户分类

【内容提示】 本章进一步分析、归纳运用复式记账原理进行账务处理的规律。学习本章,学生应了解企业会计账户的共性及其内在联系,理解各个账户在整体账户体系中的作用,明确各类账户的性质、内容、结构、特点和规律,掌握运用账户进行会计核算的实务知识和技能。

第一节 概 述

为了全面核算企业生产、经营过程,需要设置众多的账户进行核算,使之成为一个有机联系的体系。通过账户记录,可以核算与监督会计对象的具体内容,取得企业经营管理所需的各种核算资料。为了更好地掌握账户的设置和运用,有必要对各种账户进行适当分类,以便于建立完善的账户体系,从而了解核算指标的关系和规律性。

《企业会计准则——应用指南》设置了156个会计账户,为便于读者学习,本章主要列举本书所述及的一般企业设置的主要会计账户进行分类。

会计账户分类主要取决于账户的经济内容及用途和结构,因此,对各种账户应从两个方面进行分类。

一、账户按经济内容分类

账户的经济内容是指账户所核算与监督的会计对象的具体内容。它主要包括资产类、负债类、所有者权益类、成本类、损益类五大类,各大类又分为若干小类。这样分类便于从账户中取得需要的核算指标,明确每个账户的核算内容。这对于准确区分每个账户的经济性质,准确地使用账户是十分必要的。

一般企业主要账户按经济内容的分类如图5-1所示。

```
资产类账户 ┬ 流动资产账户 ┬ 库存现金
          │              ├ 银行存款
          │              ├ 其他货币资金
          │              ├ 交易性金融资产
          │              ├ 应收票据
          │              ├ 应收账款
          │              ├ 应收股利
          │              ├ 应收利息
          │              ├ 其他应收款
          │              ├ 坏账准备
          │              ├ 预付账款
          │              ├ 材料采购
          │              ├ 在途物资
          │              ├ 原材料
          │              ├ 包装物(或周转材料)
          │              ├ 低值易耗品(或周转材料)
          │              ├ 材料成本差异
          │              ├ 库存商品
          │              ├ 商品进销差价
          │              ├ 委托加工物资
          │              ├ 存货跌价准备
          │              └ 发出商品
          │
          └ 非流动资产账户 ┬ 长期股权投资
                          ├ 长期股权投资减值准备
                          ├ 固定资产
                          ├ 累计折旧
                          ├ 固定资产减值准备
                          ├ 工程物资
                          ├ 在建工程
                          ├ 固定资产清理
                          ├ 无形资产
                          ├ 累计摊销
                          ├ 无形资产减值准备
                          ├ 长期待摊费用
                          └ 待处理财产损溢
```

图 5-1

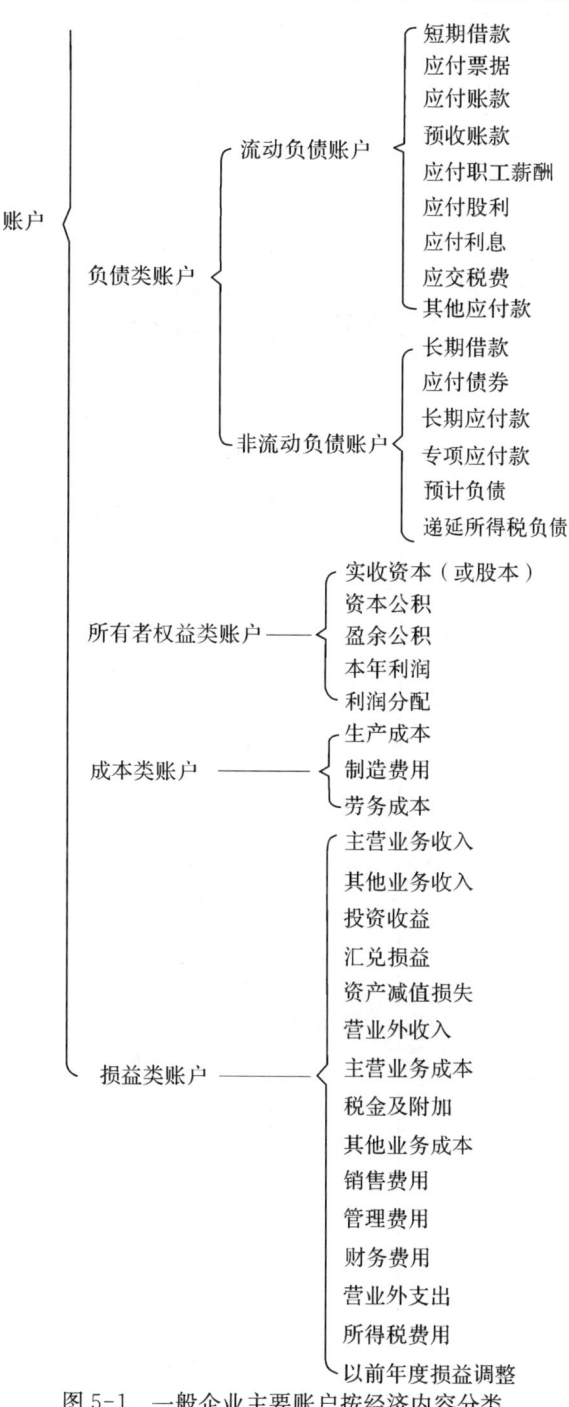

图 5-1 一般企业主要账户按经济内容分类

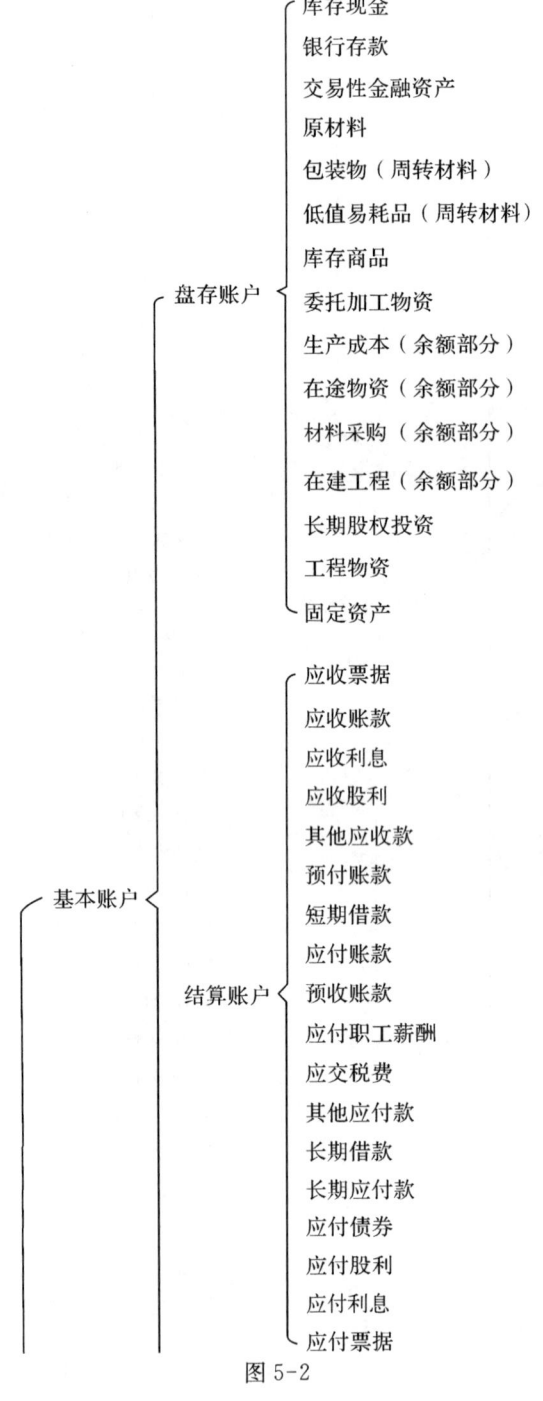

图 5-2

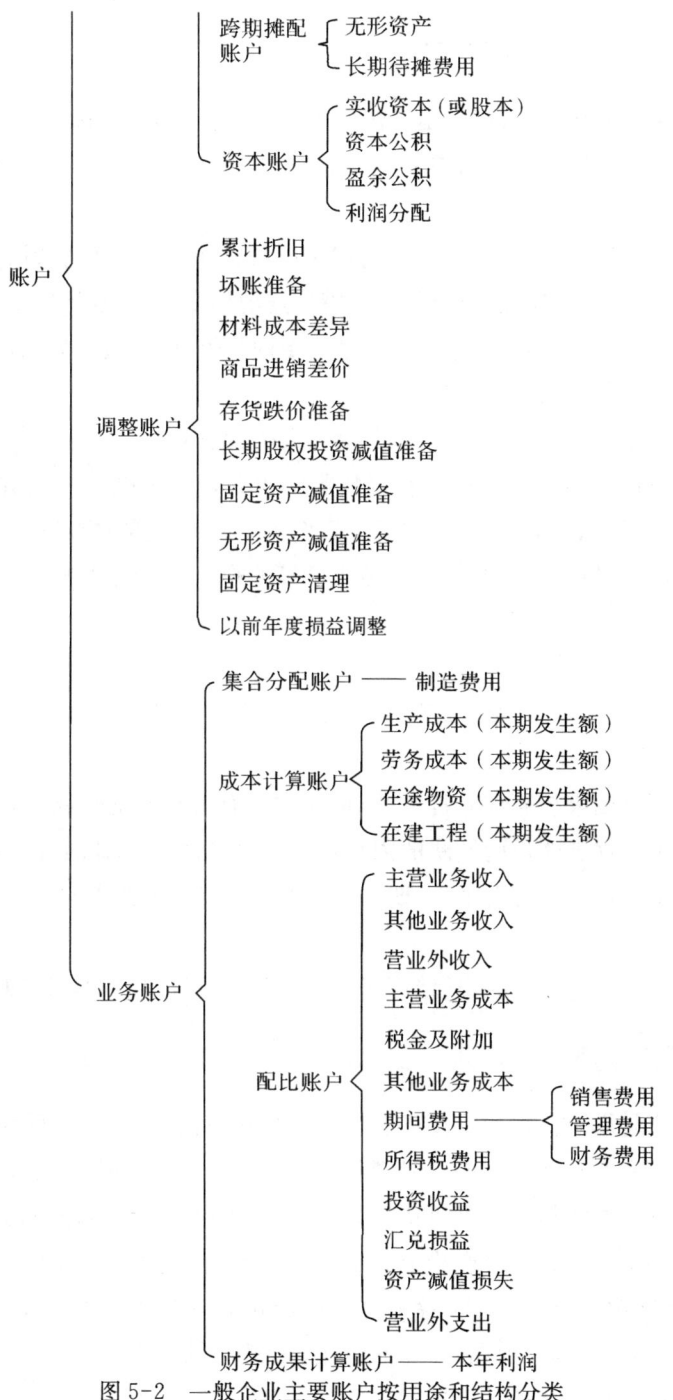

图 5-2 一般企业主要账户按用途和结构分类

二、账户按用途和结构分类

账户按用途和结构的分类,是在账户按经济内容分类的基础上,对用途和结构基本相同的账户进行的适当归类。一般企业主要账户按用途和结构分类如图 5-2 所示。

所谓账户的用途,是指通过账户的记录能够提供什么核算资料。所谓账户的结构,是指在账户中如何提供核算资料,借方登记什么,贷方登记什么,怎样进行登记,其余额反映什么内容。按账户的用途和结构分类,可以使我们明确各个账户不同的使用方法和各个账户的具体作用。

账户按用途和结构的划分,可以分为三大类、九小类。

三大类包括:① 基本账户。② 调整账户。③ 业务账户。

九小类包括:① 盘存账户。② 结算账户。③ 跨期摊配账户。④ 资本账户。⑤ 调整账户。⑥ 集合分配账户。⑦ 成本计算账户。⑧ 配比账户。⑨ 财务成果计算账户。

第二节 基 本 账 户

基本账户是用来核算和监督资产、负债和所有者权益的增减变动和实有数情况的账户。由于这类账户所反映的内容都是经济活动的基础内容,因而称其为基本账户。基本账户一般都有余额,期末应分别列入资产负债表的资产、负债和所有者权益方。

基本账户可分为盘存账户、结算账户、跨期摊配账户和资本账户四类。

一、盘存账户

盘存账户是用来核算和监督可以进行实物盘点的各种财产、物资和货币资金增减变动及其实有数额的账户。这类账户包括企业主要的资产账户,如"库存现金""银行存款""原材料""库存商品""固定资产"账户等。盘存账户结构的特点是:借方登记各种货币资金和财产物资的增加数;贷方登记各种货币资金和财产物资的减少数;余额都在借方,表示各种财产物资和货币资金的实有数。"生产成本"账户的期初、期末余额表示在产品,也具有盘存账户的性质。

盘存账户的结构如表 5-1 所示。

表 5-1

盘存账户的结构

借方	(账户名称)	贷方
期初余额——财产、物资或货币资金的期初实有数额		
发生额——财产、物资或货币资金的增加数额		发生额——财产、物资或货币资金的减少数额
期末余额——财产、物资或货币资金的期末实有数额		

二、结算账户

结算账户是用来核算和监督企业同其他单位或个人以及企业内部各单位之间债权(应收)、债务(应付)结算关系的账户。按照结算的性质,又可分为资产结算账户、负债结算账户和资产负债结算账户三类。

(一) 资产结算账户

资产结算账户是用来核算企业的债权增减变动及实有数的账户,如"应收账款""其他应收款"等都属于资产结算账户。这类账户结构的特点是:借方登记债权的增加额;贷方登记债权的减少额;期末余额在借方,表示债权的实有数额。资产结算账户的结构如表 5-2 所示。

表 5-2

资产结算账户的结构

借方	(账户名称)	贷方
期初余额——债权的期初实有额		
发生额——债权的增加额		发生额——债权的减少额
期末余额——债权的期末实有额		

(二) 负债结算账户

负债结算账户是用来核算企业的债务增减变动后实有数的账户,如"应付账款""其他应付款""应交税费"等账户都是负债结算账户。这类账户结构的特点是:贷方登记债务的增加额;借方登记债务的减少额;期末余额在贷方,表示债务实有数额。负债结算账户的结构,如表 5-3 所示。

表 5-3

负债结算账户的结构

借方	(账户名称)	贷方
发 生 额——债务的减少额	期初余额——债务的期初实有额 发 生 额——债务的增加额	
	期末余额——债务的期末实有额	

(三)资产负债结算账户

资产负债结算账户是用来核算企业与其他单位或个人以及企业内部之间的一般款项往来结算情况的账户,因为相互之间的往来结算的性质会经常变动,有时是企业的债权,有时则是企业的债务。例如,按规定,预付账款情况不多的企业,也可以将预付账款直接记入"应付账款"账户的借方,这样,"应付账款"账户可同时核算和监督企业应付账款和预付账款的增减变动情况,从而成为一个债权、债务结算账户。同样,预收账款不多的企业也可将预收账款直接记入"应收账款"账户的贷方。《企业会计准则——应用指南》设置共同类账户如"清算资金往来"等;有的企业为了简化手续,设置"其他往来"等资产负债双重性质的账户,该账户借方登记债权增加数或债务减少数;贷方登记债务增加数或债权减少数;期末余额在借方的为债权,期末余额在贷方的为债务。资产负债结算账户的结构如表5-4所示。

表 5-4

资产负债结算账户的结构

借方	(账户名称)	贷方
期初余额——应收款项大于应付款项的差额		期初余额——应付款项大于应收款项的差额
发 生 额——应收款项的增加数或应付项的减少数		发 生 额——应付款项的增加数或应收项的减少数
期末余额——应收款项大于应付款项的差额(债权)		期末余额——应付款项大于应收款项的差额(债务)

三、跨期摊配账户

跨期摊配账户是用来核算和监督应由若干个成本计算期的产品成本共同负担的费用,并将这些费用在各个成本计算期进行分摊,借以正确计算产品成本的账户。设置跨期摊配账户的目的在于按照配比原则,准确计算各成本计算期的产品成本,如长期待摊费用等。

"长期待摊费用"账户是用来核算本期已经支付,但应记入本期和以后各期成本、分摊期在1年以上的费用账户。其账户结构如表5-5所示。

表5-5

跨期摊配账户的结构

借方	长期待摊费用	贷方
期初余额——反映已经支付,但尚未分摊的数额		
发 生 额——反映本期支付的数额	发 生 额——本期分摊的数额	
期末余额——尚未分摊的数额		

四、资本账户

资本账户是用来核算和监督企业资本的所有者权益账户,如"实收资本""资本公积""盈余公积"和"利润分配"账户等。资本账户结构的特点是:贷方登记各项资本的增加额;借方登记各项资本的减少额;期末余额在贷方,表示各项资本金的实有数。

资本账户的结构,如表5-6所示。

表5-6

资本账户的结构

借方	(账户名称)	贷方
	期初余额——期初结存的各项资本金实存额	
发 生 额——资本金的减少额	发 生 额——资本金的增加额	
	期末余额——资本金期末的结存额	

第三节 调 整 账 户

调整账户是用来调整有关账户的账面余额而设置的账户。在会计核算中,由于管理上的需要或其他原因,对于某些资产或负债,有的需要用两种不同的数字,开设两个账户来进行记录反映。其中一个账户用来记录反映资产、负债的原始数字,另一个账户用来记录反映对原始数字的调整数字。记录反映原始数字的账户称为被调整账户,记录反映调整数字的账户称为调整账户。将原始数字同调整数字相加或相减,就可以求得某项指标的现有实存数字。调整账户和被调整账户相互配合,既能全面、完整地反映同一个会计对象,又能满足管理上对不同会计信息的需要。

调整账户按其调整方式的不同,可以分为备抵账户、附加账户和备抵附加账户三种。

一、备抵账户

备抵账户是用来抵减被调整账户的余额以求得被调整账户实际余额的账户。"累计折旧"账户就是典型的备抵账户,"坏账准备"账户则是"应收账款"账户的备抵账户。备抵账户的调整方式是以被调整账户的期末余额减去调整账户的期末余额,以求得被调整账户的现有实际数额。备抵账户的特点是:调整账户与被调整账户的性质正好相反,两个账户的余额方向也一定相反。例如,"固定资产"账户的期末借方余额表示固定资产的原始价值,"累计折旧"账户的期末贷方余额表示固定资产的累计折旧额,两者相抵,即可求得固定资产的净值。两者的关系如表 5-7 所示。

表 5-7

备抵账户的关系

借方	固定资产(被调整账户)	贷方
期末余额	500 000	
借方	累计折旧(调整账户)	贷方
		期末余额 12 500

由表 5-7 可知:

固定资产原始价值	500 000 元
减：累计折旧额	12 500 元
固定资产净值	487 500 元

其他"坏账准备""长期股权投资减值准备""固定资产减值准备""存货跌价准备"等账户也都属于这类性质的账户。

二、附加账户

附加账户是用来增加被调整账户的余额,以求得被调整账户实际余额的账户。这类账户同抵减账户的调整方式恰好相反,即将被调整账户的期末余额与调整账户的期末余额相加,得出被调整账户的实有额。附加账户的特点则是：被调整账户的性质和期末余额方向与调整账户一致。例如,"应付债券"账户是核算企业为筹集长期资金而发行的债券本金和利息,该账户设有"面值""利息调整""应计利息"等明细账户。假如企业发行的债券,其实际收到的金额与债券面值存在差额的,应记入"利息调整"明细账户,借记"银行存款"账户,贷记"应付债券——面值"账户,同时借记或贷记"应付债券——利息调整"账户。因此,"利息调整"明细账户就成为"面值"明细账户的附加账户,两者期末贷方余额之和表示该项债券的实际余额。两者的关系如表 5-8 所示。

表 5-8

附加账户的关系

借方	应付债券——面值(被调整账户)	贷方
	期末余额	100 000
借方	应付债券——利息调整(调整账户)	贷方
	期末余额	10 000

由表 5-8 可知：

债券发行面值	100 000 元
加：大于面值的差价	10 000 元
债券实际发行金额	110 000 元

三、备抵附加账户

备抵附加账户是同时具备备抵和附加两种调整职能的账户,如"商品进销差价""材料成本差异"都是备抵附加账户。当其余额与被调整账户的余额方向相同时,调整的方式与附加账户相同;当其余额与被调整账户的余额方向相反时,调整的方式与备抵账户相同。在生产企业中,"材料成本差异"账户是备抵附加账户。

如果企业的材料核算采用计划成本方式,就必须设置"材料采购""材料成本差异""原材料"等三个账户,分别计算材料的实际采购成本和计划成本,以及实际采购成本同计划成本的差异额。通过"材料采购"账户,将材料采购大于计划成本的差额登记"材料成本差异"账户的借方(即超支额),将材料采购低于计划成本的差额登记"材料成本差异"账户的贷方(即节约额)。当月末填制会计报表时,需将"原材料"账户反映的计划成本调整为实际成本。这时,"材料成本差异"账户的期末余额如在借方,则与"原材料"账户的期末借方余额相加;如果"材料成本差异"账户的期末余额在贷方,则与"原材料"账户的期末借方余额相减,即可将材料计划成本调整为实际成本。其关系如表 5-9 和表 5-10 所示。

表 5-9

备抵附加账户的关系(1)

借方	原材料(被调整账户)		贷方
期末余额	246 000		

借方	材料成本差异(调整账户)		贷方
期末余额	3 200		

由表 5-9 可知:

"原材料"账户的借方余额(计划成本)	246 000 元
加:"材料成本差异"账户借方余额(超支数)	3 200 元
材料的实际成本	249 200 元

表 5-10

备抵附加账户的关系(2)

借方	原材料(被调整账户)		贷方
期末余额	246 000		

借方	材料成本差异(调整账户)		贷方
		期末余额	3 200

由表 5-10 可知:

"原材料"账户的借方余额(计划成本)	246 000元
减:"材料成本差异"账户贷方余额(节约数)	3 200元
材料的实际成本	242 800元

第四节 业务账户

业务账户是用来核算和监督企业在供应、生产、销售过程中业务活动的账户。其特点是能及时考核企业账务和成本计划的完成情况,对企业经济效益作全面评价。

业务账户可分为集合分配账户、成本计算账户、配比账户和财务成果计算账户等四类。

一、集合分配账户

集合分配账户是用来汇集和分配经营过程中某一阶段所发生的有关生产费用,借以核算与监督有关生产费用计划的执行和分配情况的账户,如"制造费用"就属于此类账户。设置这类账户是为了便于将这些费用进行分配。集合分配账户的特点是:借方登记费用的发生额;贷方登记费用的分配额;期末一般无余额。其账户结构如表 5-11 所示。

表 5-11

集合分配账户的结构

借方	制造费用	贷方
发生额——汇集经营过程中某种费用的数额		发生额——分配给应负担该项费用的数额

二、成本计算账户

成本计算账户是用来归集经营过程中某一阶段所发生的全部费用,并据以计算、确定各个成本计算对象的实际成本的账户,如"生产成本""材料采购"和"在建工程"账户均属于成本计算账户。这类账户结构的特点是:借方登记应计入成本的全部费用;贷方登记结转已完工产品的实际成本;期末如有借方余额,则表示尚未完工的在产品的实际成本。

成本计算账户的结构如表 5-12 所示。

表 5-12

成本计算账户的结构

借方	生 产 成 本	贷方
期初余额——尚未完成经营过程某一阶段的成本计算对象的实际成本		
发生额——归集经营过程中某一阶段所发生的全部费用数额	发生额——结转已完成某一阶段的成本计算对象的实际成本	
期末余额——尚未完成经营过程某一阶段的成本计算对象的实际成本		

三、配比账户

配比账户是用来汇集经营过程中所取得的收入,发生的成本、费用以及营业外收入和营业外支出,借以在期末进行配合比较,计算确定经营期内的财务成果的账户。属于收入账户的有"主营业务收入""投资收益""其他业务收入""营业外收入"账户,属于支出账户的有"主营业务成本""税金及附加""其他业务成本""营业外支出"等账户和期间费用账户等。所有企业的收入和支出账户余额都在期末结转"本年利润"账户,结转后期末没有余额。

期间费用是企业行政管理部门为组织和管理生产经营活动而发生的管理费用、财务费用和从事销售的销售费用,在期末直接计入当期损益。期间费用账户的特点是:借方登记费用的发生额;贷方转入本年利润;期末无余额。

配比账户的账户结构如表 5-13 所示。

表 5-13

配比账户的结构

借方	其他业务收入(收入账户)	贷方
结转"本年利润"账户	其他业务收入增加数	

借方	其他业务成本(支出账户)	贷方
其他业务成本增加数	结转"本年利润"账户	

四、财务成果计算账户

财务成果计算账户是用来核算和监督企业在一定时期内财务成果的形成,计算最终成果的账户。"本年利润"是财务成果计算的典型账户。该账户结构的特点是:贷方登记一定时期内的销售收入、其他业务收入和营业外收入;借方登记一定时期内的主营业务成本、期间费用、其他业务成本、税金及附加、营业外支出和所得税费用;期末将借方发生额与贷方发生额进行比较,就可以得出本计算期的最终财务成果,如为贷方余额表示实现的利润,如为借方余额则表示发生的亏损。

财务成果计算账户的结构如表5-14所示。

表5-14

财务成果计算账户的结构

借方	本 年 利 润	贷方
发生额——反映计算期的主营业务成本、期间费用、其他业务成本、税金及附加、营业外支出和所得税费用等的数额		发生额——反映计算期的主营业务收入、其他业务收入、营业外收入等的数额
期末余额——亏损净额 （年终结转到"利润分配"账户的借方）		期末余额——利润净额 （年终结转到"利润分配"账户的贷方）

最后,对本章内容补充说明两点:

(1)账户按内容和结构分类不是绝对的,有些账户具有双重性质。例如,"生产成本""在途物资""在建工程""材料采购"等账户,既是盘存账户,又具有成本计算账户的性质。又如,"本年利润"账户,既是财务成果账户,又具有配比账户的性质。

(2)"待处理财产损溢"账户是用以核算企业在财产盘盈、盘亏未处理前的暂记账户,待批准后再转入有关账户。它属于过渡性质的账户,应在期末结账前处理完毕,结清余额,故未列入账户分类内容。

复习思考题

1.账户按经济内容分类,可分为哪几个大类？它又可分为哪几个小类？分类的作用是什么？

2. 账户按用途和结构分类,可分为哪几个大类?它又可分为哪几个小类?分类的作用又是什么?

3. 什么是跨期摊配账户、集合分配账户、集合配比账户和财务成果计算账户?简述其内容和登记账簿的方法。

习 题

【目的】 练习账户按经济内容、用途和结构的分类。

【资料】 账户名称:应收账款、应付账款、短期借款、制造费用、银行存款、应付票据、预付账款、长期待摊费用、本年利润、实收资本、销售费用、财务费用、管理费用、库存现金、生产成本、累计折旧、盈余公积、库存商品、所得税费用、利润分配、应交税费、固定资产、主营业务收入。

【要求】 将上列账户名称按经济内容、用途和结构填入表 5-15 相应栏目。

表 5-15

账 户 分 类 表

类　　别	资产账户	负债账户	所有者权益账户	成本账户	损益账户
盘存账户					
结算账户					
资本账户					
跨期摊配账户					
调整账户					
集合分配账户					
成本计算账户					
配比账户					
财务成果计算账户					

第 六 章

会 计 凭 证

【内容提示】 本章阐述了填制和审核会计凭证的基础知识。学习本章,学生应了解会计凭证的概念和填制、审核会计凭证的意义,明确会计凭证的种类和基本内容以及审核会计凭证的主要内容,掌握填制会计凭证的要求和方法等基础知识及技能。

第一节 填制和审核会计凭证的意义

会计凭证是记录经济业务、明确经济责任、作为记账依据的书面证明。为了保证会计记录能如实反映企业的经济活动情况,保证账户记录的真实性、准确性,记账必须严格以会计凭证为依据。

填制和审核会计凭证是会计核算工作的起点,是会计核算的基础工作,也是对经济业务活动进行核算和监督的基本环节,是会计核算的基本方法之一。一切单位,经济业务活动一旦发生,都必须取得或填制凭证,由执行、完成该项经济业务的有关人员从外部取得或自行填制,以书面形式反映或证明经济业务的发生或完成情况。会计凭证应载明经济业务的内容、数量、金额并签名或盖章,以明确对该项经济业务的真实性、准确性所负的责任。一切会计凭证都应经过专人严格审核,只有经过审核无误的凭证,才能作为记账的依据。

因此,准确填制和严格审核会计凭证,对完成会计工作任务、实现会计职能、充分发挥会计作用,具有重要的意义。

一、保证会计信息质量

认真填制和严格审核会计凭证,可以为记账、算账提供真实、可靠的数据资料,从而保证会计核算的准确性。

任何一笔经济业务的发生,都必须填制会计凭证。会计凭证上记录着经济业务活动发生的时间、内容(包括数量、金额及完成情况)。通过对会计凭证的认真填制和严格审核,保证经济业务如实地反映在会计凭证上,为账簿记录提供真实、可靠的依据,使账簿记录与实际情况相符,这样就保证了会计核算资料的真实性与准确性,并为分析、检查经济活动和财务收支情况提供确切可靠的原始资料。

二、发挥会计监督作用

认真填制和严格审核会计凭证,可以检查和监督经济业务活动的合理性、合法性,充分发挥会计的监督作用。

会计凭证记录和反映了经济业务活动的发生、进程和完成情况等具体内容,通过对会计凭证的严格审核,可以检查每笔经济业务是否合理、合规和合法。由于一切经济活动都必须认真填制凭证,不论是现金收支、财产增减,还是商品进出、款项结算及费用开支,都在凭证上进行了记载,对其内容的严格审核,可以查明每笔经济业务活动是否执行了计划、预算,是否符合有关政策、法令、制度的规定,有无违法乱纪和铺张浪费行为,从而可以严肃财经纪律,限制和防止各种违法行为,充分发挥会计的监督作用。

三、强化企业内部控制

认真填制和审核凭证,可以明确有关部门、有关人员在办理经济业务中的责任。

由于会计凭证记录了每笔经济业务的内容,并由有关部门和有关人员签章,这就要求有关部门和有关人员对经济活动的真实性、准确性、合法性负责。这样,就能加强有关部门和有关人员的责任感,促使他们严格按照政策、法令、制度、计划和预算办事,防止违法乱纪和铺张浪费行为。

第二节　会计凭证的种类

会计凭证按其编制程序和用途的不同,可以分为原始凭证和记账凭证两大类。

一、原始凭证

原始凭证是在经济业务发生或完成时取得或编制的、载明经济业务的具体内容、明确经济责任、具有法律效力的书面证明。它是组织会计核算的原始资料和重要依据。

原始凭证可以按不同标志分类。

(一)按原始凭证的来源分类

根据原始凭证的不同来源,原始凭证可分为外来原始凭证和自制原始凭证两种。

外来原始凭证是在经济业务活动发生或完成时,从其他单位或个人直接取得的原始凭证。例如,"增值税专用发票"(格式如表6-1所示)、"增值税普通发票"(格式如表6-2所示)、铁路运输部门的火车票、对外支付款项时取得的"收据"(格式如表6-3所示)等都是外来原始凭证。

自制原始凭证是指本单位内部具体经办业务的部门和人员,在执行或完成某项经济业务时所填制的原始凭证,如收料单(格式如表6-4所示)、领料单(格式如表6-5所示)、销货发票(格式如表6-2所示)、产品入库单(格式如表6-6所示)。

表 6-1

310082560　　　　　　　　上海增值税专用发票　　　　　　No.
　　　　　　　　　　　　　　　国家税务总局
　　　　　　　　　　此联不得作为抵扣税凭证使用　　开票日期:

购买方	名　　　称: 纳税人识别号: 地　址、电　话: 开户行及账号:				密码区		(略)		第一联:记账联 销售方记账凭证
货物或应税劳务、服务名称	规格型号	单位	数量	单价		金额	税率	税额	
合　　计									
价税合计(大写)					(小写)				
销售方	名　　　称: 纳税人识别号: 地　址、电　话: 开户行及账号:				备注				

收款人:　　　　　复核:　　　　　开票人:　　　　　销售方:(章)

注:表6-1是增值税专用发票,只限于增值税的一般纳税人领购使用,增值税的小规模纳税人不得领购使用。增值税专用发票一般为三联,分别为记账联、抵扣联和发票联。

表 6-2

3100153130　　　　　　上海增值税普通发票　　　　　No 12879858

开票日期：　年　月　日

购买方	名　　称：						
	纳税人识别号：						
	地　址、电　话：						
	开户行及账号：						

货物或应税劳务、服务名称	规格型号	单位	数量	单价	金额	税率	税额
合　　计							
价税合计(大写)					(小写)￥		

销售方	名　　称：		
	纳税人识别号：		备
	地　址、电　话：		注
	开户行及账号：		

收款人：　　　　　　复核：　　　　　　开票人：　　　　　　销售方：(章)

第二联：发票联　购买方记账凭证

表 6-3

收　据

年　月　日　　　　　　　　No.

付款单位_____收款方式_____

人民币(大写)_____￥

收款事由_____

收款单位(盖章)　　　审核　　　经手　　　出纳

第　联

表 6-4

收　料　单

供货单位　　　　　　　年　月　日　　　　　凭证编号
发票号码　　　　　　　　　　　　　　　　　收料仓库

材料编号	材料规格及名称	计量单位	数量		价格	
			应收	实收	单价	金额
备　注					合计	

仓库负责人　　　　记账　　　　仓库保管　　　　收料

第　联

表 6-5

领　料　单

领料部门　　　　　　　　　年　月　日　　　　　　　凭证编号
用　途　　　　　　　　　　　　　　　　　　　　　　 收料仓库

材料编号	材料规格及名称	计量单位	数　量		价　格		
			请领	实领	单价	金额	第
							联
备　注					合计		

记账　　　　　　发料　　　　　　审批　　　　　　领料

表 6-6

产　品　入　库　单

　　　　　　　　　　　　　　　　　　　　　　　　　　　编　号
交库单位　　　　　　　　　年　月　日　　　　　　　产品仓库

产品编号	产品名称	规格	单位	交付数量	检验结果		实收数量	单价	金额	
					合格	不合格				第
										联
备　注										

记账　　　　　　检验　　　　　　仓库　　　　　　经手

（二）按原始凭证的用途分类

根据原始凭证的不同用途，原始凭证可分为通知凭证、执行凭证和计算凭证三种。

通知凭证是指要求、指示或命令企业进行某项经济业务的原始凭证，如罚款通知书、付款通知单、银行进账单等。银行进账单格式，如表6-7所示。

执行凭证是证明某项经济业务已经完成的原始凭证，如销货发票、收料单、领料单等，格式分别如表6-2、表6-4、表6-5所示。

计算凭证是对已完成的经济业务进行计算而编制的原始凭证，如产品成本计算单、制造费用分配表、工资计算表等。

表 6-7

××银行进账单(回单或收款通知)

第×号

收款人	全称		付款人	全称	
	账号			账号	
	开户银行			开户银行	

人民币 (大写)	千	百	十	万	千	百	十	元	角	分

票据种类	
票据张数	

单位主管　会计　复核　记账　　　　　　收款人开户银行盖章

此联是收款人开户行交给收款人的回单或收款通知

（三）按原始凭证的填制手续分类

根据原始凭证的不同填制手续,原始凭证可分为一次凭证和累计凭证两种。

一次凭证是指填制手续一次完成的原始凭证。它反映一笔经济业务或同时反映若干同类经济业务的内容。日常的原始凭证多属此类,如现金收据、发货票等。另外,外来原始凭证一般均属一次凭证。

累计凭证是指一定时期内记载同类重复发生的经济业务并在一张凭证中多次填制才能完成的原始凭证。它一般为自制原始凭证。为简化手续,平时随时登记发生的经济业务,并计算累计数,期末计算总数后作为记账的依据。最有代表性的是限额领料单,格式如表 6-8 所示。

（四）按原始凭证的格式分类

根据原始凭证的不同格式,原始凭证可分为通用凭证和专用凭证两种。

通用凭证是指在一定范围内具有统一格式和使用方法的凭证。这里的一定范围,既可以是全国范围,也可以是某省、某市、某地区或某系统,如全国统一使用的银行承兑汇票,某一地区统一印制的收款收据等。

表6-8

限 额 领 料 单

领料部门　　　　　　　　　　　　　　　　　　　　凭证编号
用　　途　　　　　　　　年　月　日　　　　　　　发料仓库

材料类别	材料编号	材料名称及规格	计量单位	领用限额	实际领用	单价	金额	备注

供应部门负责人：　　　　　　　　　　生产计划部门负责人：

日期	数量		领料人签章	发料人签章	扣除代用数量	退　料			限额结余
	请领	实发				数　量	收料人	发料人	

专用凭证是指一些单位具有特定内容和专门用途的原始凭证，如产品入库单、差旅费报销单等。

以上是按不同的标志对原始凭证所作的分类。它们之间是相互依存、密切联系的。例如，现金收据对出具收据的单位来讲是自制原始凭证；而对接受收据的单位来讲则是外来原始凭证。同时，它既是一次凭证，又是执行凭证，也是专用凭证。

根据上述原始凭证的分类，我们可以将其归纳如图6-1所示。

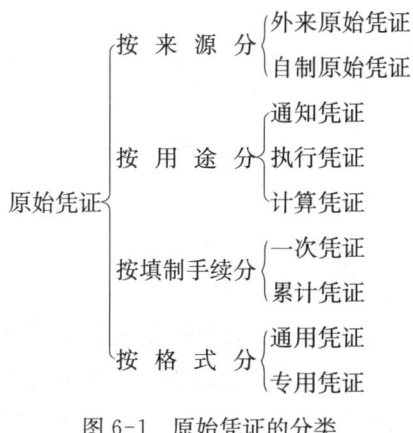

图6-1　原始凭证的分类

在实际工作中，对业务内容相同、发生笔数较多的原始凭证，可按照一定的要求加以汇总，编制原始凭证汇总表，如发出材料汇总表，如表6-9所示。

表6-9

发出材料汇总表

年　　月　　日

会计科目	领料部门	原材料	燃料	合　　计
基本生产成本	一车间			
	二车间			
	小　计			
辅助生产成本	供电车间			
	锅炉车间			
	小　计			
制造费用	一车间			
	二车间			
	小　计			
合　　计				

会计负责人　　　　　　　　复核　　　　　　　　制表

二、记账凭证

记账凭证是财会部门根据原始凭证编制，记载经济业务简要内容，确定会计分录，将其作为记账依据的会计凭证。

记账凭证亦称分录凭证，又称记账凭单，是由会计部门根据审核无误的原始凭证或原始凭证汇总表编制，按照登记账簿的要求、确定账户名称、记账方向（应借、应贷）和金额的一种记录，是登记明细分类账和总分类账的依据。

记账凭证可以按不同标志分类。

（一）按记账凭证反映的经济内容分类

根据记账凭证所反映的经济内容不同，记账凭证可分为收款凭证、付款凭证和转账凭证三种。

收款凭证是反映库存现金和银行存款收入业务的记账凭证，其格式如表6-10所示。

表6-10

收 款 凭 证

应借科目：　　　　　　　　　　　年　月　日　　　　　　　　　　编号

摘　要	应贷科目		记账	金额	附件
	一级科目	二级或明细科目			
					张
合　计					

会计主管　　　　记账　　　　出纳　　　　复核　　　　制单

付款凭证是反映库存现金和银行存款付出业务的记账凭证，其格式如表6-11所示。

表6-11

付 款 凭 证

应贷科目：　　　　　　　　　　　年　月　日　　　　　　　　　　编号

摘　要	应借科目		记账	金额	附件
	一级科目	二级或明细科目			
					张
合　计					

会计主管　　　　记账　　　　出纳　　　　复核　　　　制单

转账凭证是反映不涉及库存现金和银行存款收付业务的其他转账业务所用的记账凭证，其格式如表6-12所示。

表 6-12

转 账 凭 证

年　月　日　　　　　　　　　　　　　　编号

摘　　要	一级科目	二级或明细科目	记账	借方金额	贷方金额	
						附件
						张
合　　计						

会计主管　　　　　记账　　　　　复核　　　　　制单

（二）按记账凭证的用途分类

根据记账凭证的不同用途，记账凭证可分为分录凭证、汇总凭证和联合凭证三种。

分录凭证是直接根据原始凭证编制，载明会计科目、记账方向和金额的凭证。

汇总凭证是对分录凭证加以汇总，据以登记分类账的记账凭证，如记账凭证汇总表（格式如表 6-13 所示）、汇总收款凭证等。

表 6-13

记账凭证汇总表

年　月　日　　　　　　　　　　　　　　总字第　号

会计科目	借方金额	记　账	贷方金额	记　账
～～～～～	～～～～～	～～～～～	～～～～～	～～～～～
合　计				

会计主管　　　　　记账　　　　　审核　　　　　制表

联合凭证是既有原始凭证或原始凭证汇总表的内容，又同时具备记账凭证内容的凭证，如在自制原始凭证或原始凭证汇总表上同时印有对应科目，用以代替记账凭证，作为记账的依据。

（三）按记账凭证的编制方式分类

根据记账凭证的不同编制方式,记账凭证可分为单式记账凭证和复式记账凭证两种。

单式记账凭证是在每张凭证上只填列一个账户名称,而对应账户的名称仅作参考,不据以记账的凭证。填列借方账户的称为借项记账凭证,填列贷方账户的称为贷项记账凭证。一项经济业务涉及几个账户,就分别填制几张凭证。并采用一定的编号方法将它们联系起来。其优点是:内容单一,便于记账工作的分工,也便于按科目汇总,并可加速凭证的传递。其缺点是:凭证张数多,内容分散,在一张凭证上不能完整地反映一笔经济业务的全貌。故需加强凭证的复核、装订和保管工作。单式记账凭证的格式如表 6-14 和表 6-15 所示。

表 6-14

借项记账凭证

对应科目：　　　　　　　　　年　月　日　　　　　　　　编号

摘　要	一级科目	二级或明细科目	金　额	记　账	附件
					张

会计主管　　　　记账　　　　审核　　　　出纳　　　　制单

表 6-15

贷项记账凭证

对应科目：　　　　　　　　　年　月　日　　　　　　　　编号

摘　要	一级科目	二级或明细科目	金　额	记　账	附件
					张

会计主管　　　　记账　　　　审核　　　　出纳　　　　制单

复式记账凭证是在每张凭证上填列一笔会计分录的全部账户名称的凭证(格式如表 6-16 所示)。其优点是:能完整地反映一笔经济业务的全貌,即能完整地反映经济业务所涉及的全部账户及其对应关系,且填写方便,附件集中,便于凭证的分析和审核。其缺点是:不便于分工记账,也不便于科目汇总。

表 6-16

记 账 凭 证

年　月　日　　　　　　　　　　　　编号

摘　要	一级科目	二级或明细科目	借方金额	贷方金额	记　账	
						附件
						张
合　计						

会计主管　　　　　记账　　　　审核　　　　　出纳　　　　制单

　　以上是按不同的标志对记账凭证所作的分类。根据记账凭证的上述分类，我们将其可以归纳如图 6-2 所示。

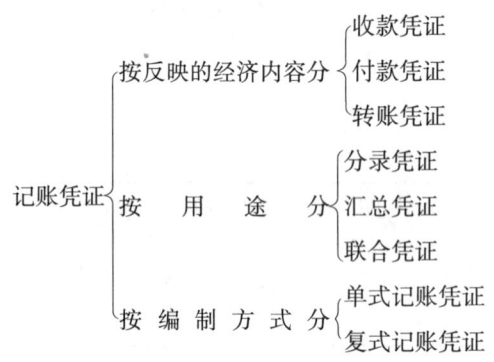

图 6-2　记账凭证的分类

第三节　原始凭证的填制和审核

　　填制原始凭证是会计工作的起点，也是会计核算的基础。原始凭证的质量在一定意义上决定了分类核算和会计报表的质量。我国《会计法》第十条规定了应当办理会计手续，进行会计核算的七类事项（见本书第一章第三节中介绍），凡办理上述规定的事项，必须填制或者取得原始凭证，并及时送交会计机构。会计机构必须对原始凭证进行审核，并根据经过审核的原始凭证及有关资料编制记账凭证。

一、原始凭证的基本内容

经济业务的内容是多种多样的,记录经济业务的原始凭证所包括的具体内容也各不相同,各有其不同的要求和特点。但每一种原始凭证都必须客观地、真实地记录和反映经济业务的发生、完成情况,都必须明确有关单位、部门及人员的经济责任。这些共同的要求决定了每种原始凭证都必须具备以下几项基本内容:

(1) 原始凭证的名称。
(2) 填制凭证的日期和凭证的号码。
(3) 填制凭证单位的名称或填制人姓名。
(4) 经济业务的内容、数量、计量单位、单价和金额。
(5) 接受凭证单位的名称。
(6) 经办人员的签名或盖章。
(7) 原始凭证的附件(如与业务有关的经济合同、费用预算等)。

上述基本内容,除第(7)项以外,一般不得缺少;否则,就不能成为具有法律效力的书面证明。

二、原始凭证的填制

原始凭证是根据经济业务活动的执行和完成情况填制的,并具有法律效力的书面证明。我国《会计法》第十四条规定:原始凭证记载的各项内容均不得涂改;原始凭证有错误的,应当由出具单位重开或者更正,更正处应当加盖出具单位印章。原始凭证金额有错误的,应当由出具单位重开,不得在原始凭证上更正。为了保证原始凭证能够正确、及时、清晰地反映各项经济业务活动的真实情况,提高会计核算的质量,并使其真正具备法律效力,原始凭证的填写必须严格按如下要求进行。

1. 真实可靠、手续完备

要求严肃认真地记录各项经济业务的实际发生或完成情况,凭证上的日期、经济业务内容、所有数据都必须真实可靠。经办人员和有关部门的负责人都要在凭证上签字或盖章,对凭证的真实性、正确性负责。从外单位取得的原始凭证,必须有填制单位的公章或财务专用章;从个人取得的原始凭证,必须有填制人签名或盖章。自制原始凭证,必须有部门负责人和经办人员的签名或盖章,对外开出的原始凭证,必须加盖本单位的公章或有关部门的专用章。

2. 内容完整、书写清楚

要求严格按规定的格式和内容逐项填写经济业务的完成情况。所有的项目必须填写齐全,不得省略或漏填。凭证上的文字要工整、清晰,易于辨认,不使用未经国务院颁布的简化字;阿拉伯数字要逐个填写,不得连写;金额前要冠以人民币符号"￥"(用外币计价、结算的凭证,金额前应标明外币符号,如 HK＄、US＄等),货币符号与金额间不留空位,元以后写到角、分,无角、分的要以"0"补位,大写金额最后为"元"的应加写"整"字断尾,大写金额与小写金额必须保持一致。一式几联的凭证,必须用双面复写纸套写,单页凭证必须用钢笔填写;凭证填写发生错误,应按规定的方法更正。不得任意涂改或刮、挖、擦、补;现金和银行存款等收付凭证填写错误,不能在凭证上更正,应按规定的手续注销留存,另行重新填写。

3. 连续编号、及时填制

各种凭证都必须连续编号,以备查考。一些事先印好编号的重要凭证作废时,在作废的凭证上应加盖"作废"戳记,连同存根一起保存,不得随意撕毁。所有经办业务的有关部门和人员,在经济业务实际发生或完成时,必须及时填制原始凭证,做到不拖延、不积压,按规定的程序及时将原始凭证送交会计部门。

三、原始凭证的审核

我国《会计法》第十四条规定,会计机构、会计人员必须按照国家统一的会计制度的规定对原始凭证进行审核,对不真实、不合法的原始凭证有权不予接受,并向单位负责人报告;对记载不准确、不完整的原始凭证予以退回,并要求按照国家统一的会计制度的规定更正、补充。

为了正确反映经济业务的发生或完成情况,充分发挥会计的监督作用,保证原始凭证的合理性、合法性和真实性,会计负责人或经其指定的审核人员必须认真地、严格地审核原始凭证。原始凭证的审核一般应包括两个方面。

(一)合法、合理性审核

根据有关政策、法令、制度、合同、预算和计划,审核经济业务活动是否合法、合理,是否符合有关规定,有无弄虚作假、违法乱纪、贪污舞弊等行为;审核经济活动的内容是否符合规定的审核权限和手续;审核经济业务活动是否符合提高经济效益的要求;是否符合规定的开支标准;是否符合勤俭节约的原则等。

(二)合规性审核

审核原始凭证的填制是否符合规定的要求,如项目是否填写齐全,数字计算是否准确,大、小写金额是否相符,有无涂改,数字和文字书写是否清晰,有关签名、盖章是否齐全等。

原始凭证的审核是一件十分严肃的工作,会计人员必须坚持原则、坚持制度、履行职责。在审核中,对内容不完整、手续不全、书写不清、计算有错的原始凭证,应退回有关部门和人员,及时补办手续或进行更正;对违法收支不予制止和纠正,又不向单位领导人提出书面意见的,也应当承担责任;对严重违法、损害国家和社会公众利益的收支应向主管单位或者财政、审计、税务机关报告,接到报告的机关应当负责处理。

总之,审核原始凭证是会计机构、会计人员结合日常业务工作进行会计监督的基本形式。它可以保证会计核算的质量,防止发生贪污、舞弊等违法乱纪行为。

第四节 记账凭证的填制和审核

记账凭证是会计人员根据审核无误的原始凭证及有关资料,对企业的经济业务按性质分类,确定会计分录,并据此登记账簿的会计凭证,是登记账簿的直接依据。

一、记账凭证的基本内容

由于记账凭证所反映的经济业务内容不同,因而在具体格式上也有一些差异。但所有的记账凭证都必须满足记账的要求,具备下列一些共同的基本内容:

(1) 记账凭证的名称。
(2) 填制凭证的日期和凭证的编号。
(3) 会计科目(包括子目、细目)、借贷方向和金额(即会计分录)。
(4) 经济业务的内容摘要。
(5) 所附原始凭证的张数。
(6) 填制凭证人员、稽核人员、记账人员、机构负责人、会计主管人员签名或盖章。此外,收款和付款凭证还需有出纳人员的签章。

二、记账凭证填制的要求

记账凭证是进行会计处理的直接依据,记账凭证的填制除了做到"真实可靠、内容完整、填写及时、书写清楚"外,还必须注意遵守一些基本要求。

记账凭证填制的要求如下：

(1) 准确填写会计分录。必须按会计准则统一规定的会计科目填写，不得任意简化或改动，不得只写科目编号、不写科目名称；同时注明记账方向，以便于记账。

(2) 各种记账凭证的使用格式应相对稳定，特别是在同一会计年度内，不宜随意更换，以免引起编号、装订、保管方面的不便与混乱。

(3) 记账凭证的摘要应简明扼要，字迹清晰，正确表达经济业务的主要内容。既要防止简而不明，又要防止过于繁琐。

(4) 记账凭证应附有原始凭证，并注明张数。除期末转账和更正错误的记账凭证可以没有原始凭证外，其他记账凭证都必须有原始凭证。如果两张或两张以上的记账凭证依据同一原始凭证，则应在未附原始凭证的记账凭证上注明：原始凭证×张，附于第××号凭证之后。

(5) 记账凭证上必须有填制人员、审核人员、记账人员和会计主管签章。对收款凭证和付款凭证，必须先审核后办理收付款业务。出纳人员应在有关凭证上签章，以明确经济责任。对已办妥收款或付款的凭证和所附的原始凭证，出纳人员要当即加盖"收讫"或"付讫"戳记，以免重收、重付。

三、记账凭证的填制

(一) 单式记账凭证的填制

单式记账凭证，就是在一张凭证上只填列一个会计科目。一项经济业务的会计分录涉及几个会计科目，就填几张记账凭证。为了保持会计科目间的对应关系，便于核对，在填制一套会计分录时编一个总号，再按凭证张数编几个分号，如第5笔经济业务涉及三个会计科目，编号则分别为 $5\frac{1}{3}$，$5\frac{2}{3}$ 和 $5\frac{3}{3}$。

单式记账凭证中，填列借方账户名称的称为借项记账凭证，填列贷方账户名称的称为贷项记账凭证。为了便于区别，两者常用不同的颜色印制。

(二) 复式记账凭证的填制

复式记账凭证就是在一张记账凭证上记载一笔完整的经济业务所涉及的全部会计科目。为了清晰地反映经济业务的来龙去脉，不应将不同经济业务合并填制。

收款凭证和付款凭证根据现金和银行存款收付业务有关的原始凭证进行填制。

转账凭证根据有关转账业务的原始凭证填制。

当发生现金与银行存款之间相互关联的收付业务时,如将现金存入银行,记账凭证的填制可采用两种方法:一种方法是只填付款凭证而不填收款凭证,以避免重复记账;另一种方法是同时填制收款凭证和付款凭证,并在两张凭证的对方账户过账栏中事先用"√"销号。在记账时,收款凭证只记借方账户,付款凭证只记贷方账户。

（三）汇总凭证的填制

汇总收款凭证一般按"库存现金"或"银行存款"账户的借方填制;汇总付款凭证一般按"库存现金"或"银行存款"账户的贷方填制;汇总转账凭证一般按每一账户的贷方分别填制。

四、记账凭证的审核

记账凭证是根据审核无误的原始凭证编制的,是登记账簿的依据。为了保证账簿记录的准确性,记账前必须由专人对已编制的记账凭证进行认真、严格的审核。审核的内容主要有以下几方面。

（1）按原始凭证审核的要求,对所附的原始凭证进行复核。

（2）记账凭证所附的原始凭证是否齐全,所附原始凭证的内容是否同记账凭证相符,金额是否一致等。对一些需要单独保管的原始凭证和文件,应在凭证上加注说明。

（3）凭证中会计科目使用是否准确,应借、应贷的金额是否一致,账户的对应关系是否清晰,核算的内容是否符合会计制度的规定等。

（4）记账凭证所需填写的项目是否齐全,有关人员是否都已签章等。

在审核中如发现记账凭证有记录不全或错误时,应重新填制或按规定办理更正手续。只有经过审核无误的记账凭证,才能据以登记账簿。

第五节　会计凭证的传递和保管

一、会计凭证的传递

会计凭证的传递是指会计凭证从填制或取得起,经过审核、记账、装订到归档为止,在有关部门和人员之间按规定的时间、路线办理业务手续和进行处理的过程。

正确、合理地组织会计凭证的传递,有利于有关部门和人员及时了解经济业务活动的情况,加速对经济业务的处理。同时,有利于加强各有关部门的经济责任,也有利于实现会计监督,以充分发挥会计的监督作用。

由于企业生产经营的组织不同,经济业务的内容不同,企业管理的要求也不尽相同。在会计凭证的传递中,也应根据具体情况,确定每一种凭证的传递程序和方法,作为业务部门和会计部门处理会计凭证的工作规范。

会计凭证的传递应规定合理的传递程序、传递时间和传递过程中的衔接手续。

各单位应根据经济业务的特点、机构设置和人员分工情况,明确会计凭证填制的联数和传递程序。既要保证会计凭证经过必要的环节进行处理和审核,又要避免会计凭证在不必要的环节停留,使有关部门和人员及时了解情况、掌握资料,按规定手续进行工作。

关于凭证的传递时间,应考虑各部门和有关人员的工作内容及工作量在正常情况下完成的时间。明确规定各种凭证在各个环节上停留的最长时间,不能拖延和积压会计凭证,以免影响会计工作的正常秩序。一切会计凭证的传递和处理,都应在报告期内完成,不允许跨期。否则,将影响会计核算的准确性和及时性。

会计凭证传递过程中的衔接手续,应该做到既完备严密又简便易行。凭证的收发、交接都应按一定的手续办理,以保证会计凭证的安全和完整。

会计凭证的传递程序、传递时间和衔接手续明确后,可制成凭证流转图,制定凭证传递程序,规定凭证传递的路线、环节,在各环节上的时间、处理内容及交接手续,使凭证传递工作有条不紊、迅速有效地进行。

二、会计凭证的保管

各种会计凭证在办理各项业务手续并据以记账后,最终应由会计部门按《会计档案管理办法》的规定,加以整理、归类、编号,并妥善保管。

会计凭证是各项经济活动的历史记录,是重要的经济档案。为了防止会计凭证的散乱丢失,保证会计凭证的安全和完整,必须认真负责地对其加以整理,妥善保管。会计凭证整理、保管的要求如下所述。

(1) 各种记账凭证,连同所附原始凭证和原始凭证汇总表,要分类按顺序编号,定期(每天、每5天、每旬或每月)装订成册,并加具封面、封底,注明单位名称、凭证种类、所属年月和起讫日期、起讫号码、凭证张数等。为防止任意拆装,应在装订处贴上封签,并由经办人员在封签处加盖骑缝章。

（2）对一些性质相同、数量很多或各种随时需要查阅的原始凭证，可以单独装订保管，在封面上写明记账凭证的日期、编号、种类，同时在记账凭证上注明"附件另订"。

（3）各种经济合同和重要的涉外文件等凭证，应另编目录，单独登记保管，并在有关原始凭证和记账凭证上注明。

（4）其他单位因有特殊原因需要使用原始凭证时，经本单位领导批准，可以复制，但应在专门的登记簿上进行登记，并由提供人员和收取人员共同签章。

（5）会计凭证装订成册后，应有专人负责分类保管，年终应登记归档。会计凭证的保管期限和销毁手续，应严格按照《会计档案管理办法》进行。

（6）会计凭证在归档后，应按年月顺序排列，以便查阅。对已归档凭证的查阅、调用和复制，都应得到批准并办理一定的手续。会计凭证在保管中应防止霉烂破损和鼠咬虫蛀，以确保其安全和完整。

复习思考题

1. 什么是会计凭证？准确填制和严格审查会计凭证有什么意义？
2. 会计凭证分为哪几类？它们有什么区别？
3. 对原始凭证的填写和审核有哪些要求和内容？
4. 对记账凭证的填写和审核有哪些要求和内容？
5. 正确、合理地组织会计凭证的传递有什么作用？
6. 整理、保管会计凭证的要求是什么？

习　　题

【目的】　练习编制记账凭证。

【资料】　某单位201×年8月份发生下列经济业务。

1. 4日，收到A公司归还前欠货款20 000元，存入银行。

2. 9日，从B厂购入甲材料40 000元，增值税税率为13%，货款以商业承兑汇票支付。材料已验收入库。

3. 11日，从银行提取现金52 000元。

4. 16日，销售甲产品一批，计32 000元，增值税税率为13%，收入现金全部送存银行。

5. 22日,车间申领甲材料18 000元,用以生产甲产品。

6. 23日,管理人员王某出差回来,报销差旅费2 230元,交回现金270元。

7. 26日,售给C公司乙产品一批,计34 200元,增值税税率为13%,货款未收。

8. 29日,以银行存款支付电费1 240元,水费480元。

【要求】

1. 根据上列经济业务,确定应编制的记账凭证的种类。
2. 根据上列经济业务编制记账凭证。

第七章

会 计 账 簿

【内容提示】 本章阐述了设置和登记会计账簿的基础知识。学习本章,学生应了解设置和登记会计账簿的意义和种类,明确各类账簿的格式和内容,掌握和运用登记账簿的方法和规则,以及对账和结账的要求和方法等方面的知识和技能。

第一节 会计账簿的意义和种类

一、会计账簿的意义

会计账簿是以会计凭证为依据,对全部经济业务进行全面、系统、连续、分类地记录和核算的簿籍,是具有专门格式并由一定形式联结在一起的账页组成的。

设置和登记会计账簿是会计工作的重要环节,各单位通过会计凭证的填制和审核,可将每日发生的经济业务记录和反映在会计凭证上。但会计凭证数量多、资料分散,每张凭证只能记载个别的经济业务,所提供的资料是零星的。为了全面、系统、连续地反映企事业单位的经济活动和财务收支情况,需要把会计凭证所记载的大量分散的资料加以分类、整理。这一任务是通过设置和登记会计账簿来实现的。通过账簿记录,既能对经济活动进行序时核算,又能进行分类核算;既可提供各项总括的核算资料,又可提供明细核算资料。

合理地设置和登记账簿,能系统地记录和提供企业经济活动的各种数据。它对加强企业经济核算、改善和提高经营管理有着重要意义,主要表现在以下三个方面:

(1)通过设置和登记账簿,可以系统地登记归纳和积累会计信息资料,为改善企业经营管理,合理使用资金提供资料。通过账簿的序时核算和分类核算,把企业经营活动情况,收入的构成和支出情况,财物的购置、使用、保管情况,全面、系统地反映出来，用于监督计划、预算的执行情况和资金的合理有效使用，促使企业改善经营管理。

（2）通过设置和登记账簿，可以为计算财务成果、编制财务报表提供依据。根据账簿记录的费用、成本和收入、成果资料，可以计算一定时期的财务成果，检查费用、成本、利润计划的完成情况。经核对无误的账簿记录及其加工的数据，为编制财务报表提供总括和具体的资料，是编制会计报表的主要依据。

（3）通过设置和登记账簿，利用账簿的核算资料，为开展财务分析和会计检查提供依据。通过对账簿资料的检查、分析，可以了解企业贯彻有关方针、政策、制度的情况，可以考核各项计划的完成情况。另外，可以对资金使用是否合理，费用开支是否符合标准，经济效益有无提高，利润的形成与分配是否符合规定等作出分析、评价，从而找出差距，挖掘潜力，提出改进措施。

二、会计账簿的种类

会计账簿多种多样，为了更好地了解和正确地运用账簿，通常按用途和外表形式的不同对账簿进行分类。

（一）账簿按用途分类

我国《会计法》规定，会计账簿包括总账、明细账、序时账和辅助账。现分别进行说明。

1. 总账

总账也称总分类账，是按总分类账户开设的、用以分类核算与监督各项资产、负债、所有者权益、费用、成本和收入等总括核算资料的账簿。

2. 明细账

明细账也称明细分类账，是按明细分类账户开设的、用来分类登记某类经济业务详细情况、提供明细核算资料的账簿。

总分类账和明细分类账，统称分类账，是按照账户对经济业务进行分类核算和监督的账簿。

3. 序时账

序时账又称日记账，是按经济业务发生和完成时间的先后顺序进行登记的账簿。它逐日按照记账凭证（或记账凭证所附的原始凭证）逐笔进行登记。早期的日记账也称分录簿，即把每天发生的经济业务所编制的会计分录，全部按时间顺序逐笔登记，这种日记账也叫普通日记账。由于登记普通日记账要花费大量的时间和精力,而且查阅也不方便,以后逐渐被各种特种日记账所代替,如设置现金日记账、银行存款日记账等。

4. 辅助账

辅助账也称备查簿,是对未能在序时账和分类账中反映和记录的事项进行补充登记的账簿。它主要用来记录一些供日后查考的有关经济事项,如代销商品登记簿、租入固定资产登记簿等。辅助账只是对账簿记录的一种补充,与其他账簿之间不存在严密的依存、钩稽关系。

(二) 账簿按外表形式分类

账簿按外表形式的不同,可分为订本账、活页账和卡片账三种。

1. 订本账

订本账是在启用前进行顺序编号并固定装订成册的账簿。订本账一般用于现金日记账、银行存款日记账和总分类账。其优点是:可以防止账页的散失和非法抽换;其缺点是:账页固定后,不便于分工记账,也不能根据记账需要增减账页。

2. 活页账

活页账是把账页装订在账夹内,可以随时增添或取出账页的账簿。其优点是:可以根据需要增添或重新排列账页,并且可以组织同时分工记账;其缺点是:账页容易丢失和被抽换。采用活页账,平时应按账页顺序编号,并在会计期末装订成册。装订完毕后,应按实际账页数顺序编号并加目录。这种账簿主要用于一般的明细分类账。

3. 卡片账

卡片账是由专门格式的、分散的卡片作为账页组成的账簿。这种账一般用卡片箱装置,可以随取随放,它实际上也是一种活页账。卡片账除具有一般活页账的优缺点外,它不需每年更换,可以跨年度使用。固定资产明细账和低值易耗品明细账一般采用这种形式。

第二节 会计账簿的设置和登记

会计账簿的设置,包括确定账簿的种类,设计账页的格式、内容和规定账簿登记的方法等。

各单位应根据经济业务的特点和管理要求,科学、合理地设置账簿。账簿的设置要组织严密、层次分明。账簿之间要互相衔接、互相补充、互相制约,能清晰地反映账户间的对应关系,以便提供完整、系统的资料。会计账簿的设置,既要防止账簿重叠、辗转誊抄、繁琐复杂,也要防止过于简化,以致不能提供日常管理所需的资料和编制报表的数据。我国《会计法》规定:公司企业必须根据实际发生的经济业务事项,按照国家统一的会计制度的规定,确认、计量和记录资产、负债、所有者权益、收入、费用、成本和利润。公司、企业进行会计核算不得有下列行为:

(1) 随意改变资产、负债和所有者权益的确认标准或者计量方法,虚列、多列、不列或者少列资产、负债和所有者权益。

(2) 虚列或者隐瞒收入,推迟或者提前确认收入。

(3) 随意改变费用、成本的确认标准或者计量方法,虚列、多列、不列或者少列费用、成本,或者随意调整利润的计算分配方法等。

我国《会计法》规定,各单位发生的各项经济业务事项应当在依法设置的会计账簿上统一登记、核算,不得违反会计法和国家统一的会计制度的规定,私设会计账簿登记、核算。

现以企业为例,说明日记账和分类账设置和登记的一般方法。

一、日记账的设置和登记

日记账有普通日记账和特种日记账两类。

(一) 普通日记账

普通日记账是用来逐日序时登记全部经济业务完成情况的账簿。因此,普通日记账也称分录簿。

普通日记账的格式如表7-1所示。它一般分为"借方金额"和"贷方金额"两栏,登记每一分录的借方账户、贷方账户及其金额。这种账簿不结余额。

表7-1

普 通 日 记 账

第　　页

年		会计科目	摘　要	借方金额	贷方金额	过　账
月	日					

（二）特种日记账

常用的特种日记账有现金日记账和银行存款日记账。除此之外，有的单位还设置转账日记账，有的商业企业还设置购货日记账和销货日记账。

1. 现金日记账

现金日记账是由出纳人员根据审核无误的现金收付凭证，序时、逐笔登记的账簿。一般是指现金收付日记账，如进一步细分，可以分为现金收入日记账和现金付出日记账。

现金日记账的格式如表7-2所示。它的基本结构为"收入""付出""结余"三栏。出纳人员在每日业务终了，应将收付款项逐笔登记，并结出余额，同实存现金相核对，借以检查每日现金的收、付、存情况以及库存现金限额的执行情况。

表7-2

现 金 日 记 账

第　　页

年		凭证号码		对方科目	摘　要	收入	付出	结余
月	日	现收	现付					

现金收入日记账的格式如表7-3所示。现金付出日记账的格式如表7-4所示。它们一般采用多栏式。其结构要点是：现金收入要按对应科目，将金额记入有关的"贷方科目"栏内，同时加计收入合计栏；现金支出要按对应科目，将金额记入有关的"借方科目"栏内，同时加计付出合计栏；每日终了要将现金付出日记账的支出合计数，登入现金收入日记账的支出合计栏，并结出余额，填入余额栏。

表7-3

现金收入日记账

第　　页

年		收款凭证		摘要	贷方科目					收入合计	支出合计	余额
月	日	字	号									

表 7-4

现金付出日记账

第　页

年		付款凭证		摘要	结算凭证		借　方　科　目			支出合计
月	日	字	号		种类	号数				

2. 银行存款日记账

银行存款日记账是由出纳人员根据审核无误的银行存款收付凭证,序时、逐笔登记的账簿。一般是指银行存款收付日记账,如进一步细分,可以分为银行存款收入日记账和银行存款付出日记账。

银行存款日记账的格式,与现金日记账相同,可以采用三栏式,也可以采用多栏式,其格式与表 7-2、表 7-3 和表 7-4 相似。银行存款日记账应按存款种类分别设置结算户存款、信用证存款等账簿。对外币银行存款,应按不同的币种和开户银行分别设置日记账。

3. 转账日记账

转账日记账是根据转账凭证登记除现金、银行存款收支业务以外的经济业务的一种序时账簿。设置转账日记账是为了便于集中反映转账业务的发生情况,但也有些企业不单独设立转账日记账。转账日记账的格式,与表 7-1 所示的普通日记账基本相同。

二、分类账的设置和登记

分类账有总分类账和明细分类账两类。

(一) 总分类账

总分类账也称总账,是按总分类账户(会计科目)进行分类登记的账簿。总分类账能全面、总括地反映和记录经济业务引起的资金运动和财务收支情况,并为编制财务报表提供数据。因此,每一单位都必须设置总分类账。

总分类账的格式如表 7-5 所示。它一般采用三栏式账页,业务简单、账户设置较少的企业,也可采用按全部账户开设的账页。

表 7-5

总 分 类 账

会计科目　　　　　　　　　　　　　　　　　　　　　　　　　　　第　页

年		凭证号数	对方科目	摘要	借方	贷方	借或贷	余额
月	日							

总分类账可以按记账凭证逐笔进行登记，也可按记账凭证汇总表进行登记，还可按转账凭证汇总表和多栏式现金、银行存款日记账在月末时汇总登记。采用哪种方法登记，需根据企业采用的账务处理程序不同而定，有关内容将在第八章中详细讨论。

（二）明细分类账

明细分类账也称明细账，是按明细分类账户（子目或细目）进行分类登记的账簿。明细分类账能分类详细地反映和记录资产、负债、所有者权益、费用、成本和收入、利润的各种资料，也为编制财务报表提供一定的资料。

明细账的格式，应根据各单位经营业务的特点和管理需求来确定。常用的有三栏式账页、多栏式账页和平行式账页等多种格式。

1. 三栏式明细分类账

三栏式明细分类账的账页格式同总分类账的格式基本相同，它只设借方、贷方和余额三个金额栏，不设数量栏。这种账页适用于采用金额核算的"应收账款""应付账款"等账户的明细核算。

2. 数量金额式明细分类账

数量金额式明细分类账的账页格式，如表 7-6 所示。它在收入、发出、结存三栏内，再分别设置"数量""单价""金额"等栏目，以分别登记实物的数量和金额。

数量金额式明细分类账适用于既要进行金额明细核算，又要进行数量明细核算的财产物资项目，如"原材料""库存商品"等账户的明细核算。它能提供各种财产物资收入、发出、结存的数量和金额资料，便于开展业务和加强管理。此外，为满足管理上的要求，在账页的上端另外设计一些必要的项目，以便掌握一些需要的资料。

表 7-6

明 细 分 类 账

（数量金额式账页）

会计科目　　　　　　　　　　　　　　　　　　　　　　　　　　　　第　页

年		凭证号数	摘要	收 入			发 出			结 存		
月	日			数量	单价	金额	数量	单价	金额	数量	单价	金额

3. 多栏式明细分类账

多栏式明细分类账的格式视管理需要而呈多种多样。它在一张账页上，按明细科目分设若干专栏，集中反映有关明细项目的核算资料，如表 7-7 所示的制造费用明细分类账，它在借方栏下，可分设若干专栏：工资和福利费、折旧费、修理费、办公费……企业发生制造费用时，借记该账户；分配计入有关成本核算对象时，贷记该账户。除季节性生产企业外，该账户月末应无余额。这类账页多用于费用、成本、收入、成果类账户的明细核算。

表 7-7

制造费用明细分类账

明细科目　　　　　　　　　　　　　　　　　　　　　　　　　　　　第　页

年		凭证号数	摘要	借　　　方					贷方	余额
月	日			工资和福利费	折旧费	修理费	办公费	水电费		

4. 平行式明细分类账

平行式明细分类账也称横线登记式明细分类账。它的账页结构特点是：将前后密切相关的经济业务在同一横行内进行详细登记，以检查每笔经济业务完成及变动情况。该种账页一般用于"材料采购""在途物资"等明细分类账。"在途物资"明细分类账账页格式如表 7-8 所示。

表 7-8

在途物资明细分类账

物资名称或类别   第　页

年		凭证号数	摘　要	借方金额			贷方金额	结余金额
月	日			买价	采购费用	合计		

现将会计账簿的分类设置列示如图 7-1 所示。

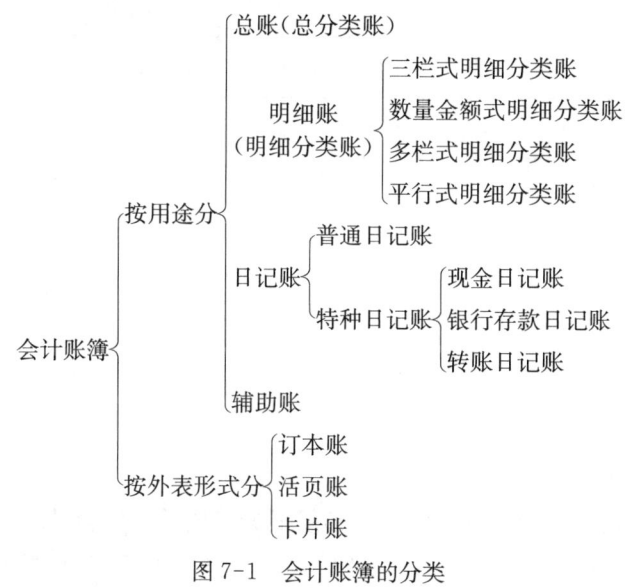

图 7-1　会计账簿的分类

第三节　会计账簿使用规则

一、会计账簿的启用规则

会计账簿是企业重要的经济档案。为了保证账簿记录的合法性、合理性，保证账簿资料的完整性，防止舞弊行为，明确记账责任，会计人员启用新的会计账簿时，应在账簿的扉页上填制账簿启用表和经管账簿人员一览表（有的合称账簿启用及接交表,如表7-9所示),详细填明:企业名称、账簿名称、账簿编号、账簿页数(如为活页账应在装订成册后写明页数)和启用日期等。并填明会计主管人员、记账人员姓名,加盖公章或会计主管人员和记账人员名章。如果记账人员更换,应在主管会计监督下办理交接手续,并在表内注明交接日期。移交人和接管人双方都应签章,以明确责任。

表 7-9

账簿启用及接交表

账簿名称_____　　　　　　　　　　　　　　单位名称_____

账簿编号_____　　　　　　　　　　　　　　账簿册数_____

账簿页数_____　　　　　　　　　　　　　　启用日期_____

会计主管(签章)_____　　　　　　　　　　记账人员(签章)_____

移交日期			移 交 人		接管日期			接 管 人		会 计 主 管	
年	月	日	姓名	盖章	年	月	日	姓名	盖章	姓名	盖章

二、记账规则

记账规则主要包括如下内容:

(1) 为了保证账簿记录的准确性,必须根据审核无误的会计凭证,及时地登记各种账簿。登记账簿时,应将会计凭证的日期、编号、摘要、金额等逐项登记入账,做到数字准确、摘要简明清楚、登记及时。

(2) 账簿登记完毕,应在"过账"栏内注明账簿的页数或用"√"符号,表示已登记入账,以免重登、漏登,也便于查阅、核对,并在记账凭证上签名或盖章。

(3) 为了使账簿记录清晰,防止涂改,记账时必须用钢笔和蓝、黑墨水或规定使用的圆珠笔书写,不能使用铅笔或不合规定的圆珠笔登账,红色墨水只能在结账划线、改错和冲账时使用。

(4) 各种账簿必须按事先编写的页码,逐页、逐行顺序连续登记,不得隔页、缺号、跳行,如不慎发生此种情况,应在空页或空行处用红色墨水对角划线注销,并注明"作废"字样,同时由经手人员和会计机构负责人(会计主管人员)在更正处盖章。对各种账簿的账页不得任意抽换和撕毁,以防舞弊。

(5)"摘要"栏内的说明应简明扼要,文字要规范,"金额"栏的数字应与账页上标明的位数对准,各账户结出余额后,应在"借或贷"栏内写明"借"或"贷"。没有余额的账户在"借或贷"栏内写"平"字,在"余额"栏内写"0"。

(6)每一账页登记完毕,应在账页的最末一行加计本页发生额及余额,并在摘要栏内注明"过次页",同时在新账页的首行记入上页加计的发生额和余额,并在摘要栏内注明"承前页",以便对账和结账。

(7)账簿记录发生错误时,不得刮、擦、挖、补,随意涂改或用褪色药水更改字迹,应根据错误的情况,按规定的方法进行更正。

三、更正错账规则

由于记账差错的具体情况不同,更正错误的方法也不同,常用的更正错误的方法有划线更正法、红字更正法和补充登记法三种。

(一)划线更正法

记账凭证正确,在记账或结账过程中发现账簿记录中文字或数字有错误,应采用划线更正法。更正时,先在错误的文字或数字(整个数字)上划一红线注销,并使原来的字迹仍可辨认,然后在红线上方空白处用蓝字填上正确的文字或数字,并在更正处由记账人员盖章。对改正错误的数字一定要用红线全部划去,不能只改个别数字。如将6 900错写成9 600,应将9 600整个数字全部用红线划去,再在红线上面空白处用蓝字写6 900予以更正。如凭证中的文字或数字发生错误,在尚未登账前,也可用这种方法更正。

(二)红字更正法

红字更正法也称赤字冲账法或红笔订正法。这种方法适用于记账凭证上的应记科目和金额发生错误,并已登记入账的情况。而且,不论是结账前还是结账后,不论是金额错误还是分录错误,都可采用此方法更正。更正时,先用红字金额填制一张内容与错误记账凭证完全相同的记账凭证,并在摘要中写明"更正第×号凭证错误",并据以用红字金额登记入账,冲销原有的错误记录;然后,再用蓝字重填一张正确的记账凭证,登记入账。现举例说明如下。

【例7-1】 某车间耗用仓库发出的A材料1 000元,编制记账凭证时,借方账户误写为"管理费用"并已登记入账。其错误分录如下:

借：管理费用　　　　　　　　　　　　　　　　　　　　　　1 000
　　贷：原材料　　　　　　　　　　　　　　　　　　　　　　　　1 000

更正上述错误，应用红字金额填制一张内容与原来一样的记账凭证：

借：管理费用　　　　　　　　　　　　　　　　　　　　　　|1 000|
　　贷：原材料　　　　　　　　　　　　　　　　　　　　　　　　|1 000|

（注：|1 000|表示红字）

然后，重新填制一张正确的记账凭证：

借：制造费用　　　　　　　　　　　　　　　　　　　　　　1 000
　　贷：原材料　　　　　　　　　　　　　　　　　　　　　　　　1 000

将上述两张记账凭证登记入账后，账簿记录的错误得以更正。

另外，有时在记账后发现记账凭证中应借、应贷的账户没有错，只是所填金额大于应填金额，可填制一张红字金额记账凭证，在"金额"栏中填列多计的数额，在"摘要"栏内注明"冲转第×号凭证多计数"，并据以入账，以冲销原来多计的金额。

【例7-2】 某车间耗用仓库发出的A材料1 000元。填制记账凭证时，将金额记为10 000元。其错误分录如下：

借：制造费用　　　　　　　　　　　　　　　　　　　　　　10 000
　　贷：原材料　　　　　　　　　　　　　　　　　　　　　　　　10 000

为了更正上述账户中多记的9 000元，应填制一张红字金额的记账凭证：

借：制造费用　　　　　　　　　　　　　　　　　　　　　　|9 000|
　　贷：原材料　　　　　　　　　　　　　　　　　　　　　　　　|9 000|

将上述更正错误的记账凭证记入有关账户后，原账簿中的错误记录便得到更正。

（三）补充登记法

补充登记法适用于记账后发现记账凭证中应借、应贷的会计账户正确，但所填的金额小于正确金额的情况。对于这种错误，可以采用红字更正法，也可采用补充登记法。

采用补充登记法时，将少填的金额（即正确金额与错误金额之间的差额）用蓝字填制一张记账凭证，在"摘要"栏内注明"补记第×号凭证少计数"，并据以登记入账。这样便将少记的金额补充登记入账。现举例说明如下。

【例 7-3】 某仓库收到材料一批,计 10 000 元,已验收入库,货款未付。填制记账凭证时,将金额误记为 1 000 元,并已登记入账。其错误分录如下:

  借:在途物资   1 000
    贷:应付账款   1 000

为了更正错误的记录,可将少记的 9 000 元用蓝字填制一张记账凭证:

  借:在途物资   9 000
    贷:应付账款   9 000

将上述更正错误的记账凭证登记入账后,原账簿记录中的错误记录就得到更正。

这笔错误分录也可先用红字冲销原 1 000 元,再用蓝字重填一份 10 000 元的记账凭证进行更正。

在用红字更正法和补充登记法更正错误时,在更正错误的记账凭证上,应注明被更正记账凭证的日期和编号,以便核对查考。

四、账簿的更换与保管规则

(一)账簿的更换

为了保持会计账簿资料的连续性,在每一会计年度结束,新的会计年度开始时,应按会计准则制度规定,进行账簿的更换。

账簿更换的具体做法如下所述。

(1) 总账、日记账和大部分的明细账,都要每年更换一次。年初,将旧账簿中各账户的余额直接记入新账簿中有关账户新账页的第一行"余额"栏内。同时,在"摘要"栏内加盖"上年结转"戳记,将旧账页最后一行数字下的空格,划一条斜红线注销,并在旧账页最后一行"摘要"栏内加盖"结转下年"戳记。在新旧账户之间转记余额,可不必填制凭证。

在年度内,订本账记满更换新账时,办理与年初更换新账簿相似的手续。

(2) 如固定资产明细账等少数明细账,因年度内变动不多,年初可不必更换账簿。但在"摘要"栏内要加盖"结转下年"戳记,以划分新旧年度之间的金额。

(二)账簿的保管

会计账簿、会计凭证和会计报表等都是企业重要的经济档案和历史资料,必须妥善保管,不得任意丢弃和销毁。

年末结账后,会计人员应在活页账簿首页加放账簿启用表和经管账簿人员一览表装订成册,并加上封面,统一编号后,与各种订本账一并归档。

各种账簿应按年度分类归档,编制目录,妥善保管。既保证在需要时能迅速查阅,又保证各种账簿的安全和完整。

各种账簿的保管年限和销毁的审批程序,应按会计制度的规定严格执行。

第四节 对 账 和 结 账

登记账簿作为会计核算的专门方法之一,它包括记账、对账和结账三个相互联系而不可分割的工作环节。在本章第二节中,我们讨论了各种账簿的登记方法,本节将进一步讨论对账和结账的要求和方法。

一、对账

为了保证账簿记录的真实可靠,需对账簿和账户所记录的有关数据加以检查和核对,这种核对工作,在会计上叫对账。对账是会计核算的一项重要内容。

账簿记录的准确与真实可靠,不仅取决于账簿本身,还涉及账簿与凭证的关系,以及账簿记录与实际情况是否相符的问题等。所以,对账应包括:账簿与凭证的核对,账簿与账簿的核对,账簿与实物的核对,账簿与款项的核对。这种核对要建立定期的对账制度,在结账前和结账过程中,把账簿记录的数字核对清楚,做到账证相符、账账相符、账物相符和账款相符。

(一)账证核对

账证核对是指将账簿记录与会计凭证相核对,这是保证账账相符、账实相符的基础。账簿是根据经过审核后的会计凭证登记的。账证核对工作平时是通过编制凭证和记账中的"复核"环节进行的。结账时对主要内容有疑问的,应进行重点抽查与核对。

(二)账账核对

账账核对是指各种账簿之间有关数字应核对相符,主要有以下方面:

(1)总分类账中,全部账户的借方余额合计数应同贷方余额合计数核对相符。

(2)总分类账中,"库存现金""银行存款"账户的余额数应同相对应的日记账余额数核对相符。

(3)总分类账中,各账户的月末余额,与所属明细分类账户月末余额之和核对相符。

（4）会计部门有关财产物资的明细分类账的余额,与财产物资保管部门或使用部门相应的明细账(卡)核对相符。

以上各种账簿间,可以直接进行核对,对内容较多的可以通过编表进行核对。

（三）账物核对

账物核对是指有关财产物资明细账的结存量应定期同实存量核对相符。

（四）账款核对

账款核对是指各种货币资金和结算款项的账面余额与实存数核对相符。其主要包括以下方面：

（1）现金日记账的账面余额应同现金的实际库存数每日核对相符。

（2）银行存款日记账的账面余额应同银行对账单核对相符,每月至少核对一次。

（3）各种应收、应付款项等明细分类账各账户的余额,应定期与有关单位或个人核对相符；已上交的税金及其他预交款应按规定时间与有关监交部门核对相符。

上述账实(包括账物、账款)核对工作中,结算款项一般利用对账单的形式进行核对,各种财产物资一般通过财产清查进行核对。

二、结账

为了总结某一会计期间(如月度和年度)的经营活动情况,必须定期进行结账。结账就是把一定时期内发生的经济业务在全部登记入账的基础上,将各种账簿记录结出"本期发生额"和"期末余额",然后编制会计报表。

在结账中,由于对收益、费用归属时期的处理不同,因而产生了权责发生制和收付实现制两种方法(详见第三章)。

结账的具体做法如下所述。

在结账前,应先检查本期所发生的各类经济业务是否都已填制会计凭证并登记入账。对已经发生的债权、债务、所有者权益、费用,已实现的收入,已完工的产品成本,已查明的财产物资的盘盈、盘亏等,都应在结账前全部登记入账。为了准确计算当期的经营成果和成本,企业应当以权责发生制为核算基础进行处理。

表 7-10

总 分 类 账

会计科目：××××

××××年		凭证号数	摘　　要	借　方	贷　方	借或贷	余　额
月	日						
（略）			年初余额				
			本月发生额及期末余额				
			月初余额				
			本月发生额及期末余额				
			本月发生额及期末余额				
			全年发生额及年末余额				

注：──表示账格原线；┄┄表示单红线；══表示双红线。

按企业会计准则、制度规定和成本计算要求，结转各收入、成果账户和费用、成本账户，计算本期的产品生产成本、商品销售成本、营业成本和期间成本，并确定本期的财务成果。

按国家税法和有关规定，结转"本年利润""利润分配"账户。

经过上述账务处理后，分别结出各种日记账、总分类账、明细分类账的本期发生额和期末余额，并按规定在账簿上作结账手续。

月度结账时，在各账户的最后一笔数字下，结出本月借方发生额、贷方发生额和期末余额，在"摘要"栏内注明"本月发生额及期末余额"字样，并在数字的上端和下端各划一根红线。对需要逐月结转累计发生额的账户，在计算本月发生额及期末余额后,应在下一行增加"本月累计发生额",然后再在数字下端划一根红线。年度结账时,应将全年发生额的合计数填制于12月份结账记录的下面,在"摘要"栏内注明"全年发生额及年末余额"字样,并在数字下端划双红线,表示"封账"。年度结账后,将各账户的年末余额,过入新账簿,结转下年度。具体格式如表7-10所示。

复习思考题

1. 会计账簿有什么作用?
2. 总账、明细账、日记账和辅助账簿有什么区别?其各自的作用是什么?
3. 活页账与订本账各有什么特点?卡片账适用于哪几类账户?
4. 什么是特种日记账?为什么要设置特种日记账?
5. 明细分类账页有哪几种格式?
6. 登记账簿有哪些规则?如何更正错账?
7. 账簿的更换和保管要注意哪些方面?
8. 为什么要对账?应从哪几方面进行对账?
9. 月度结账与年度结账的方法有什么区别?

习 题 一

【目的】 练习登记银行存款和现金日记账。

【资料】 某厂201×年7月31日银行存款日记账余额为300 000元、现金日记账余额为3 000元。该厂8月上旬发生下列银行存款和现金收付业务(假定不考虑增值税)。

1. 1日,投资者投入现金25 000元,存入银行(银收801号)。
2. 1日,以银行存款10 000元归还短期借款(银付801号)。
3. 2日,以银行存款20 000元偿付应付账款(银付802号)。
4. 2日,将现金1 000元存入银行(现付801号)。
5. 3日,用现金暂付职工差旅费800元(现付802号)。
6. 3日,从银行提取现金2 000元备用(银付803号)。
7. 4日,收到应收账款50 000元,存入银行(银收802号)。

8. 5 日,以银行存款 40 000 元支付购买材料款(银付 804 号)。

9. 5 日,以银行存款 10 000 元支付购入材料运费(银付 805 号)。

10. 6 日,从银行提取现金 18 000 元,准备发放工资(银付 806 号)。

11. 6 日,用现金 18 000 元发放职工工资(现付 803 号)。

12. 7 日,以银行存款支付本月电费 1 800 元(银付 807 号)。

13. 8 日,销售产品一批,收到货款 51 750 元,存入银行(银收 803 号)。

14. 9 日,用银行存款支付销售费用 410 元(银付 808 号)。

15. 10 日,用银行存款交纳税金及附加 3 500 元(银付 809 号)。

【要求】 登记银行存款日记账和现金日记账,并结出 10 日的累计余额。

习 题 二

【目的】 练习错账更正方法。

【资料】 某工业生产企业将账簿记录与记账凭证进行核对时,发现下列经济业务内容的账簿记录有误。

1. 开出现金支票 600 元,支付企业管理部门日常零星开支。原编记账凭证的会计分录如下:

  借:管理费用   600

    贷:库存现金   600

2. 签发转账支票 48 000 元,预付办公用房修理费。分 2 年摊销。原编记账凭证的会计分录如下:

  借:管理费用   48 000

    贷:银行存款   48 000

3. 结转本月实际完工产品的生产成本 49 000 元。原编记账凭证的会计分录如下:

  借:库存商品   94 000

    贷:生产成本   94 000

4. 收到购货单位偿还上月所欠货款 7 600 元。原编记账凭证的会计分录如下:

  借:银行存款   6 700

    贷:应收账款   6 700

5. 计提本月固定资产折旧费 4 100 元。原编记账凭证的会计分录如下：

  借：管理费用   1 400
    贷：银行存款   1 400

6. 结算本月应付职工工资，其中：生产工人工资为 14 000 元，管理人员工资为 3 400 元。原编记账凭证的会计分录如下：

  借：生产成本   14 000
    管理费用   3 400
    贷：应付职工薪酬   17 400

登记该转账凭证时，其"管理费用"账户借方金额误记为 4 300 元。

7. 结转本期主营业务收入 480 000 元。原编记账凭证的会计分录如下：

  借：本年利润   450 000
    贷：主营业务收入   450 000

8. 用银行存款支付所欠供货单位货款 7 600 元。原编记账凭证的会计分录如下：

  借：应付账款   6 700
    贷：银行存款   6 700

9. 以现金支付采购人员差旅费 2 000 元。原编记账凭证的会计分录如下：

  借：其他应付款   2 000
    贷：库存现金   2 000

10. 车间管理人员出差回来报销差旅费 1 900 元，交回现金 100 元，予以转账。原编记账凭证的会计分录如下：

  借：管理费用   1 900
    库存现金   100
    贷：其他应收款   2 000

【要求】 将上列各项经济业务的错误记录，分别以适当的更正错账方法予以更正。

第 八 章

账务处理程序

【内容提示】 账务处理程序是从取得原始凭证到编制财务报表的一系列会计核算工作程序和方法。学习本章,学生应了解账务处理程序的意义和基本程序,明确各种账务处理程序的核算要求、步骤和使用范围,掌握按不同单位的具体情况设置账务处理程序的基础知识和操作技能。

第一节 账务处理程序的含义和要求

一、账务处理程序的含义

账务处理程序也称会计核算组织程序,是指对会计数据的记录、归类、汇总、呈报的步骤和方法,即从整理原始凭证,填制记账凭证,登记日记账、明细分类账、总分类账,到最后编制会计报表的工作程序和方法。科学地组织账务处理程序,对提高会计核算的质量和会计工作的效率、充分发挥会计的职能具有重要意义。

一个单位的性质、规模和业务繁复程度决定其适用的账务处理程序。不同的账务处理程序,对汇总凭证、登记总分类账的依据和办法的要求不同。为此,各单位必须从各自的实际情况出发,科学地组织本单位账务处理程序,以保证会计核算工作高效、高质,充分发挥会计核算、监督的基本职能,并为会计参与企业经营决策打下良好基础,以有效地实现会计的管理功能。

二、组织账务处理程序的要求

各单位账务处理程序不尽相同,但基本模式总是不变的。其基本模式如图 8-

1所示。

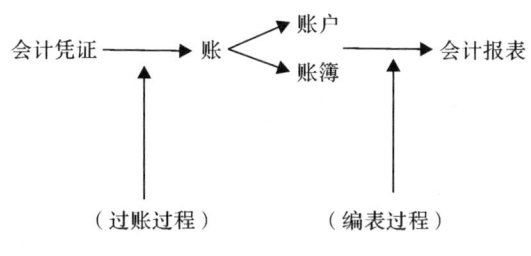

图 8-1 账务处理的基本模式

从上述基本模式出发,根据单位的实际情况,可选择适当的过账和编表的步骤和方法。

账务处理程序的确定,一般应符合三项要求。

(1) 要与本单位的性质、规模和业务的繁简等相适应,以保证会计核算的顺利进行。

(2) 要使提供的会计核算资料,既及时、准确,又系统、全面,以利于会计信息使用者及时掌握资金运动状况,有效地参与经营决策。

(3) 在保证核算资料及时、准确的基础上,力求提高会计核算的效率,节省核算费用。

目前,我国企业、行政、事业等单位会计采用的账务处理程序主要有以下五种:① 记账凭证账务处理程序。② 汇总记账凭证账务处理程序。③ 科目汇总表账务处理程序。④ 多栏式日记账账务处理程序。⑤ 日记总账账务处理程序。前三种账务处理程序被较多采用。

第二节 记账凭证账务处理程序

一、记账凭证账务处理程序的特点和核算要求

记账凭证账务处理程序是会计核算中最基本的一种账务处理程序。它的特点是根据记账凭证逐笔登记总分类账。

采用记账凭证账务处理程序,一般设置现金日记账、银行存款日记账、总分类账和明细分类账。现金日记账、银行存款日记账和总分类账均可用三栏式;明细分

类账可根据需要用三栏式或数量金额式或多栏式;记账凭证可用一种通用格式,也可将收款凭证、付款凭证和转账凭证同时应用。在这种核算形式下,总分类账一般应按户设页。

二、记账凭证账务处理程序的核算步骤和使用范围

记账凭证账务处理程序如图 8-2 所示。

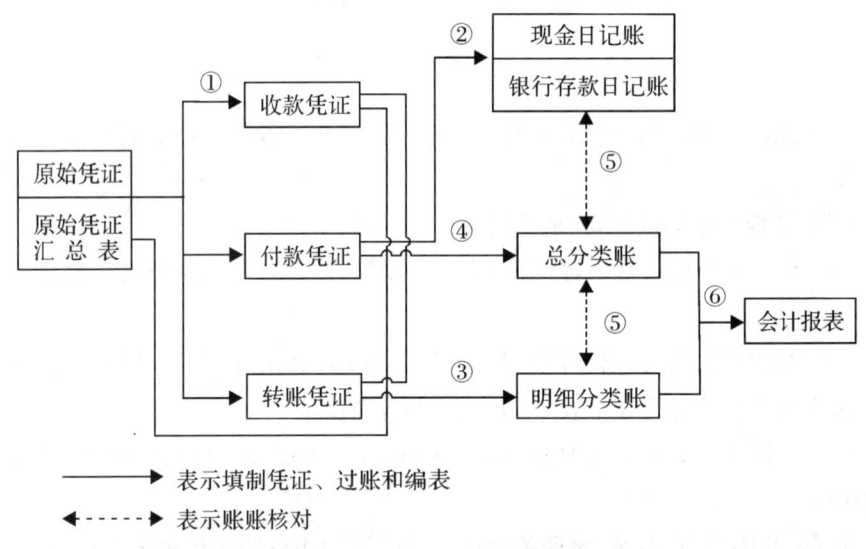

图 8-2 记账凭证账务处理程序

图 8-2 中:① 根据原始凭证或原始凭证汇总表填制记账凭证。② 根据收款凭证、付款凭证逐笔登记现金日记账、银行存款日记账。③ 根据收款凭证、付款凭证、转账凭证和原始凭证(或原始凭证汇总表)逐笔登记各种明细分类账。④ 根据收款凭证、付款凭证、转账凭证逐笔登记总分类账。⑤ 月终,现金日记账、银行存款日记账的余额,以及各种明细分类账余额的合计数,分别与总分类账中有关账户的余额核对相符。⑥ 月终,根据总分类账和明细分类账资料编制会计报表。

这种账务处理程序的优点是:简单明了,总分类账可详细记录和反映经济业务状况,对经济业务发生较少的科目,总分类账可代替明细账;缺点是:登记总分类账工作量较大,也不便于会计分工。因此,这种账务处理程序一般只适用于规模较小、经济业务量较少的单位。

第三节 汇总记账凭证账务处理程序

一、汇总记账凭证账务处理程序的特点和核算要求

汇总记账凭证账务处理程序的基本特点是：根据记账凭证，编制汇总记账凭证，据以登记总账。

采用这种账务处理程序，主要设置现金日记账、银行存款日记账、总分类账和明细分类账。现金日记账和银行存款日记账采用三栏式；总分类账可以是三栏式，也可以是多栏式；明细分类账可采用三栏式、数量金额式或多栏式。汇总记账凭证应分为汇总收款凭证、汇总付款凭证和汇总转账凭证三种，并分别根据收款、付款、转账三种记账凭证汇总填制。汇总记账凭证要定期填制，间隔天数视业务量多少而定，一般为每隔5天或10天，每月汇总编制一张，月终结出合计数，据以登记总分类账。

汇总收款凭证和汇总付款凭证，均应以"库存现金"账户和"银行存款"账户为中心设置，因为这两个账户的收付发生状况，反映了库存现金存量和银行存款存量的变动状况，单位应及时掌握。具体来说，汇总收款凭证，应根据库存现金和银行存款的收款凭证，分别以该两账户的借方设置，并按与该两账户对应的贷方账户归类汇总。汇总付款凭证则方向相反。如果库存现金和银行存款之间相互划转的业务，则视同汇总转账凭证处理。

汇总转账凭证，一般按有关账户的贷方分别设置，并以对应科目的借方账户归类汇总，因此，汇总转账凭证只能是一贷一借或一贷多借，而不能相反。这样，既反映了经营过程中各种存量变动情况，又与单位资金运动的方向相一致。为简化会计核算，如在一个会计期间内，某一贷方科目的转账凭证不多，可直接根据转账凭证登记总分类账。

二、汇总记账凭证账务处理程序的核算步骤和使用范围

汇总记账凭证账务处理程序，如图8-3所示。

图8-3中：① 根据原始凭证或原始凭证汇总表填制收款凭证、付款凭证和转账凭证。② 根据收款凭证和付款凭证逐笔登记现金日记账和银行存款日记账。③ 根据收款凭证、付款凭证、转账凭证和原始凭证（或原始凭证汇总表），逐笔登记各明细分类账。④ 根据收款凭证、付款凭证和转账凭证，定期编制汇总收款凭

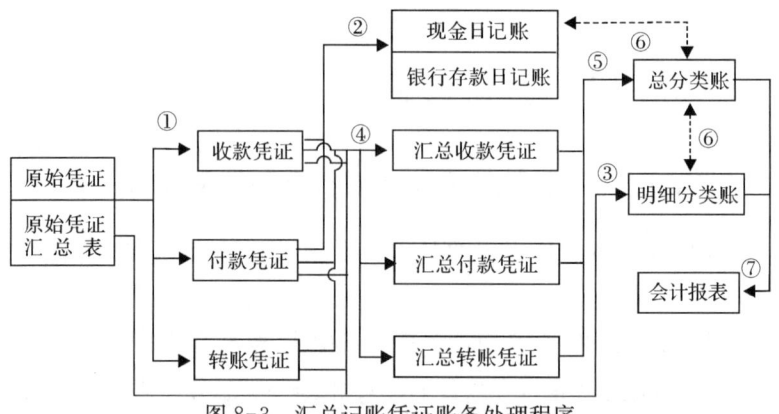

图 8-3 汇总记账凭证账务处理程序

证、汇总付款凭证和汇总转账凭证。⑤月终,根据汇总收款凭证、汇总付款凭证和汇总转账凭证登记总分类账。⑥月终,现金日记账的余额和银行存款日记账的余额,及各明细分类账的余额合计数,与总分类账有关账户的余额核对相符。⑦月终,根据总分类账、明细分类账资料编制会计报表。

采用这种账务处理程序的优点是:可以大大简化总分类账的登记工作,能明确反映账户之间对应关系,且既易于及时掌握资金运动状况,又简便了记账凭证的整理归类;缺点是:由于记账凭证的汇总是按有关账户的借方或贷方而不是按经济业务性质归类汇总的,不利于会计核算分工。这种账务处理程序一般适用于规模较大、业务较多的企业。

现以生产企业为例,简要说明汇总记账凭证的编制和总分类账登记的方法,如表 8-1 至表 8-4 所示。

表 8-1

汇总收款凭证

借方科目:银行存款　　　　　　　　201×年9月　　　　　　　　汇收第×号

贷方科目	金　　额				总账页数	
	(1)	(2)	(3)	合　计	借方	贷方
主营业务收入	6 500	6 300	8 900	21 700	(略)	(略)
应收账款	8 000			8 000		
其他货币资金			2 000	2 000		
合　　计	14 500	6 300	10 900	31 700		

注:①填列上旬记账凭证共×张。②填列中旬记账凭证共×张。③填列下旬记账凭证共×张。

表 8-2

汇总付款凭证

贷方科目：银行存款　　　　　　201×年9月　　　　　　　　　汇付第×号

借方科目	金　额				总账页数	
	(1)	(2)	(3)	合　计	借方	贷方
应付账款	5 000	4 500		9 500		
其他货币资金	11 200			11 200		
库存现金		2 000		2 000	(略)	(略)
在途物资	10 000		10 000	20 000		
管理费用		600		600		
合　计	26 200	7 100	10 000	43 300		

注：① 填列上旬记账凭证共×张。② 填列中旬记账凭证共×张。③ 填列下旬记账凭证共×张。

表 8-3

汇总转账凭证

贷方科目：其他应收款　　　　　　201×年10月　　　　　　　　汇转第×号

借方科目	金　额				总账页数	
	(1)	(2)	(3)	合　计	借方	贷方
管理费用	×	×	×	×	×	×
合　计						

注：① 填列上旬记账凭证共×张。② 填列中旬记账凭证共×张。③ 填列下旬记账凭证共×张。

表 8-4

总　分　类　账

会计科目：银行存款　　　　　　　　　　　　　　　　　　　　　第××页

201×年		凭证号数	摘　要	对方账户	借　方	贷　方	借或贷	余　额
月	日							
9	1		期初余额				借	150 000
	30	汇收×		主营业务收入	21 700			

(续表)

201×年		凭证号数	摘要	对方账户	借方	贷方	借或贷	余额
月	日							
9	30	汇收×		应收账款	8 000			
	30	汇收×		其他货币资金	2 000			
	30	汇付×		应付账款		9 500		
	30	汇付×		其他货币资金		11 200		
	30	汇付×		库存现金		2 000		
	30	汇付×		在途物资		20 000		
	30	汇付×		管理费用		600		
9	30		本月发生额及余额		31 700	43 300	借	138 400

第四节 科目汇总表账务处理程序

一、科目汇总表账务处理程序的特点和核算要求

科目汇总表账务处理程序的主要特点是:定期编制科目汇总表,并据以登记总分类账。

采用这种账务处理程序,对凭证和账簿的要求及记账程序,与前两种账务处理程序基本相同。

科目汇总表的性质和作用,与汇总记账凭证相似,但两者的结构和编制的方法不同。科目汇总表不分对应科目进行汇总,而是将所有科目的本期借方、贷方发生额汇总在一张科目汇总表内,然后据以登记总账。为了便于汇总,必须注意以下几点:

(1)每一张收款凭证一般应填列一个贷方科目;每一张付款凭证一般应填列一个借方科目;转账凭证则应填列一个借方科目和一个贷方科目,一式二联,一联为借方科目转账凭证,一联为贷方科目转账凭证。

(2)为了便于登记总账,科目汇总表上的科目排列,应按总分类账上科目排列

的顺序来定。

（3）科目汇总表汇总的时间不宜过长，业务量多的单位可每天汇总一次，一般间隔最长不超过10天，以便对发生额进行试算平衡，及时了解资金运动状况。

二、科目汇总表账务处理程序的核算步骤和使用范围

科目汇总表账务处理程序，如图8-4所示。

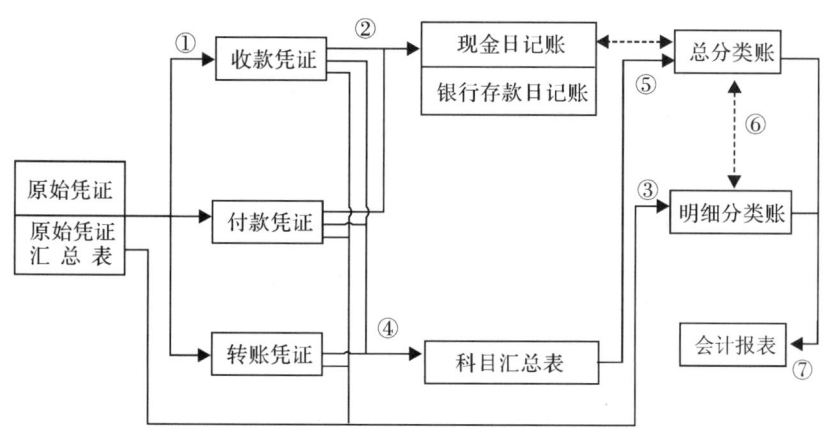

图8-4 科目汇总表账务处理程序

图8-4中：① 根据原始凭证或原始凭证汇总表编制收款凭证、付款凭证和转账凭证。② 根据收款凭证、付款凭证登记现金日记账、银行存款日记账。③ 根据原始凭证或原始凭证汇总表、收款凭证、付款凭证、转账凭证登记各种明细分类账。④ 根据收款凭证、付款凭证、转账凭证，每日或定期编制科目汇总表。⑤ 根据科目汇总表，每日或定期登记总分类账。⑥ 月终，现金日记账、银行存款日记账和明细分类账分别与总分类账核对。⑦ 月终，根据总分类账和明细分类账资料编制会计报表。

采用这种账务处理程序的优点是：汇总手续较为简单，不仅可以简化总分类账的登记，还可以每天或定期就科目汇总表进行试算平衡，便于及时发现问题，采取措施；缺点是：科目汇总表反映不出账户的对应关系，不便于了解经济业务的内容。它适用于经济业务频繁的单位。

现简要说明科目汇总表的编制及其过账的方法，如表8-5和表8-6所示。

表 8-5

科 目 汇 总 表

201×年9月1日至10日　　　　　　　　　　　　　　　　　第×号

会计科目	总账页数	本期发生额		记账凭证起止号数
		借方	贷方	
库存商品		5 000		
在途物资		8 000		
原材料			7 000	
生产成本	（略）	7 000		（略）
银行存款		22 000	22 500	
应收账款			12 000	
应付账款		9 500		
主营业务收入			10 000	
合　　计		51 500	51 500	

表 8-6

总 分 类 账

会计科目：银行存款　　　　　　　　　　　　　　　　　　第 26 号

201×年		凭证号数	摘要	借方	贷方	贷或借	余额
月	日						
9	1		月初余额			借	200 000
	10	科汇×		22 000	22 500	借	199 500
9	30		本月发生额及余额	52 300	49 500	借	202 800

第八章 账务处理程序

第五节 多栏式日记账账务处理程序

一、多栏式日记账账务处理程序的特点和核算要求

多栏式日记账账务处理程序的特点是:设置多栏式现金和银行存款日记账,并据以登记总分类账。这种账务处理程序,除了多栏式日记账及其过账方法外,其他方面的要求同前几种账务处理程序基本相同。

多栏式的现金日记账和银行存款日记账,具有科目汇总表的作用,月终就可根据这些日记账的本月收付发生额和各对应科目的发生额直接登记总分类账。运用这种程序应注意两点。

(1) 现金与银行存款之间的相互划转数额,已经包含在有关日记账的收付合计数里,因此,要避免重复计算。

(2) 业务不多的单位不必使用转账凭证科目汇总表,可仍保留转账凭证过账的方法。

二、多栏式日记账账务处理程序的核算步骤和使用范围

多栏式日记账账务处理程序,如图8-5所示。

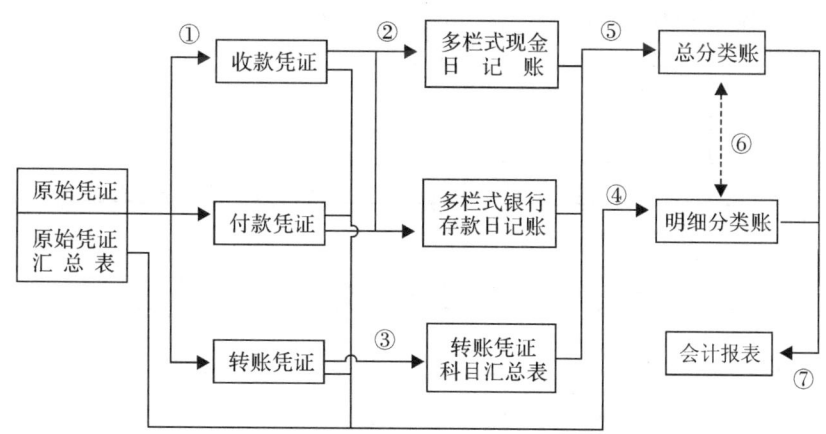

图8-5 多栏式日记账账务处理程序

在图8-5中:① 根据原始凭证或原始凭证汇总表填制收款凭证、付款凭证、转账凭证。② 根据收款凭证、付款凭证登记多栏式现金日记账和多栏式银行存款日

记账。③ 根据转账凭证填制转账凭证科目汇总表。④ 根据收款凭证、付款凭证、转账凭证、原始凭证或原始凭证汇总表登记各明细分类账。⑤ 月终，根据多栏式现金日记账、银行存款日记账和转账凭证科目汇总表（或转账凭证）登记总分类账。⑥ 月终，明细分类账与总分类账核对相符。⑦ 根据总分类账和明细分类账资料编制会计报表。

采用这种账务处理程序的优点是：可简化总分类账的核算过程，效率较高，因而可用于业务量较大的单位；缺点是：虽然多栏式能较好地反映账户对应关系，但是它限制了会计科目的数量，只能用于会计科目不多的单位。另外，转账凭证科目汇总表仍不能反映账户的对应关系。

多栏式现金日记账和多栏式银行存款日记账的表式，请参照第七章第二节内容。现举简例说明多栏式日记账及其过账情况，如表 8-7 至表 8-9 所示。

表 8-7

现金收入日记账

201×年		凭证号数	摘 要	贷方科目			收 入	支 出	余 额
月	日			其他应收款	银行存款	……			
9	1		期初余额						400
	5		预支款收回	250			250		650
	11	（略）	提取备用金		400		400		1 050
	18		转记					300	750
	24		提现备付工资		3 500		3 500		4 250
	25		转记					3 600	650
9	30			250	3 900		4 150	3 900	650

表 8-8

现金支出日记账

201×年		凭证号数	摘 要	借方科目				合 计
月	日			管理费用	应付职工薪酬	销售费用	……	
9	18		管理费用	300				300
	25	（略）	销售费用			100		100
	25		发放工资		3 500			3 500
9	30			300	3 500	100		3 900

表 8-9

总 分 类 账

会计科目：库存现金　　　　　　　　　　　　　　　　　　　　　　　第×号

201×年		凭证号数	摘要	借方	贷方	借或贷	余额
月	日						
9	1		期初余额			借	400
		（略）		4 150		借	4 550
					3 900	借	650
9	30		本月发生额	4 150	3 900	借	650

第六节　日记总账账务处理程序

一、日记总账账务处理程序的特点和核算要求

日记总账账务处理程序的基本特点是设置日记总账。

采用日记总账账务处理程序，所有账目都必须在日记总账中进行顺序地登记，并分科目进行总分类核算。所以，日记总账既是日记账，又是总分类账。对收款业务和付款业务，应根据收款凭证和付款凭证逐日登记或按月汇总登记；对转账业务，则应根据转账凭证，逐日、逐笔登记。每月登记完毕后，结算出各栏的合计数和各科目的借方和贷方余额，并核对相符。日记总账的格式如表 8-10 所示。

二、日记总账账务处理程序的核算步骤和使用范围

日记总账账务处理程序的核算步骤，如图 8-6 所示。

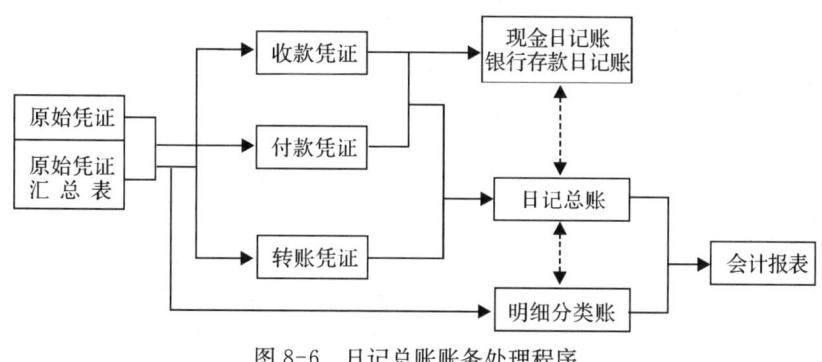

图 8-6　日记总账账务处理程序

表 8-10

日 记 总 账(简表)

201×年

月	日	凭证号数	摘要	发生额	银行存款 借方	银行存款 贷方	应收账款 借方	应收账款 贷方	在途物资 借方	在途物资 贷方	原材料 借方	原材料 贷方	应交税费 借方	应交税费 贷方	×××× 借方	×××× 贷方
			月初余额		20 000		10 000				40 000					
		(略)	购入材料	4 680		4 640			4 000				640			
		(略)	收回销货款	10 000	10 000			10 000								
			赊销原材料	7 020			7 020					6 000		1 020		
			……													
			本月发生额	21 700	10 000	4 680	7 020	10 000	4 000			6 000	640	1 020		
			月末余额		25 320		7 020		4 000		34 000			340		

采用日记总账账务处理程序的优点是:处理会计凭证比较简单,不需要汇总就可在日记总账上全面了解各个账户之间的对应关系,便于了解经济业务的来龙去脉;其缺点是:所有会计科目全部集中于一张账页上,不便于记账的分工,在实际操作时较为困难,只适用于一些经济业务简单、使用会计科目不多的小型企业。

复习思考题

1. 我国企业的账务处理程序有哪几种？各有什么特点？
2. 汇总记账凭证账务处理程序与科目汇总表账务处理程序的特点和核算要求有什么区别？
3. 多栏式日记账账务处理程序有什么优缺点？
4. 试述确定账务处理程序的要求。

习 题

【目的】 练习科目汇总表编制方法。

【资料】 某厂201×年×月份发生以下经济业务。

1. 向一厂购入甲材料200千克,单价为129.20元,计25 840元,增值税税率为13%,货款以银行存款支付。
2. 以现金支付甲材料运杂费160元。
3. 甲材料200千克验收入库,按实际成本转账。
4. 以银行支票15 200元缴纳上月增值税金。
5. 以银行支票30 000元归还临时借款。
6. 收到二厂还来货款42 120元,四厂还来货款70 200元,存入银行。
7. 购入劳防用品100元,增值税税率为13%,以现金支付,并交车间使用。
8. 仓库发出乙材料460千克,每千克进价为100元。其中:300千克用以制造B产品,160千克用于制造A产品。
9. 购入新机器一台,价值为70 000元,增值税税率为13%,以银行支票支付。
10. 售给二厂A产品300件,每件售价为180元,计54 000元,货款尚未收到。

11. 售给四厂B产品100件,每件售价为400元,计40 000元,货款尚未收到。

12. 购入即用的销售包装纸箱100只,每只单价为16元,以银行存款支付。

13. 仓库发出甲材料100千克,每千克单价为130元,用于制造A产品。

14. 以银行支票支付车间水电费328元。

15. 以现金80元支付销售产品运杂费。

16. 购入丁材料100千克,验收入库,计2 400元,增值税税率为13%,以银行支票支付,同时按实际成本转账。

17. 仓库发出车间一般耗用的丁材料40千克,每千克成本为24元。

18. 向三厂购入乙材料200千克,计19 760元,增值税税率为13%,以银行支票支付。

19. 以银行支票支付乙材料装卸费240元。

20. 乙材料200千克验收入库,按实际成本转账。

21. 仓库发出甲材料200千克,每千克进价为130元,用于制造B产品。

22. 向五厂购入丙材料300千克,计11 820元,增值税税率为13%,货款尚未支付。

23. 以银行存款支付丙材料款11 820元,增值税税率为13%,上述丙材料300千克验收入库,按实际成本转账。

24. 开出银行支票1 000元,提取现金。

25. 以银行支票330元购买管理部门的办公用品。

26. 售出A产品200件,每件售价为180元,计36 000元,货款存入银行。

27. 以现金40元支付销售A产品装卸搬运费。

28. 收到二厂货款54 000元,存入银行。

29. 收到四厂货款40 000元,存入银行。

30. 向三厂购入乙材料300千克,计29 640元,增值税税率为13%,以银行支票支付。

31. 乙材料300千克已验收入库,按实际成本转账。

32. 售出B产品150件,每件售价为400元,计60 000元,货款存入银行。

33. 以现金支付B产品销售运杂费50元。

34. 购入会计用账表凭证60元,车间用文具用品84元(增值税税率为13%),分别以现金支付。

35. 仓库发出丙材料150千克,其中:50千克用于制造A产品,100千克用于制造 B 产品。丙材料成本每千克为 40 元。

36. 以银行支票 450 元支付车间办公费。

37. 管理部门人员出差回来报销差旅费 1 290 元,已借支 1 500 元,余款交回现金。

38. 经批准报废清理旧机器一台,原值为 16 000 元,已提折旧 15 360 元。

39. 以银行支票支付报废机器清理费用 320 元。

40. 报废机器残料出售,收入 1 040 元,存入银行。

41. 报废机器净收入 80 元转入营业外收入处理。

42. 从银行提取现金 38 000 元,用于发放工资。

43. 以现金 38 000 元发放工资。

44. 售给二厂 A 产品 200 件,每件售价为 180 元,计 36 000 元,货款尚未收到。

45. 以现金 30 元支付 A 产品销售搬运费。

46. 以银行支票支付职工医药费 3 120 元。

47. 以银行支票支付本月电费 4 770 元,其中:车间生产用电 3 978 元,管理部门用电 792 元。

48. 以银行支票支付本月水费 380 元,其中:车间用水 216 元,管理部门用水 164 元。

49. 以现金支付办公费用 240 元。

50. 结算本月职工工资 38 000 元,其中:生产工人工资 27 200 元(A 产品工人工资 12 800 元,B 产品工人工资 14 400 元);车间技术、管理人员工资 5 800 元;行政管理部门人员工资 5 000 元。

51. 计提本月固定资产折旧 3 780 元,其中:车间用固定资产折旧 2 500 元,行政管理部门用固定资产折旧 1 280 元。

52. 以银行存款支付本月应负担银行借款利息 600 元。

53. 结转本月制造费用,按生产工人工资比例分配计入 A、B 产品生产成本。

54. 结转已完工 A 产品 300 件、B 产品 400 件的实际生产成本。

55. 结转已销产品生产成本:A 产品单位成本为 126.46 元,B 产品单位成本为 273.44 元。

56. 计算本月利润,按利润额的 25% 结算应交所得税。

57. 按净利润 10% 计提法定盈余公积。

【要求】

1. 按上列经济业务编制会计分录。

2. 编制科目汇总表。

第九章

财产清查

【内容提示】 财产清查是会计核算的一种方法。本章概括地阐明了财产清查的一般基础知识。学习本章,学生应了解财产清查的意义和种类,明确财产清查前的准备工作和财产物资盘存制度,掌握各项财产物资和往来款项的清查方法以及财产清查结果的处理等方面的知识和技能。

第一节 财产清查的意义和种类

一、财产清查的概念

财产清查也称财产检查,是指通过对实物、现金的实地盘点和对银行存款、往来款项的核对,查明各项财产物资、货币资金、往来款项的实有数和账面数是否相符的一种会计核算的专门方法。

我国《会计法》第十七条规定,各单位应当定期将会计账簿记录与实物、款项及有关资料相互核对,保证会计账簿记录与实物及款项的实有数额相符。

为了正确掌握各项财产的真实情况,做到家底清楚,心中有数,保证会计资料的准确性,必须在账簿记录的基础上运用财产清查这一方法,对本单位各项财产、物资和货币资金等进行定期或不定期的清查,使账簿记录与实物、款项实存数额相符,保证会计核算资料的真实性。

二、财产清查的意义

企业、单位的财产、物资、货币资金等,由于在管理过程及业务经营中收发商品数量、金额的错误,检验计量不准或保管、运输、销售过程中的自然升溢和损耗等原因,而发生账实不符的现象,不仅影响会计信息质量,也会给单位带来不应有的损失。

财产清查的关键是要解决账实不符的问题。造成账存数与实存数差异的原因是多方面的,一般有以下几种情况:① 在收发物资中,由于计量、检验不准确而造成品种、数量或质量上的差错。② 财产物资在运输、保管、收发过程中,在数量上发生自然增减变化。③ 在财产增减变动中,由于手续不齐或计算、登记上发生错误。④ 由于管理不善或工作人员失职,造成财产损失、变质或短缺等。⑤ 贪污盗窃、营私舞弊造成的损失。⑥ 自然灾害造成的非常损失。⑦ 未达账项引起的账账、账实不符等。

上述种种原因都会影响账实的一致性。因此,运用财产清查手段,对各种财产物资进行定期或不定期的核对或盘点,具有十分重要的意义。

(一)保护财产的安全和完整

通过财产清查,可以查明企业单位的财产、物资是否完整,有无缺损、霉变现象,以便堵塞漏洞,改进工作,建立和健全各项责任制度,切实保证财产的安全和完整。

(二)保证会计信息资料的真实性

通过财产清查,可以查明各项财产物资的实有数,确定实有数额和账面数额的差异,以便分析原因,采取措施,改进工作,进一步加强财产物资的管理,确保会计信息资料的真实可靠。

(三)挖掘财产物资潜力,提高物资使用效率

通过财产清查,可以查明各项财产物资的储备和利用情况,以便分类排序,采取不同措施,积极利用和处理,提高物资使用效率。对储备不足的,应予以补充,确保生产需要;对超储、积压、呆滞的财产物资,应及时处理,防止盲目采购和不合理的积压,充分挖掘物资潜力,加速资金周转,提高经济效益。

(四)保证财经纪律和结算制度的执行

通过对财产、物资、货币资金及往来账款的清查,可以查明单位有关业务人员是否遵守财经纪律和结算制度,有无贪污盗窃、挪用公款的情况;查明各项资金使用是否合理,是否符合政策和法规,从而使工作人员自觉地遵纪守法、维护财经纪律。

三、财产清查的种类

财产清查可按不同标准进行分类。

(一) 按清查范围分类

财产清查按其清查范围的不同,可分为全面清查、局部清查。

1. 全面清查

全面清查是指对所有的财产物资进行全面盘点与核对。其清查对象主要包括:原材料、在产品、自制半成品、库存商品、库存现金、短期存(借)款、有价证券及外币、在途物资、委托加工物资、往来款项、固定资产等。全面清查范围广,工作量大,一般在年终决算或企业撤销、合并或改变隶属关系时进行。

2. 局部清查

局部清查也称重点清查,是指根据需要只对财产中某些重点部分进行的清查。例如,对流动资金中变化较频繁的原材料、库存商品等,除年度全面清查外,还应根据需要随时轮流盘点或重点抽查。各种贵重物资要每月至少清查一次,库存现金要天天核对,银行存(借)款要按银行对账单逐笔核对。

(二) 按其清查时间分类

财产清查按清查时间的不同,可分为定期清查和不定期清查。

1. 定期清查

定期清查是指在规定的时间内所进行的财产清查。其一般是在年、季、月度终了后进行。

2. 不定期清查

不定期清查也称临时清查,是指根据实际需要临时进行的财产清查。其一般是在更换财产物资保管人员、企业撤销、合并或发生财产损失等情况时所进行的清查。

定期清查和不定期清查的范围应视具体情况而定,可全面清查也可局部清查。

第二节 财产清查的方法

一、财产清查的准备工作

财产清查是一项复杂细致的工作,它涉及面广、政策性强、工作量大。为了加强领导,保质保量完成此项工作,一般应在企业负责人的领导下,组织一个由领导干部、专业人员、职工群众参加的专门小组,负责财产清查工作。在清查前,必须首先做好以下几项准备工作:

(1) 制订财产清查计划,确定清查对象、范围,配备清查人员,明确清查任务。

(2) 会计部门要将总账、明细账等有关资料登记齐全,核对正确,结出余额。保管部门对所保管的各种财产物资以及账簿、账卡挂上标签,标明品种、规格、数量,以备查对。

(3) 对银行存款、银行借款和结算款项,要取得银行对账单,以便查对。

(4) 对需使用的度量衡器,要提前校验正确,保证计量准确。

(5) 对应用的所有表册,都要准备妥当。

二、财产物资盘存制度和清查方法

（一）财产物资盘存制度

财产物资的盘存制度有两种,即永续盘存制和实地盘存制。单位可根据经营管理的需要和财产物资品种的不同,分别采用不同的方法,以达到弄清账实、查明原因、提高经营管理水平的目的。

1. 永续盘存制

永续盘存制亦称账面盘存制,是平时对单位各项财产物资分别设立明细账,根据会计凭证连续记载其增减变化并随时结出余额的一种物资盘存管理制度。这种盘存制,能从账簿资料中及时反映出企业各项财产、物资的结存数额,为及时掌握单位财产增减变动情况和余额提供可靠依据,以便加强对单位财产物资的管理。

2. 实地盘存制

实地盘存制是平时根据有关会计凭证,只登记财产物资的增加数,不登记减少数,月末或一定时期可根据期末盘点资料,弄清各种财物的实有数额,然后再根据"期初结存＋本期增加数－本期实存数＝本期减少数"的公式,倒算出本期减少数额,即"以存计耗""以存计销",并将其记入有关明细账中的一种物资盘存管理制度。采用这种方法工作比较简单,虽然看起来账是平衡的,但手续不够严密,对于管理中存在的问题不易发现。

由于财产物资种类繁多,占用形态各异,对实物、货币资金、结算款项等应采取不同的方式进行清查。

（二）财产物资清查方法

1. 实物的清查

实物的清查是指对原材料、在产品、库存商品、固定资产等财产物资的清查。对这类财产的清查通常可按其实物特点,如体积、形态、数量、重量及堆垛方式不同,逐一进行点数或量尺、过秤。在清点中,对于包装完整的商品、物资,可按大件清点,必要时可抽查细点。有些堆垛笨重的商品,点数、过秤确有困难的,也可采用技术测算的方法,以确保检查质量。

在财产清查过程中,实物保管人员与盘点人员须同时在场清查,以明确经济责任。清查盘点的结果应及时登记在"盘存单"上(格式如表9-1所示),由盘点人和实物保管人签字或盖章。

表9-1

盘 存 单

单位名称: 编号:
盘点时间: 财产类别: 存放地点:

编 号	名 称	计量单位	数 量	单 价	金 额	备 注

盘点人签章_____   实物保管人签章_____

盘存单是记录实物盘点结果的书面文件,也是反映资产实有数的原始凭证。为了进一步查明盘点结果同账簿余额是否一致,还应根据盘存单和账簿记录编制实存账存对比表(格式如表9-2所示)。该表是一个非常重要的原始凭证,在这个凭证上所确定的各种实物的实存同账存之间的差异,既是经批示后调整账簿记录的凭证,也是分析差异原因,查明责任的依据。

表9-2

实存账存对比表

单位名称: 年 月 日

编号	类别及名称	计量单位	单价	实 存		账 存		差 异				备注
								盘 盈		盘 亏		
				数量	金额	数量	金额	数量	金额	数量	金额	

主管人员: 会计: 制表:

2. 库存现金的清查

清查库存现金是通过实地盘点进行的,由于现金的收支业务十分频繁,容易出现差错,因此,出纳人员应当经常进行现金盘点并与现金账的现有余额核对。清查前,出纳人员应将现金收付凭证全部登记入账。清查时出纳人员要在场,现钞应逐张查点。一切借条、收据不准抵充现金,并查明库存现金是否超过限额,有无坐支现金的问题,然后将清查结果编制库存现金查点报告表(格式如表9-3所示),它既是盘存清单,又是实存账存对比表。

表9-3

库存现金查点报告表

单位名称：　　　　　　　　　　　201×年×月×日

实存金额	账存金额	对比结果		备注
		盘盈	盘亏	

盘点人(签章)：　　　　　　　　　　出纳员(签章)：

有价证券主要包括国家债券、其他金融债券、公司债券、公司股票基金等。其清查方法与现金相同。

3. 银行存款的清查

银行存款的清查与实物、现金的清查方法不同,它是采取与开户银行核对账目的方法进行的,即将单位登记的银行存款日记账与银行送来的对账单逐笔核对增减额和同一日期的余额。通过核对,往往会发现双方账目不一致。其主要原因有两方面:一是正常的"未达账项",即一方已经入账,另一方由于凭证传递时间影响没有入账;二是双方账目可能发生不正常的错账、漏账。

在同银行核对账目以前,先要检查本单位银行存款日记账,力求正确与完整,然后将其与银行送来的对账单逐笔核对。如果发现错账、漏账,应及时查明更正。对于未达账项,则应于查明后编制银行存款余额调节表,以检查双方的账目是否相符。

未达账项主要有以下几种情况:

(1) 有些账项,企业已经入账,但银行尚未入账。例如:① 企业存入的款项,企业已经作存款增加入账,但银行尚未入账。② 企业开出支票或其他付款凭证,企业已作存款减少入账,但银行尚未入账。

(2) 有些账项,银行已经入账,但企业尚未入账。例如:① 委托银行代收的款项,银行已作企业存款的增加入账,但企业尚未入账。② 银行直接代付的款项,银行已作企业存款的减少入账,但企业尚未入账。

上述任何一种情况的发生,都会使双方的账面存款余额不相一致。检查双方账目是否一致,是为了消除未达账项的影响,企业应根据核对后发现的未达账项进行调节。未达账项的调节方法很多,常用的有余额调节法和差额调节法两种。

(1) 余额调节法。余额调节法是在企业和银行对账的基础上,将企业的账面余额和银行对账单余额各自补记对方已入账而本单位尚未入账的余额(包括增加金额和减少金额),然后编制银行存款余额调节表验证经过调节后的存款是否相等的方法。如果相等,表明企业与银行的账目没有差错。否则,说明记账有错误,应进一步查明原因,予以更正。

其调节公式如下:

$$\text{企业银行存款日记账余额} + \text{银行已收而企业未收的款项} - \text{银行已付而企业未付的款项} = \text{银行对账单余额} + \text{企业已收而银行未收的款项} - \text{企业已付而银行未付的款项}$$

银行存款余额调节表的格式,如表 9-4 所示。

表 9-4

银行存款余额调节表

201×年9月30日 单位:元

银行存款日记账	金额	银行对账单	金额
账面存款余额	32 200	银行对账单余额	31 800
加:银行已收单位未收款项	3 000	加:单位已收银行未收款项	2 500
减:银行已付单位未付款项	2 200	减:单位已付银行未付款项	1 300
调节后的存款余额	33 000	调节后的存款余额	33 000

经过调节后重新求得的余额,既不等于本单位账面余额,也不等于银行账面余额,而是银行存款的真正实有数。

上述清查方法也适用于银行借款。

(2) 差额调节法。差额调节法是计算企业和银行双方账面余额的差额与双方未达账项收付相抵后的结果是否一致的一种调节方法。其调节公式如下:

$$\text{银行存款对账单余额} - \text{企业银行存款日记账余额} = \left(\text{银行已收而企业未收的款项} - \text{银行已付而企业未付的款项}\right) - \left(\text{企业已收而银行未收的款项} - \text{企业已付而银行未付的款项}\right)$$

如以前述银行存款余额调节表数字为例,用差额调节法进行调节如下:

31 800 − 32 200 = −400(元)

(3 000 − 2 200) − (2 500 − 1 300) = 800 − 1 200 = −400(元)

4. 往来账项的清查

往来账项主要包括应收、应付、暂收、预付等款项。

各项往来账项的清查,与银行存款的清查一样,也是采取同对方单位核对账目的方法。首先,应将本单位往来账目核对清楚,确认准确无误后,再向对方填发对账单。对账单应按明细账逐笔抄列一式两联。其中一联作为回单,对方单位如核对相符,应在回单上盖章后退回。如发现数字不符,应将不符情况在回单上注明或另抄对账单退回,作为进一步核对的依据。在收到对方回单后,应填制往来账项清查表,其格式如表9-5所示。

表9-5

往来账项清查表

总分类账户名称:　　　　　　　　201×年×月×日

明细分类账户		清查结果		核对不符原因分析			备注
名称	账面余额	核对相符金额	核对不符金额	未达账项金额	有争议款项金额	其他	

通过往来账项的清查,要及时催收该收回的账款,偿还该偿付的账款,对呆账也应及时研究处理。

第三节　财产清查结果的处理

企业对通过财产清查所发现的财产管理和核算方面存在的问题,应当认真分析研究,以有关的法令、制度为依据进行严肃处理。为此,应切实做好四个方面的工作。

一、查明差异,分析原因

通过财产清查所确定的清查资料和账簿记录之间的差异,比如财产的盘盈、盘亏和多余积压,以及逾期债权、债务等,都要认真查明其性质和原因,明确经济责任,提出处理意见,按照规定程序经有关部门批准后,予以认真严肃的处理。财产清查人员应以高度的责任心,深入调查研究,实事求是,问题定性要准确,处理方法要得当。

二、认真总结,加强管理

财产清查以后,针对所发现的问题和缺点,应当认真总结经验教训,表彰先进,巩固成绩,发扬优点,克服缺点,做好工作。同时,要建立和健全以岗位责任制为中心的财产管理制度,切实提出改进工作的措施,进一步加强财产管理,保护企业财产的安全和完整。

三、调整账目,账实相符

为了做到账实相符,财会部门对于财产清查中所发现的差异以及差异的处理,必须及时地进行账簿记录的调整。具体应分两步进行:第一步,应将已经查明的财产盘盈、盘亏和损失等,根据有关原始凭证(如财产物资盘存单等)编制记账凭证,据以记入有关账户,使各项财产的账存数同实存数完全一致。第二步,按照差异发生的原因和报经批准的结果,根据有关批文编制记账凭证,据以登记入账。

为了核算与监督企业在财产清查中财产物资的盘盈、盘亏和毁损情况,应当设置和运用"待处理财产损溢"账户。

"待处理财产损溢"账户是资产类账户,用来核算企业在财产清查过程中查明的各项财产物资的盘盈、盘亏和毁损的价值。该账户的贷方登记待处理财产物资的盘盈数及经批准后的盘亏转销数;借方登记待处理财产物资的盘亏和毁损数及经批准后的盘盈转销数;期末贷方余额表示尚待批准处理的财产物资盘盈数;期末如为借方余额,则表示尚待批准处理的财产物资盘亏和毁损数。企业应查明财产盘盈、盘亏和毁损的原因,在期末结账前处理完毕,处理后该账户应无余额。

(一)财产盘盈

【例9-1】 某企业在财产清查中,盘盈账外机器一台,估计价值为3 000元,已提折旧2 000元。

在审批之前,编制会计分录如下:

借:固定资产——机器   3 000
  贷:待处理财产损溢——机器盘盈   1 000
    累计折旧   2 000

经批准,该机器由企业留用,作为增加营业外收入处理。根据批准文件,编制会计分录如下:

第九章 财产清查

借：待处理财产损溢——机器盘盈　　　　　　　　　1 000
　　贷：营业外收入　　　　　　　　　　　　　　　　　　　1 000

【例 9-2】 某企业在财产清查中，盘盈账外钢材 6 吨，价值为 18 000 元。

报批前，根据实存账存对比表的记录，编制会计分录如下：

借：原材料——钢材　　　　　　　　　　　　　　18 000
　　贷：待处理财产损溢——材料盘盈　　　　　　　　　　18 000

经查明，这项盘盈材料因计量仪器不准造成生产领用少付多算，所以，经批准冲减本月管理费用，编制会计分录如下：

借：待处理财产损溢——材料盘盈　　　　　　　　18 000
　　贷：管理费用——物料消耗　　　　　　　　　　　　　18 000

或用红字编制会计分录如下：

借：管理费用——物料消耗　　　　　　　　　　　　|18 000|
　　贷：待处理财产损溢——材料盘盈　　　　　　　　　　|18 000|

（二）财产盘亏

【例 9-3】 在财产清查中，发现购进的某种原材料实际库存较账面库存短缺 800 元。

报经批准前，先调整账面余额，编制会计分录如下：

借：待处理财产损溢——材料盘亏　　　　　　　　　　800
　　贷：原材料——某材料　　　　　　　　　　　　　　　　800

经批准，如属于定额范围内的自然损耗，则应列作管理费用，计入本期损益，编制会计分录如下：

借：管理费用——自然损耗　　　　　　　　　　　　　　800
　　贷：待处理财产损溢——材料盘亏　　　　　　　　　　　800

如属于管理人员过失造成的短缺，则应由过失人赔偿，编制会计分录如下：

借：其他应收款——××人　　　　　　　　　　　　　　800
　　贷：待处理财产损溢——材料盘亏　　　　　　　　　　　800

如属于罚款支出，则应经批准列作营业外支出，编制会计分录如下：

借：营业外支出——罚款支出　　　　　　　　　　　　　800
　　贷：待处理财产损溢——材料盘亏　　　　　　　　　　　800

根据增值税会计处理的规定，企业购进的材料、商品等发生非正常损失以及因改变用途等原因发生的损失,其进项税额应相应转入有关账户,借记"待处理财产损溢"等账户,贷记"应交税费——应交增值税"账户。属于转作待处理财产损失的部分,应与遭受损失的购进材料、商品成本一并处理。例如,本例进项税额为104元(800×13%),应先借记"待处理财产损溢"账户,然后分别不同情况,转入"管理费用""其他应收款"或"营业外支出"账户。

(三)无法收回的应收款项

【例9-4】 在财产清查中,查明确实无法收回的账款300元,经批准作为坏账损失。

坏账损失是指无法收回应收账款而使企业遭受的损失。按企业会计准则、制度规定,在会计核算中对坏账损失的处理采用备抵法,即按一定比例提取坏账准备记入"资产减值损失"账户。因此,对于这笔确属无法收回的应收账款,应按照规定的手续审批后,以批准的文件为原始凭证,作坏账损失处理,冲减"坏账准备"账户。"坏账准备"账户是资产类账户,是"应收账款"账户的抵减账户,反映核算坏账准备的提取和转销情况。该账户贷方登记提取数;借方登记冲销数;期末余额在贷方,表示已提取尚未转销的坏账准备。该账户可按应收账款类别设置明细账户。提取坏账准备时,借记"资产减值损失"账户,贷记"坏账准备"账户。本例转销时,编制会计分录如下:

借:坏账准备　　　　　　　　　　　　　　　　　　　　　300
　　贷:应收账款　　　　　　　　　　　　　　　　　　　　　　300

四、无法归还的应付款项处理

企业的应付款项,如因债权人企业倒闭、死亡等原因确实无法归还,可按企业会计准则、制度规定,经批准后直接在"营业外收入"账户核算,借记"应付账款"账户,贷记"营业外收入"账户。

企业在财产清查中查明的有关债权、债务的坏账收入或坏账损失,经批准后,按照上述会计分录直接进行转销,不需要通过"待处理财产损溢"账户核算。

复习思考题

1. 财产清查有什么意义?
2. 永续盘存制与实地盘存制有什么区别?哪些条件下适宜采用实地盘存制?

哪些条件下适宜采用永续盘存制?

3. 为什么要清查库存现金和银行存款?可能会出现什么问题?如何解决?

4. 如果遇到数量多、体积庞大、难以盘点的物资,如何确保其数量、质量的完好?

5. 财产清查结果如有差异,在账务上应如何处理?

习 题 一

【目的】 练习银行存款对账方法。

【资料】

1. 某企业201×年7月31日银行存款的账面余额为535 000元,开户银行送来对账单,其银行存款余额为508 000元。经查对,该企业发现有以下几笔未达账项:

(1) 7月30日,委托银行收款50 000元,银行已收入企业银行存款户,收款通知尚未送达。

(2) 7月30日,企业开出现金支票一张,计1 600元,企业已减少银行存款,银行尚未记账。

(3) 7月31日,银行为企业支付电费1 000元,银行已入账,减少企业存款,企业尚未记账。

(4) 7月31日,企业收到外单位转账支票一张,计64 000元,企业已收账,银行尚未记账。

2. 某厂201×年8月25~30日银行存款账面记录如下:

25日,开出#1246支票,支付购入材料运费300元;

25日,开出#1248支票,支付购入材料价款39 360元(包括增值税,下同);

27日,存入销货款转账支票40 000元;

28日,开出#1249支票,支付委托外单位加工费16 800元;

30日,存入销货款转账支票28 000元;

30日,开出#1252支票,支付机器修理费376元;

30日,银行存款账面结存余额42 594元。

银行对账单记录如下:

    27日,#1248支票付出   39 360元

28日,转账收入	40 000元
28日,代交电费	3 120元
28日,#1246支票付出	300元
29日,存款利息收入	488元
29日,代收浙江货款	11 820元
30日,#1249支票付出	16 800元
30日,结存余额	24 158元

【要求】

1. 根据上述"资料1"未达账项编制银行存款余额调节表,确立企业月末实际可用的银行存款余额。

2. 假定银行对账单所列企业存款无误,未达账项也由双方查明无误,在编制银行存款余额调节表时所发现的错误数额是多少?企业银行存款的账面余额应是多少?

3. 根据"资料2",查明银行存款记录与银行对账单不符原因,编制银行存款余额调节表。

习 题 二

【目的】 练习财产清查结果的会计处理。

【资料】 某厂年终进行财产清查,在清查中发现下列事项。

1. 盘亏水泵一部,原价为5 200元,账面已提折旧1 400元。

2. 发现账外机器一台,估计重置价为10 000元,现值为6 000元。

3. 甲材料账面余额为455千克,价值为19 110元。盘点实际存量为450千克,经查明,其中:3千克为定额损耗,2千克为日常收发计量差错。

4. 乙材料账面余额为166千克,价值为5 312元,盘点实际存量为161千克,缺少数为保管人员失职造成的损失。

5. 丙材料盘盈25千克,每千克为30元。经查明,其中20千克为代兄弟厂加工剩余材料,该厂未及提回,其余属于日常收发计量差错。

(以上甲、乙、丙材料购入时的增值税进项税税率均为13%)

6. 经检查,其他应收款账目有某运输公司欠款250元,属于委托该公司运输材料,由于装卸工疏忽而造成的损失。已确定由该公司赔偿,但该运输公司已撤销,无法收回。

7. 上列各项盘盈、盘亏和损失,经查原因属实,报请领导审核批准,作如下处理。

(1) 盘亏水泵系因自然灾害招致毁损,作非常损失处理。

(2) 账外机器尚可使用,交车间投入生产,作增加营业外收入处理。

(3) 材料定额内损耗及材料收发计量错误,均列入管理费用处理。

(4) 保管人员失职造成材料短缺损失,责成过失人赔偿。

(5) 无法收回的应收款项,作坏账损失处理。

【要求】

1. 将上列清查结果编制审批前的会计分录。

2. 根据报请批准处理的结果编制会计分录。

3. 列示"待处理财产损溢"账户的具体内容。

第 十 章

财务会计报告

【内容提示】 编制财务会计报告是各种会计核算专门方法运用的最终成果。学习本章,学生应了解财务会计报告的概念和作用,明确会计报表的分类和编制会计报表的要求,掌握各种主要会计报表的结构、内容和编制方法,以及对会计资料分析利用的基础知识和技能。

第一节 财务会计报告的含义和作用

一、财务会计报告的含义

财务会计报告是指企业对外提供的反映企业某一特定日期的财务状况和某一会计期间的经营成果、现金流量等会计信息的文件。财务会计报告包括会计报表及其附注和其他应当在财务会计报告中披露的相关信息和资料。会计报表至少应当包括资产负债表、利润表、现金流量表等报表。财务会计报告分为年度财务会计报告和中期财务会计报告。中期是指短于一个完整的会计年度的报告期间,包括半年度、季度和月度。年度、半年度财务会计报告内容至少包括资产负债表、利润表、现金流量表、所有者权益变动表及其附注和其他应当在财务会计报告中披露的相关信息和资料。季度、月度的财务会计报告通常仅指会计报表。小企业编制的会计报表可以不包括现金流量表。

会计报表附注是指对在会计报表中列示项目所作的进一步说明,以及对未能在这些报表中列示项目的说明等。它是会计报表的重要组成部分。其详细内容见本章第六节。

因此,编制财务会计报告是对会计核算工作的全面总结,也是及时提供合法、真实、准确、完整会计信息的重要环节,特别是在市场经济条件下,对企业的会计信息使用者(包括企业内外有关部门和有关人员)来说也非常重要。

二、财务会计报告的作用

(一) 对企业本身来说

财务会计报告所提供的资料,可以反映企业管理层受托责任履行情况,帮助企业领导和管理人员分析、检查企业的经营活动是否符合会计准则、制度规定;考核企业资金、成本、利润等计划指标完成程度。企业运用财务会计报告资料,可分析、评价企业经营管理中的成绩和不足,以便企业采取措施,提高经济利益;企业对财务会计报告的资料和其他资料进行分析,可为编制下期计划提供依据;企业将财务会计报告在本企业职工代表大会公布,可以进一步发挥职工主人翁的作用,从各方面提出改进建议,促进企业提高经济效益措施的落实。

(二) 对主管部门来说

利用财务会计报告,主管部门可以考核所属单位的经营业绩和各项经济政策的贯彻执行情况;并通过对所属单位同类指标的对比分析,总结成绩,推广先进经验,发现问题,分析原因,采取措施,克服薄弱环节;同时,通过财务会计报告汇总所提供的资料,可以在一定范围内反映国民经济计划执行情况,为国家宏观管理提供依据。

(三) 对财税部门、银行和审计部门来说

利用财务会计报告所提供的资料:① 财税部门可以了解企业资金筹集和运用是否合理,检查企业税收、利润计划的完成与解交情况,以及有无违反税法和财经纪律的现象,以更好地发挥财税部门的监督职能。② 银行可以考查企业流动资金的使用情况,分析企业银行借款的物质保证程度,研究企业资金的正常需要量,了解银行借款的归还以及信贷纪律的执行情况,充分发挥银行的经济监督和经济杠杆作用。③ 审计部门可以了解企业财务状况和经营情况及财经政策、法令和纪律执行情况,从而为进行财务审计和经济效益审计提供必要的资料。

(四) 对投资人、债权人和其他利害相关人来说

财务会计报告可以给他们提供企业财务状况和偿债能力等信息,作为投资、贷款和贸易的决策依据。

第二节 会计报表的分类及编制要求

一、会计报表的分类

会计报表是企业财务会计报告的主要组成部分。会计报表可以根据不同标

准进行分类,以区别其性质和内容。

(一) 会计报表按反映的经济内容分

会计报表按反映的经济内容可分为三种类型:

(1) 反映一定日期企业资产、负债和所有者权益等财务状况的会计报表,如资产负债表。

(2) 反映一定时期内企业经营成果的会计报表,如利润表。

(3) 反映一定时期内企业财务状况变动情况的会计报表,如现金流量表、所有者权益变动表。

以上三类报表可以划分为静态报表和动态报表,前者为资产负债表,后者为利润表、现金流量表和所有者权益变动表。其格式如表10-1至表10-4所示。

(二) 会计报表按提供对象分

会计报表按提供的对象可分为向外提供的会计报表和内部会计报表。向外提供的会计报表主要是资产负债表、利润表、现金流量表、所有者权益变动表及其附注,其格式和内容由财政部规定;内部会计报表是为了满足企业内部管理的需要,其内容由企业自行规定。但两者都必须遵守会计核算的基本原则,保证会计信息的真实、可靠。

(三) 会计报表按编报的时期分

会计报表按编报的时期可分为年度会计报表和中期会计报表。资产负债表和利润表一般均报送中期会计报表和年度会计报表;现金流量表、所有者权益变动表、附注及各种有关附表均为年度会计报表。

(四) 会计报表按编报的单位分

会计报表按编报的单位可分为个别会计报表、汇总会计报表和合并会计报表。其中:个别会计报表是指独立核算的基层企业的会计报表;汇总会计报表是指上级企业或上级单位对所属企业汇总编制的会计报表;合并会计报表是指反映母公司和其全部子公司形成的企业集团整体财务状况、经营成果和现金流量的会计报表,其合并范围应以一个企业能拥有被投资单位半数以上的表决权,能决定其财务和经营政策,并能从其经营活动中获取利益的权力,企业在编制合并会计报表时,应当按照比例合并方法进行合并。本章重点是阐述独立核算企业编制个别会计报表。

表 10-1

资产负债表

会企 01 表

编制单位： ＿＿＿年＿＿月＿＿日 单位：元

资产	期末余额	上年年末余额	负债和所有者权益（或股东权益）	期末余额	上年年末余额
流动资产：			流动负债：		
货币资金			短期借款		
交易性金融资产			交易性金融负债		
衍生金融资产			衍生金融负债		
应收票据			应付票据		
应收账款			应付账款		
应收款项融资			预收款项		
预付款项			合同负债		
其他应收款			应付职工薪酬		
存货			应交税费		
合同资产			其他应付款		
持有待售资产			持有待售负债		
一年内到期的非流动资产			一年内到期的非流动负债		
其他流动资产			其他流动负债		
流动资产合计			流动负债合计		
非流动资产：			非流动负债：		
债权投资			长期借款		
其他债权投资			应付债券		
长期应收款			其中：优先股		
长期股权投资			永续债		
其他权益工具投资			租赁负债		
其他非流动金融资产			长期应付款		
投资性房地产			预计负债		
固定资产			递延收益		
在建工程			递延所得税负债		
生产性生物资产			其他非流动负债		
油气资产			非流动负债合计		
使用权资产			负债合计		
无形资产			所有者权益(或股东权益)：		
开发支出			实收资本(或股本)		
商誉			其他权益工具		
长期待摊费用			其中：优先股		
递延所得税资产			永续债		
其他非流动资产			资本公积		
非流动资产合计		·	减：库存股		
			其他综合收益		
			专项储备		
			盈利公积		
			未分配利润		
			所有者权益(或股东权益)合计		
资产总计			负债和所有者权益（或股东权益）总计		

表 10-2

利 润 表

会企 02 表

编制单位： _____年_____月 单位：元

项　　目	本期金额	上期金额
一、营业收入		
减：营业成本		
税金及附加		
销售费用		
管理费用		
研发费用		
财务费用		
其中:利息费用		
利息收入		
加:其他收益		
投资收益(损失以"－"号填列)		
其中:对联营企业和合营企业的投资收益		
以摊余成本计量的金融资产终止确认收益(损失以"－"号填列)		
净敞口套期收益(损失以"－"号填列)		
公允价值变动收益(损失以"－"号填列)		
信用减值损失(损失以"－"号填列)		
资产减值损失(损失以"－"号填列)		
资产处置收益(损失以"－"号填列)		
二、营业利润(亏损以"－"号填列)		
加：营业外收入		
减：营业外支出		
三、利润总额(亏损总额以"－"号填列)		
减：所得税费用		

(续表)

项　　　　目	本期金额	上期金额
四、净利润（净亏损以"－"号填列）		
（一）持续经营净利润（净亏损以"－"号填列）		
（二）终止经营净利润（净亏损以"－"号填列）		
五、其他综合收益的税后净额		
（一）不能重分类进损益的其他综合收益		
（二）将重分类进损益的其他综合收益		
六、综合收益总额		
七、每股收益：		
（一）基本每股收益		
（二）稀释每股收益		

表 10-3

现 金 流 量 表

会企 03 表

编制单位：　　　　　　　　　　＿＿＿＿年＿＿＿＿月　　　　　　单位：元

项　　　　目	本期金额	上期金额
一、经营活动产生的现金流量：		
销售商品、提供劳务收到的现金		
收到的税费返还		
收到其他与经营活动有关的现金		
经营活动现金流入小计		
购买商品、接受劳务支付的现金		
支付给职工以及为职工支付的现金		
支付的各项税费		
支付其他与经营活动有关的现金		
经营活动现金流出小计		
经营活动产生的现金流量净额		
二、投资活动产生的现金流量：		
收回投资收到的现金		
取得投资收益收到的现金		

(续表)

项　　目	本期金额	上期金额
处置固定资产、无形资产和其他长期资产收回的现金净额		
处置子公司及其他营业单位收到的现金净额		
收到其他与投资活动有关的现金		
投资活动现金流入小计		
购建固定资产、无形资产和其他长期资产支付的现金		
投资支付的现金		
取得子公司及其他营业单位支付的现金净额		
支付其他与投资活动有关的现金		
投资活动现金流出小计		
投资活动产生的现金流量净额		
三、筹资活动产生的现金流量：		
吸收投资收到的现金		
取得借款收到的现金		
收到其他与筹资活动有关的现金		
筹资活动现金流入小计		
偿还债务支付的现金		
分配股利、利润或偿付利息支付的现金		
支付其他与筹资活动有关的现金		
筹资活动现金流出小计		
筹资活动产生的现金流量净额		
四、汇率变动对现金及现金等价物的影响		
五、现金及现金等价物净增加额		
加：期初现金及现金等价物余额		
六、期末现金及现金等价物余额		

表10-4

所有者权益变动表

编制单位：　　　　　　　　　　　　　年度　　　　　　　　　　　　　　　　　　　　　　　　　　会企04表
单位：元

项目	本年金额									上年金额								
	实收资本（或股本）	其他权益工具			资本公积	减：库存股	其他综合收益	专项储备	盈余公积	未分配利润	所有者权益合计	实收资本（或股本）	其他权益工具			资本公积	减：库存股	其他综合收益	专项储备	盈余公积	未分配利润	所有者权益合计
		优先股	永续股	其他									优先股	永续股	其他							
一、上年末余额																						
加：会计政策变更																						
前期差错更正																						
其他																						
二、本年初余额																						
三、本年增减变动金额（减少以"-"号填列）																						
（一）综合收益总额																						
（二）所有者投入和减少资本																						
1. 所有者投入的普通股																						
2. 其他权益工具持有者投入资本																						
3. 股份支付计入所有者权益的金额																						
4. 其他																						
（三）利润分配																						
1. 提取盈余公积																						
2. 对所有者（或股东）的分配																						
3. 其他																						
（四）所有者权益内部结转																						
1. 资本公积转增资本（或股本）																						
2. 盈余公积转增资本（或股本）																						
3. 盈余公积弥补亏损																						
4. 设定受益计划变动额结转留存收益																						
5. 其他综合收益结转留存收益																						
6. 其他																						
四、本年末余额																						

二、编制会计报表的要求

(一)会计报表列报的基本要求

1. 列报基础

(1)企业应在持续经营基础上编报会计报表。

(2)企业正式决定或被迫在当期或将在下一个会计期间进行清算或停止营业的,应采用其他基础编报会计报表,并在附注中声明未以持续经营为基础列报的原因。

2. 重要性判断

(1)判断项目性质的重要性应考虑项目的性质是否属于企业日常活动等因素。

(2)判断金额大小的重要性,应通过单项金额占资产总额、负债总额、所有者权益总额、营业收入总额、营业成本总额、净利润总额等直接相关项目金额的比重加以确定。

3. 正常营业周期

判断流动资产、流动负债所指的一个正常营业周期,通常是指企业从购买用于加工的资产起至实现现金或现金等价物的期间。

正常营业周期通常短于1年,也有长于1年的。如正常营业周期不能确定的,应当以1年(12个月)作为正常营业周期。

(二)会计报表编制的质量要求

为了充分发挥会计报表在经营管理中的重要作用,必须保证会计报表的质量。企业在编制会计报表时,应做到以下四点。

1. 数字真实

企业应当根据真实、正确、完整的会计资料,按照国家统一的会计准则、制度规定编制会计报表,以保证会计报表的真实性,不能用估计数代替实际数,更不能弄虚作假,篡改数字,隐瞒谎报。

账簿记录是编制会计报表的主要依据。企业在编制会计报表时,必须做到以下几点。

(1)按期结账。在结账之前,所有已经发生的收入、支出、债权、债务,应该摊销或预提费用以及其他已经完成的经营活动和财务收支事项,都应全部登记入账。

(2)认真对账和进行财产清查。对于各种账簿记录,在编表之前,必须认真地审查和核对,对有关财产物资进行盘点和清查,对应收、应付款项和银行存(借)款进行查询核对,以达到账证相符、账账相符、账实相符、账款相符。在清查中应对会计报表中各项会计要素进行合理的确认和计量,不得随意更改。

(3) 在结账、对账和财产清查的基础上,通过编制总分类账户本期发生额试算平衡表以验算账目有无错漏,为正确编制会计报表提供可靠的数据。在编报以后,还必须认真复核,做到账表相符,报表与报表之间有关数字衔接一致。

2. 内容完整

每个单位都必须按照国家统一规定的报表种类、格式和内容编制会计报表,以保证其完整性。对不同的会计期间(月、季、半年、年)应当编报的各种会计报表,必须编报齐全;应当填列的报表指标,无论是表内项目,还是补充资料,必须全部填列;应汇总编制的所属各单位的会计报表,必须全部汇总,不得漏编、漏报。

3. 说明清楚

会计报表中需要加以说明的项目,在会计报表附注中用简要的文字和数字加以说明,对会计报表中主要指标的构成和计算方法,本报告期发生的特殊情况,如经营范围变化、经营结构变更,以及本报告期经济效益影响较大的各种因素都必须加以说明。

4. 报送及时

会计报表必须遵照国家或上级主管部门规定的期限和程序,及时编制,及时报送,以保证报表的及时性。要保证会计报表编报及时,企业必须加强日常的核算工作,认真做好记账、算账、对账和财产清查,调整账面工作,同时加强会计人员的配合协作,但不能为赶编会计报表而提前结账,更不应为了提前报送而影响报表质量。

此外,会计报表应当由单位负责人和主管会计工作的负责人、会计机构负责人签名并盖章;设置总会计师的单位还须由总会计师签名并盖章,他们分别对会计报表的真实性、合法性负责。单位负责人是本单位会计行为的第一责任人,对本单位的会计报表的真实性、合法性负责;有关会计负责人员也应承担相应的责任。

以上各点必须同时做到,才能发挥会计报表应有的作用。

第三节 资产负债表

一、资产负债表的格式和内容

资产负债表是指反映企业在某一特定日期的财务状况的报表。企业须按月、按季、按年编制资产负债表,及时为有关部门和有关人员提供企业会计信息,作为企业投资人、债权人、国家管理部门和各级管理人员投资、信贷及经营决策的依据。

资产负债表的格式一般有两种:一种是账户式,其结构分为左、右两方,左边列示资产项目,右边列示负债和所有者权益项目,根据会计平衡公式,左、右两方的总额是相等的;另一种是报告式,其结构分为上、下两方,上方列示资产项目,下方列示负债及所有者权益项目,上、下两方的合计数相等。我国企业会计准则、制度规定,企业的资产负债表一律采用账户式格式,账户的两方分别排列"资产""负债和所有者权益(或股东权益)"的项目名称,以及各项目对应的"期末余额""上年年末余额"。"上年年末余额"栏内各项数字应根据上年年末资产负债表"期末余额"栏内所列数字填列。如果本年度项目的名称和内容与上年度不相一致时,应将上年年末的名称和数字按本年度的规定进行调整。

资产负债表的内容主要根据"资产=负债+所有者权益"平衡公式设置,分为资产、负债和所有者权益三类,各类项目分别列示。

资产类项目按流动性强弱列示,一般分为流动资产和非流动资产。流动资产是指预计在1年或超过1年的一个正常营业周期内变现或耗用的资产,主要包括货币资金、交易性金融资产、应收账款、预付款项、其他应收款、存货等。非流动资产是流动资产以外的资产,应予归类并按其性质分类列示,主要包括债权投资、长期应收款、长期股权投资、固定资产、无形资产、长期待摊费用等。

负债类项目按偿还期长短列示,一般分为流动负债和非流动负债。流动负债是指预计在1年或超过1年的一个正常营业期中偿还的负债,主要包括短期借款、应付票据、应付账款、预收款项、应付职工薪酬、应交税费等。非流动负债是流动负债以外的负债,应予归类并按其性质分类列示,主要包括长期借款、应付债券、长期应付款等。

所有者权益项目按永久性程度列示,一般分为实收资本、其他权益工具、资本公积、盈余公积和未分配利润等。

资产负债表的这种列示方式比较清楚地反映企业资产的流动性和负债的变现性,以及所有者权益的构成情况,可用于分析企业的财务状况和偿债能力。

二、资产负债表的编制

资产负债表中的数据主要来自会计账簿记录,有的可以根据相关账户的期末余额填列,有的应按有关账户合并分析或调整后填列。资产负债表各项目的"上年年末余额"应按上年各有关项目"期末余额"填列;各项目的"期末余额"应根据相关科目的期末余额填列,具体方法表述如下。

(一)根据总账科目期末余额直接填列

例如,"交易性金融资产""长期待摊费用""递延所得税资产""其他非流动资产""短期借款""应付职工薪酬""应交税费"(如为借方余额,以"一"号填列)"长期借款""应付债券""预计负债""递延所得税负债""实收资本""资本公积""盈余公积"等项目,均根据总账科目期末余额直接填列。

(二)根据同类总账科目期末余额合并计算填列

例如,"货币资金"项目,应根据"库存现金""银行存款""其他货币资金"科目的期末余额合计数计算填列。

又如,"存货"项目,应根据"材料采购""原材料""在途物资""库存商品""周转材料""委托加工物资""生产成本"等科目的期末余额合计数,减去"存货跌价准备"科目期末余额后的金额填列。材料采用计划成本核算和库存商品采用售价核算的企业,还应加或减"材料成本差异""商品进销差价"科目余额后的金额填列。如果期末结账后,有关科目账面金额为:"材料采购"科目借方 80 000 元,"原材料"科目借方 600 000 元,"库存商品"科目借方 900 000 元,"周转材料"科目借方 300 000 元,"存货跌价准备"科目贷方 100 000 元,则资产负债表中"存货"项目的金额如下:

80 000+600 000+900 000+300 000-100 000=1 780 000(元)

(三)根据总账科目余额减去其备抵科目后的净额填列

例如,"无形资产"项目,应根据"无形资产"科目期末余额减去"无形资产减值准备"科目余额后的净额填列;"应收账款"项目,根据"应收账款"科目期末余额减去"坏账准备"科目余额后的净额填列;"长期股权投资"项目,应根据"长期股权投资"科目期末余额减去"长期股权投资减值准备"科目余额后的净额填列;"固定资产"项目,应根据"固定资产"科目期末余额减去"累计折旧""固定资产减值准备"科目余额后的净额填列;等等。如果期末结账后,有关科目账面金额为:"固定资产"科目借方 500 000 元,"累计折旧"科目贷方 100 000 元,"固定资产减值准备"科目贷方 50 000 元,则资产负债表中"固定资产"项目的金额如下:

500 000-100 000-50 000=350 000(元)

(四)根据总账科目的有关明细科目期末余额调整填列

例如,"应收账款"科目所属明细科目的期末余额在贷方时,应调整为"预收账款"科目的贷方余额,填入"预收款项"项目;"预付账款"科目所属明细科目的期末余额在贷方时,应调整为"应付账款"科目的贷方余额,填入"应付账款"项目;"应付账款"科目所属各明细科目的期末余额在借方时,应调整为"预付账款"科目的借方余额,填入"预付款项"项目等。假如期末结账后有关总账科目所属明细账科目金额如下:

	借方	贷方
"应收账款"科目	400 000元	50 000元
"预付账款"科目	200 000元	20 000元
"应付账款"科目	100 000元	500 000元
"预收账款"科目	200 000元	600 000元

则资产负债表中相关的项目金额如下:

"应收账款"项目＝400 000＋200 000＝600 000(元)

"预付款项"项目＝200 000＋100 000＝300 000(元)

"应付账款"项目＝20 000＋500 000＝520 000(元)

"预收款项"项目＝600 000＋50 000＝650 000(元)

为准确反映企业财务状况,编制资产负债表时须注意报表的各项数额必须核对相符,包括:总计数与合计数相加之和相符;合计数与各项目之和相符;资产总计与负债和所有者权益总计相符等;编表期内重要项目的变动,应在附注栏内加以说明。

三、资产负债表编表举例

甲公司201×年年末有关科目余额资料如表10-5所示。

表10-5

甲公司年末有关科目余额表

科目名称	借方余额	贷方余额	科目名称	借方余额	贷方余额
库存现金	70 000		短期借款		235 000
银行存款	250 000		应付票据		220 000
其他货币资金	205 000		应付账款		500 000
应收票据	35 000		预收账款		20 000
应收股利	35 000		应付职工薪酬		135 000
交易性金融资产	125 000		应付股利		120 000
应收账款	356 000		应交税费		45 000
坏账准备		6 000	其他应付款		35 000
预付账款	60 000		长期借款		500 000
其他应收款	20 000		实收资本		1 500 000
原材料	300 000		资本公积		89 000
库存商品	165 000		盈余公积		256 000
周转材料	50 000		利润分配		125 000
生产成本	185 000				
长期股权投资	390 000				

(续表)

科目名称	借方余额	贷方余额	科目名称	借方余额	贷方余额
长期股权投资减值准备		20 000			
固定资产	2 000 000				
累计折旧		650 000			
在建工程	120 000				
无形资产	90 000				
合计	4 456 000	676 000	合计		3 780 000

说明：以上科目中有三个科目，经查明应在列表时按规定予以调整：在"应收账款"科目中有明细科目贷方余额 10 000 元；在"应付账款"科目中有明细科目借方余额 20 000 元；在"预付账款"科目中有明细科目贷方余额 5 000 元。

现将上列资料经归纳分析后填入资产负债表：

(1) 将"库存现金""银行存款""其他货币资金"科目余额合并列入"货币资金"项目，共计 525 000 元(70 000＋250 000＋205 000)。

(2) 将"坏账准备"科目余额 6 000 元从"应收账款"项目中减去；将"应收账款"科目的明细科目中的贷方余额 10 000 元列入"预收款项"项目。计算结果为："应收账款"项目的余额为 360 000 元(356 000－6 000＋10 000)；"预收款项"项目的余额为 30 000 元(20 000＋10 000)。

(3) 将"应付账款"科目的明细科目中的借方余额 20 000 元列入"预付款项"项目；将"预付账款"科目的明细科目中的贷方余额 5 000 元列入"应付账款"项目。计算结果为："预付款项"项目的余额为 85 000 元(60 000＋20 000＋5 000)，"应付账款"项目的余额为 525 000 元(500 000＋20 000＋5 000)。

(4) 将"原材料""库存商品""周转材料""生产成本"科目的余额合并为"存货"项目，共计 700 000 元(300 000＋165 000＋50 000＋185 000)。

(5) 从"长期股权投资"科目中减去"长期股权投资减值准备"科目余额 20 000 元，则"长期股权投资"项目的余额为 370 000 元(390 000－20 000)。

(6) 其余各项目按科目余额表列数字直接填入资产负债表。

所编制的资产负债表如表 10-6 所示。

表 10-6

资产负债表

会企 01 表

编制单位：甲公司　　　　　　　　201×年 12 月 31 日　　　　　　　　单位：元

资产	期末余额	上年年末余额	负债和所有者权益（或股东权益）	期末余额	上年年末余额
流动资产：			流动负债：		
货币资金	525 000	（略）	短期借款	235 000	（略）
交易性金融资产	125 000		交易性金融负债		
衍生金融资产			衍生金融负债		
应收票据	35 000		应付票据	220 000	
应收账款	360 000		应付账款	525 000	
应收款项融资			预收款项	30 000	
预付款项	85 000		合同负债		
其他应收款	55 000		应付职工薪酬	135 000	
存货	700 000		应交税费	45 000	
合同资产			其他应付款	155 000	
持有待售资产			持有待售负债		
一年内到期的非流动资产			一年内到期的非流动负债		
其他流动资产			其他流动负债		
流动资产合计	1 885 000		流动负债合计	1 345 000	
非流动资产：			非流动负债：		
债权投资			长期借款	500 000	
其他债权投资			应付债券		
长期应收款			其中:优先股		
长期股权投资	370 000		永续债		
其他权益工具投资			租赁负债		
其他非流动金融资产			长期应付款		
投资性房地产			预计负债		
固定资产	1 350 000		递延收益		
在建工程	120 000		递延所得税负债		
生产性生物资产			其他非流动负债		
油气资产			非流动负债合计	500 000	
使用权资产			负债合计	1 845 000	
无形资产	90 000		所有者权益(或股东权益)：		
开发支出			实收资本(或股本)	1 500 000	
商誉			其他权益工具		

(续表)

资产	期末余额	年初余额	负债和所有者权益（或股东权益）	期末余额	年初余额
长期待摊费用			其中：优先股		
递延所得税资产			永续债		
其他非流动资产			资本公积	89 000	
非流动资产合计	1 930 000		减：库存股		
			其他综合收益		
			专项储备		
			盈余公积	256 000	
			未分配利润	125 000	
			所有者权益（或股东权益）合计	1 970 000	
资产总计	3 815 000		负债和所有者权益（或股东权益）总计	3 815 000	

第四节 利润表及所有者权益变动表

一、利润表

（一）利润表的结构和内容

利润表是指反映企业在一定会计期间的经营成果的会计报表。当前国际上常用的利润表格式有单步式和多步式两种。单步式利润表是将当期收入总额相加，然后将所有费用总额相加，一次计算出当期收益的方式，其特点是所提供的信息都是原始数据，便于理解；多步式利润表是将各种利润分多步计算求得净利润的方式，便于使用人对企业经营情况和盈利能力进行比较和分析。当前我国采用的是多步式利润表，其结构内容如下：

营业利润＝营业收入－营业成本－税金及附加－销售费用－管理费用－研发费用－财务费用＋其他收益＋投资收益＋净敞口套期收益＋公允价值变动收益＋信用减值损失＋资产减值损失＋资产处置收益

利润总额＝营业利润＋营业外收入－营业外支出

净利润＝利润总额－所得税费用

综合收益总额＝净利润＋其他综合收益的税后净额

上列计算公式中：营业收入包括主营业务收入和其他业务收入；营业成本包括主

营业务成本和其他业务成本;资产减值损失包括企业计提的各项减值准备所形成的损失;公允价值变动收益是企业交易性金融资产等公允价值变动所形成的当期损益;投资收益包括企业对外投资所取得的收益。

(二)利润表各项目的填列方法

利润表分为本期金额和上期金额两栏。"本期金额"栏反映各项目的本期实际发生数;"上期金额"栏反映上年实际发生数;如果上期利润表与本期利润表的项目名称和内容不相一致,应对上期利润表项目的名称和数字按本年度的规定进行调整,填入"上期金额"栏。

"本期金额"栏应根据"主营业务收入""主营业务成本""其他业务收入""其他业务成本""税金及附加""销售费用""管理费用""财务费用""投资收益""营业外收入""营业外支出""所得税费用"等科目的发生额分析计算填列。"营业利润""利润总额""净利润"等项目,如分析计算结果为损失或亏损时,应以"—"号填列。

(三)利润表编表举例

例如,甲公司201×年度利润表有关科目的累计发生额如表10-7所示。

表10-7

利润表有关科目累计发生额

科目名称	借方发生额	贷方发生额
主营业务收入		12 500 000
其他业务收入		230 000
投资收益		3 200 000
营业外收入		2 850 000
主营业务成本	8 320 000	
税金及附加	550 000	
其他业务成本	180 000	
销售费用	200 000	
管理费用	1 050 000	
财务费用	1 000 000	
营业外支出	2 000 000	
所得税费用	1 370 000	

根据上列资料,计算各项目内容如下:

(1) 营业收入=12 500 000+230 000=12 730 000(元)

(2) 营业成本=8 320 000+180 000=8 500 000(元)

(3) 营业利润=12 730 000−8 500 000−550 000−200 000−1 050 000−

$1\,000\,000+3\,200\,000=4\,630\,000(元)$

(4) 利润总额=$4\,630\,000+2\,850\,000-2\,000\,000=5\,480\,000(元)$

(5) 净利润=$5\,480\,000-1\,370\,000=4\,110\,000(元)$

所编制的利润表如表10-8所示。

表10-8

利 润 表

会企02表

编制单位：甲公司　　　　　201×年12月　　　　　单位：元

项　　　目	本期金额	上期金额
一、营业收入	12 730 000	（略）
减：营业成本	8 500 000	
税金及附加	550 000	
销售费用	200 000	
管理费用	1 050 000	
研发费用		
财务费用	1 000 000	
其中:利息费用		
利息收入		
加：其他收益		
投资收益(损失以"－"号填列)	3 200 000	
其中:对联营企业和合营企业的投资收益		
以摊余成本计量的金融资产终止确认收益(损失以"－"号填列)		
净敞口套期收益(损失以"－"号填列)		
公允价值变动收益(损失以"－"号填列)		
信用减值损失(损失以"－"号填列)		
资产减值损失(损失以"－"号填列)		
资产处置收益(损失以"－"号填列)		
二、营业利润(亏损以"－"号填列)	4 630 000	
加：营业外收入	2 850 000	
减：营业外支出	2 000 000	
三、利润总额(亏损总额以"－"号填列)	5 480 000	
减：所得税费用	1 370 000	
四、净利润(净亏损以"－"号填列)	4 110 000	
（一）持续经营净利润(净亏损以"－"号填列)		
（二）终止经营净利润(净亏损以"－"号填列)		
五、其他综合收益的税后净额		
（一）不能重分类进损益的其他综合收益		
（二）将重分类进损益的其他综合收益		
六、综合收益总额	4 110 000	
七、每股收益：		
（一）基本每股收益		
（二）稀释每股收益		

二、所有者权益变动表

(一)所有者权益变动表的结构和内容

所有者权益变动表是反映所有者权益的各个部分当期增减变动的报表,包括实收资本、资本公积、其他综合收益、专项储备、盈余公积、未分配利润等的当期增减情况。此表也是一张动态报表。

(二)所有者权益变动表各项目的填列

相关项目的计算公式如下:

本年年初余额=上年年末余额+会计政策变更+前期差错调整+其他

本年年末余额=本年年初余额±本年增减变动金额

本年增减变动金额 = 综合收益总额 + 所有者投入和减少资本 + 利润分配 + 所有者权益内部结转

所有者权益变动表的格式如表10-4所示。

第五节 现金流量表

现金流量表是指反映企业在一定会计期间的现金和现金等价物流入和流出的会计报表。它是一张动态报表。在资产负债表和利润表已经反映企业财务状况和经营成果信息的基础上,现金流量表进一步说明企业现金进出的整体情况,提供财务状况的变动信息,以便于企业的投资者、债权人和其他的财务会计报告使用者了解企业运用经济资源创造现金流量的能力、运用资金产生现金流量的能力,以及筹资获得现金流量的能力,从而评价企业支付能力、偿债能力和周转能力,准确预测企业未来的现金流量,分析企业收益质量及影响现金净流量的因素。

一、现金流量表的结构和内容

现金流量表所指的现金一般包括现金及现金等价物。其中:现金是指企业库存现金以及可以随时用于支付的银行存款和其他货币资金;现金等价物是指企业持有的期限短、流动性强、易于转换为已知金额现金、价值变动风险很小的投资。例如,从购买日起3个月内到期的可以在市场流通的短期债券投资等。凡不能随时支付的定期存款和长期性投资均不能作为现金。企业的现金流量是指某一时期内现金流入、流出的数量。

现金流量表的结构包括基本报表和补充资料(在附注中披露)。

(一)基本报表

基本报表的内容有六项:一是经营活动所产生的现金流量,主要包括销售商品、提供劳务、税费返还、购买商品、接受劳务、支付工资、交纳税费等;二是投资活动产生的现金流量,主要包括收回投资,取得投资收益,处置固定资产、无形资产和其他长期资产收入等;三是筹资活动产生的现金流量,主要包括吸收投资、取得借款、偿还债务、分配股利等;四是汇率变动对现金及现金等价物的影响;五是现金及现金等价物净增加额;六是期末现金及现金等价物余额。

(二)补充资料

补充资料有三项:一是将净利润调节为经营活动产生的现金流量;二是不涉及现金收支的重大投资和筹资活动;三是现金及现金等价物净变动情况。

基本报表与补充资料两者的关系如下:一是基本报表中的第一项经营活动产生的现金流量净额与补充资料中的第一项经营活动产生的现金流量净额,应当核对相符。二是基本报表中的第五项与补充资料中的第三项存在钩稽关系,金额应当一致。三是基本报表中的数字是现金流入与现金流出的差额,补充资料中的数字是现金与现金等价物期末数与期初数的差额,其计算依据不同,但结果应当一致,两者应核对相符。

二、现金流量表的编制方法

现金流量表的编制方法有直接法和间接法两种。

直接法通过现金收入和支出的主要类别,直接根据企业有关账户的会计记录分析填列,反映来自企业经营活动的现金流量。

间接法将利润表中的净收益,调整为现金流量,将权责发生制下的收入、成本和费用转换为现金基础,即从净收益中加上未支付现金的支出,如折旧、摊销等,再减去未收到现金的销货应收款等项目;将资产负债表和现金流量表中的投资、筹资项目,反映为投资和筹资活动的现金流量;将利润表中有关投资和筹资方面的收入和费用列入现金流量表的投资、筹资现金流量中去,求出实际的现金流量,对当期业务进行分析并对有关项目进行调整。

《企业会计准则第31号——现金流量表》要求企业采用直接法报告经营活动的现金流量,同时要求在补充资料中用间接法来计算现金流量。

现简要介绍现金流量表主要项目的填列方法。

(一)基本报表的编制

1. 经营活动产生的现金流量

(1)"销售商品、提供劳务收到的现金"。该项目一般应包括当期销售商品或提供劳务所收到的现金收入(包括增值税销项税额);当期收到前期销售商品、提供劳务的应收账款或应收票据;当期的预收账款;当期因销货退回而支付的现金或收回前期核销的坏账损失。当期收到的货款和应收、应付账款,原规定不包括应收增值税销项税额,现为简化手续,将收到的增值税销项税款并入"销售商品、提供劳务收到的现金"及应收、应付项目中,并对报表有关项目作相应修改。例如,甲公司本期收到商品销售收入现金120万元;支付客户退货价款5万元;应收账款期初余额为10万元,期末余额为8万元;应收票据期初余额为15万元,期末余额为6万元(均包括增值税额)。以上各项目计算结果,该公司销售商品、提供劳务收到的现金应为126万元。其计算如下:

$$120+(10-8)+(15-6)-5=126(万元)$$

(2)"收到的税费返还"。该项目包括收到的增值税、消费税、所得税、关税和教育费附加的返还等。例如,甲公司本期收到出口产品增值税退还50 000元,收到消费税退还20 000元。

(3)"收到其他与经营活动有关的现金"。该项目反映企业除了上述各项以外收到的其他与经营活动有关的现金流入。

(4)"购买商品、接受劳务支付的现金"。该项目一般包括当期购买商品、接受劳务支付的现金;当期支付前期的购货应付账款或应付票据(均包括增值税进项税额);当期预付的账款,以及购货退回所收到的现金。例如,甲公司当期购买原材料支付现金30万元;当期支付前期进货应付账款20万元;当期预付购货款3万元(均包括增值税额)。甲公司当期"购买商品、接受劳务支付的现金"为53万元(30+20+3)。

(5)"支付给职工以及为职工支付的现金"。该项目包括本期实际支付给职工的工资、奖金、各种津贴和补贴等,以及经营人员的养老金、保险金和其他各项支出。例如,甲公司支付给经营人员的工资、奖金等支出5万元,应列入"支付给职工以及为职工支付的现金"项目。

(6)"支付的各项税费"。该项目反映企业按规定支付的各项税费,包括本期发生并支付的税费,以及本期支付以前各期发生的税费和预交的税金。例如,甲公司当期向税务机关交纳各项税款42万元。支付的其他与经营活动有关的现金10万元。

(7)"支付其他与经营活动有关的现金"。该项目反映企业除了上述各项以外的其他与经营活动有关的现金流出。

根据以上有关项目的例题计算,甲公司经营活动所产生的现金流入为133万元(126+7),现金流出110万元(53+5+42+10);经营活动所产生的现金流量净额为23万元(133-110)。

2. 投资活动产生的现金流量

(1)"收回投资收到的现金"。该项目反映企业出售转让或到期收回除现金等价物以外的短期投资、长期股权投资而收到的现金,以及收回长期债权投资本金而收到的现金,按实际收回的投资额填列。例如,甲公司出售权益性投资,本金为20万元,收回的投资金额为25万元,本项目应按25万元填列。

(2)"取得投资收益收到的现金"。该项目反映企业因股权性投资和债权性投资而取得的现金股利、利息,以及从子公司、联营企业或合营企业分回利润而收到的现金。到期收回的本金应在"收回投资收到的现金"项目中反映。例如,甲公司收回到期债券本金20万元;债券利息6万元。收入的现金应列入"收回投资收到的现金"20万元;"取得投资收益收到的现金"6万元。

(3)"处置固定资产、无形资产和其他长期资产收回的现金净额"。该项目反映企业为处置这些资产所取得的现金,扣除为处置这些资产而支付的有关费用后的净额。例如,甲公司出售设备一台,收到价款5万元,支付设备拆卸费用等0.5万元。收到处置固定资产的现金净额为4.5万元(5-0.5)。

(4)"收到其他与投资活动有关的现金"。该项目反映企业除了上述各项以外收到的其他与投资活动有关的现金流入。

(5)"购建固定资产、无形资产和其他长期资产支付的现金"。该项目包括企业购买、建造固定资产,取得无形资产和其他长期资产所支付的现金,不包括为购建固定资产而发生的借款利息资本化的部分以及融资租赁租入固定资产所支付的租金和利息。例如,甲公司购入机器一台,支付价款30万元(含增值税额),则"购建固定资产、无形资产和其他长期资产支付的现金"为30万元。

(6)"投资支付的现金"。该项目反映企业进行权益性投资和债权性投资支付的现金,包括短期股票、短期债券、长期股权和债权投资支付的现金及佣金、手续费等附加费用。

(7)"支付其他与投资活动有关的现金"。该项目反映企业除上述各项以外,支付的其他与投资活动有关的现金流出。

根据以上有关项目的例题计算,甲公司投资活动所产生的现金流入为 55.5 万元(25+20+6+4.5),现金流出为 30 万元,现金流量净额为 25.5 万元(55.5-30)。

3. 筹资活动产生的现金流量

筹资活动是指导致企业资本及债务规模和构成发生变化的活动。

(1)"吸收投资收到的现金"。该项目反映企业收到的投资者投入的资金,包括发行股票、债券所实际收到的款项净额(发行收入减去支付的佣金等发行费用后的净额)。在一般企业中,发行股票、债券的业务比较少,这里不另举例。

(2)"取得借款收到的现金"。该项目是指企业举借各种短期、长期借款所收到的现金,根据收入时的实际借款金额计算。企业因借款而发生的利息列入"分配股利、利润或偿付利息支付的现金"。例如,甲公司向银行借到长期借款所收到的现金 20 万元,应列入"借款收到的现金"。

(3)"收到其他与筹资活动有关的现金"。该项目是指企业除上述各项目外,收到的其他与筹资活动有关的现金流入,如接受现金捐赠等。

(4)"偿还债务支付的现金"。该项目包括归还金融企业借款,偿付企业到期的债券等,按当期实际支付的偿债金额填列。例如,甲公司归还部分金融企业借款 10 万元,偿付利息 3.5 万元。甲公司应列入"偿还债务支付的现金"10 万元,列入"分配股利、利润或偿还债券支付的现金"3.5 万元。

(5)"分配股利、利润或偿付利息支付的现金"。该项目是指企业实际支付的现金股利和付给其他投资单位的利润以及支付的债券利息、借款利息等。

(6)"支付其他与筹资活动有关的现金"。该项目是指企业除上述各项外,支付的其他与筹资活动有关的现金流出,如捐赠现金支出及融资租入固定资产所支付的租赁费等。

根据以上有关项目举例中的数字计算,甲公司筹资活动所产生的现金流入为 20 万元,现金流出为 13.5 万元(10+3.5),现金流量净额为 6.5 万元(20-13.5)。

4. 汇率变动对现金及现金等价物的影响

这是指企业的外币现金流量以及境外子公司的现金流量折算为人民币时,所采用的现金流量发生日的汇率或平均汇率折算的人民币金额,与"现金及现金等价物净增加额"中外币现金净增加额按期末汇率折算的人民币金额之间的差额。

5. 现金及现金等价物净增加额

这是指经营活动产生的现金流量净额、投资活动产生的现金流量净额、筹资活动产生的现金流量净额三项之和。根据以上举例即为 55 万元(23+25.5+6.5)。

所编制的现金流量表如表 10-9 所示。

表 10-9

现 金 流 量 表

会企 03 表

编制单位：　　　　　　　　　201×年度　　　　　　　　　单位：元

项　　　　目	本期金额	上期金额
一、经营活动产生的现金流量		
销售商品、提供劳务收到的现金	1 260 000	
收到的税费返还	70 000	
收到其他与经营活动有关的现金		
经营活动现金流入小计	1 330 000	
购买商品、接受劳务支付的现金	530 000	
支付给职工以及为职工支付的现金	50 000	
支付的各项税费	420 000	
支付其他与经营活动有关的现金	100 000	
经营活动现金流出小计	1 100 000	
经营活动产生的现金流量净额	230 000	
二、投资活动产生的现金流量		
收回投资收到的现金	450 000	
取得投资收益收到的现金	60 000	
处置固定资产、无形资产和其他长期资产收回的现金净额	45 000	
处置子公司及其他营业单位收到的现金净额		
收到其他与投资活动有关的现金		
投资活动现金流入小计	555 000	
购建固定资产、无形资产和其他长期资产支付的现金	300 000	
投资支付的现金		
取得子公司及其他营业单位支付的现金净额		
支付其他与投资活动有关的现金		
投资活动现金流出小计	300 000	
投资活动产生的现金流量净额	255 000	
三、筹资活动产生的现金流量		
吸收投资收到的现金		
取得借款收到的现金	200 000	
收到其他与筹资活动有关的现金		

(续表)

项　　　　目	本期金额	上期金额
筹资活动现金流入小计	200 000	
偿还债务支付的现金	100 000	
分配股利、利润或偿付利息支付的现金	35 000	
支付其他与筹资活动有关的现金		
筹资活动现金流出小计	135 000	
筹资活动产生的现金流量净额	65 000	
四、汇率变动对现金及现金等价物的影响		
五、现金及现金等价物净增加额	550 000	
加：期初现金及现金等价物余额	100 000	
六、期末现金及现金等价物余额	650 000	

（二）补充资料的披露内容

补充资料的披露内容如表10-10所示。

表10-10

补　充　资　料　　　　　　　　　　　　　　　　单位：元

补　充　资　料	本期金额	上期金额
1. 将净利润调节为经营活动现金流量：		
净利润		
加：资产减值准备		
固定资产折旧、油气资产折耗、生产性生物资产折旧		
无形资产摊销		
长期待摊费用摊销		
处置固定资产、无形资产和其他长期资产的损失（收益以"－"号填列）		
固定资产报废损失（收益以"－"号填列）		
公允价值变动损失（收益以"－"号填列）		
财务费用（收益以"－"号填列）		
投资损失（收益以"－"号填列）		
递延所得税资产减少（增加以"－"号填列）		
递延所得税负债增加（减少以"－"号填列）		
存货的减少（增加以"－"号填列）		

(续表)

补 充 资 料	本期金额	上期金额
经营性应收项目的减少(增加以"－"号填列)		
经营性应付项目的增加(减少以"－"号填列)		
其他		
经营活动产生的现金流量净额		
2. 不涉及现金收支的重大投资和筹资活动：		
债务转为资本		
一年内到期的可转换公司债券		
融资租入固定资产		
3. 现金及现金等价物净变动情况：		
现金的期末余额		
减：现金的期初余额		
加：现金等价物的期末余额		
减：现金等价物的期初余额		
现金及现金等价物净增加额		

企业采用间接法在现金流量表附注中披露，将利润调节为经营活动现金流量的信息。

1. "将净利润调节为经营活动现金流量"

该项目通过债权、债务变动，存货变动，应计及递延项目变动，与投资和筹资现金流量相关的收益和费用项目的计算，将净利润调节到经营活动的现金流量。

调节的公式根据现金流量表"补充资料1"所列各项数据之和计算。其中净利润数额与所列各项目之和即为经营活动产生的现金流量净额。

2. "不涉及现金收支的重大投资和筹资活动"

该项目是指一定期间内影响资产或负债但不形成该期现金收支的所有投资和筹资活动，如债务转为资本、融资租入固定资产等。

3. "现金及现金等价物净变动情况"

该项目通过对符合现金含义的"库存现金""银行存款""其他货币资金"科目以及现金等价物的期末余额与期初余额比较所得，其增加额应与"现金流量表"中"五、现金及现金等价物净增加额"的金额相等。

第六节 会计报表附注的内容和格式

会计报表附注是指对在会计报表中列示项目所作的进一步说明,以及对未能在这些报表中列示项目的说明等。它是财务会计报告的主要组成部分。企业应当按照规定披露附注信息。附注主要包括以下六个方面的内容。

一、企业的基本情况

(1) 企业注册地、组织形式和总部地址。
(2) 企业的业务性质和主要经营活动。
(3) 公司名称。
(4) 财务会计报告的批准者和批准报出日期。

二、财务会计报告的编制基础

企业应在持续经营基础上进行财务会计报告列报。

三、遵循企业会计准则的声明

企业应声明编制的财务会计报告符合企业会计准则的要求,真实、完整地反映了企业的财务状况、经营成果和现金流量等有关信息。

四、重要会计政策和会计估计

企业应当披露重要会计政策的确定依据和财务会计报告项目的计量基础,以及会计估计中所采用的关键假设和不确定因素。

五、会计政策和会计估计变更以及差错更正的说明

企业应按企业会计准则的规定披露有关会计政策和会计估计变更以及差错更正的信息。

六、报表重要项目的说明

企业应按资产负债表、利润表、现金流量表、所有者权益变动表及其项目列示的程序,采用文字和数字描述的方式进行披露,报表重要项目的明细金额合计,应当与报表项目金额相衔接。

按《企业会计准则——应用指南》的规定，一般企业的财务会计报告重要项目的披露包括以下内容：

(1) 交易性金融资产。

(2) 应收款项。

(3) 存货。

(4) 其他流动资产。

(5) 可供出售金融资产。

(6) 持有至到期投资。

(7) 长期股权投资。

(8) 投资性房地产。

(9) 固定资产。

(10) 生产性生物资产和公益性生物资产。

(11) 油气资产。

(12) 无形资产。

(13) 商誉的形成来源、账面价值的增减变动情况。

(14) 递延所得税资产和递延所得税负债。

(15) 资产减值准备。

(16) 所有权受到限制的资产。

(17) 交易性金融负债。

(18) 职工薪酬。

(19) 应交税费。

(20) 其他流动负债。

(21) 短期借款和长期借款。

(22) 应付债券。

(23) 长期应付款。

(24) 营业收入。

(25) 公允价值变动收益。

(26) 投资收益。

(27) 资产减值损失。

(28) 营业外收入。

(29) 营业外支出。

(30) 所得税费用。
(31) 企业取得政府补助的种类及金额。
(32) 每股收益。
(33) 按费用性质分类的利润表。
(34) 非货币性资产交换。
(35) 股份支付。
(36) 债务重组。
(37) 借款费用。
(38) 外币折算。
(39) 企业合并。
(40) 租赁。
(41) 终止经营。
(42) 分部报告。

第七节　会计资料的分析利用

会计资料的分析利用是根据会计报表的有关指标资料,对企业的生产经营过程和结果进行分析的一种方法,它是财务会计报告的重要组成部分。通过会计资料分析,企业可以评价其财务状况和经营成果、预测发展前景。

一、会计资料分析的作用

对会计资料进行分析利用,其目的主要在于动态地运用会计报表,满足企业内部和外部投资者对会计信息的特定要求。其作用主要有三个方面。

(一) 为企业管理者提供财务状况信息,促进企业内部管理

对企业管理者来说,通过会计资料分析,能及时了解企业财务状况和经营成果,规范企业财务行为,评价各种投资方案,测定管理效率,预测经济效益,指导企业生产经营的开发。

(二) 为企业外部投资者提供决策依据

对企业外部投资者(包括潜在的、现在的投资者和融资者)来说,通过会计资料分析,能了解有关企业财务状况和经营成果各方面的信息,帮助其进行投资分析和选择,有利于其作出正确的决策。

（三）为社会提供企业财务信息，促进证券市场正常运行

股票上市企业经营的优劣、投资风险的大小、盈利的高低等因素，对证券市场颇有影响，通过企业定期向社会公布会计分析资料，能及时地、真实地反映企业财务状况和经营成果，以稳定证券投资者的心态，促进证券市场的正常运转。

二、财务分析评价指标

在社会主义市场经济条件下，企业由产品经营转向资本经营，会计资料分析应围绕企业的营运能力、偿债能力、盈利能力和发展能力等方面进行。

（一）营运能力分析的指标

营运能力是指企业经营的效率，即资金周转的速度及其有效性。其主要分析指标有四个。

1. 总资产周转率（次数）

总资产周转率（次数）是企业一定时期的销售收入净额与平均资产总额之比。它是衡量资产投资规模与销售水平之间配比情况的指标。其计算公式如下：

$$总资产周转率（次数）=\frac{销售收入净额}{平均资产总额}$$

计算公式中的销售收入净额是指当期销售总额减去销售折扣以后的数额，平均资产总额是指企业全部资产的年初数与年末数的平均值。

运用总资产周转率（次数）分析评价资产使用效率时，还要结合销售利润一起分析。对资产总额中的非流动资产应计算分析。总资产周转率（次数）越高，说明企业销售能力越强，资产投资的效益越好。

【例10-1】 某公司201×年销售收入净额为3 600万元，平均资产总额为1 800万元。其总资产周转率如下：

$$总资产周转率（次数）=\frac{3\ 600}{1\ 800}=2（次）$$

2. 流动资产周转率（次数）

分析企业的经营效率一般用流动资产周转率（次数）来表示其速度的快慢及利用效率。

流动资产周转率（次数）是销售收入与流动资产之比，是指在一定时期内流动资产可以周转的次数。其计算公式如下：

$$流动资产周转率（次数）=\frac{销售收入净额}{平均流动资产总额}$$

这个指标的周转次数越多，表示流动资产周转速度越快，利用效率则越高。

此外，分析企业流动资产周转速度还可以用流动资产周转期（天数）指标，它是指流动资产周转一次所需的时间。其计算公式如下：

$$流动资产周转期（天数）=\frac{平均流动资产总额}{日销售收入净额}$$

这个指标表明流动资产周转一次所需的天数。周转天数越少，说明流动资产周转速度越快，利用率越高。在使用这个指标时，对平均流动资产的计算，一般为（期初＋期末）÷2，企业内部使用时，应按月或按旬平均计算较为准确。

【例10-2】 某公司201×年销售收入为3 600万元，平均流动资产为900万元。其流动资产周转次数和天数分别如下：

$$流动资产周转率（次数）=\frac{3\ 600}{900}=4（次）$$

$$流动资产周转期（天数）=\frac{900}{3\ 600\div 360}=90（天）$$

3. 存货周转率（次数）

在分析企业流动资产总的周转速度的基础上，要进一步分析流动资产中个别重点项目的周转速度，其中存货周转率（次数）尤为重要，因为存货在流动资产中占有较大的比重。

存货周转率（次数）是对流动资产周转率的补充说明，是衡量企业销售能力及存货管理水平的综合性指标。它是销售成本与平均存货的比率。其计算公式如下：

$$存货周转率（次数）=\frac{销售成本}{平均存货}$$

同流动资产周转率（次数）一样，存货周转率（次数）越高，表示存货周转速度越快，存货利用率越高；反之，则越低。

分析存货周转速度也可以用存货周转期（天数）来表示。其计算公式如下：

$$存货周转期（天数）=\frac{平均存货}{日销售成本}$$

存货周转期（天数）越短，表明存货周转速度越快，存货利用率也就越高。

虽然评价存货周转速度快慢取决于周转次数和周转天数的多少，周转次数越多,周转天数越少,存货的周转速度就越快。但不等于周转次数越多越好,周转天数越少越好。因为出现这种情况,可能是存货太少或库存经常不足所致。这样就会导致商品脱销,丧失销售机会。因此,对存货周转率的评价应注意两点:一是要注意存货的结构,有否存在积压、滞销的存货;二是要注意其他企业和行业水平。

在使用和计算存货周转率指标时要注意:在一个年度内,存货的计价方法(加权平均法、先进先出法、个别计价法)必须保持一致,只能用一种计价方法,不能更换,否则会掩盖成本的真相。

此外,生产企业的存货包括原材料、在产品、产成品等的周转速度,也可以分别加以计算。其计算公式如下:

$$原材料周转率(次数) = \frac{耗用原材料成本}{平均原材料存货}$$

$$在产品周转率(次数) = \frac{制造成本}{平均在产品存货}$$

$$产成品周转率(次数) = \frac{产品销售成本}{平均产成品存货}$$

4. 应收账款周转率(次数)

应收账款是企业流动资产除存货外的另一重要项目。应收账款周转率(次数)是企业在一定时期内赊销净收入与平均应收账款余额之比。它是衡量企业应收账款周转速度及管理效率的指标。其计算公式如下:

$$应收账款周转率(次数) = \frac{赊销收入净额}{平均应收账款余额}$$

一般来说,应收账款周转率(次数)越高越好,它反映收回货款速度快,资产流动性强,可以减少和避免坏账损失。这个指标在计算时应注意以下几点:

(1) 应收账款应为扣除坏账准备后的净额。
(2) 平均应收账款以"(期初+期末)÷2"计算。
(3) 销售收入以赊销净收入计算,但在一般报表分析或与其他单位比较时可按总销售收入计算。

应收账款的周转速度也可用应收账款回收期(天数)表示。其计算公式如下:

$$应收账款回收期(天数) = \frac{平均应收账款余额}{平均月赊销收入}$$

或

$$应收账款回收期(天数) = \frac{360}{应收账款周转率}$$

(二)偿债能力分析的指标

偿债能力是指企业偿付各种债务的能力。如果企业到期不能偿付债务,则表示企业财务状况不佳。衡量企业的偿债能力,主要是对资产和负债进行分析,资产大于负债,说明企业具有偿债能力;反之,则偿债能力不足,其主要分析指标有五个。

1. 流动比率

流动比率是企业流动资产与流动负债之比,即企业能用以偿付每 1 元流动负债所具有的流动资产额。它是衡量企业短期偿债能力的指标。其计算公式如下:

$$流动比率 = \frac{流动资产}{流动负债}$$

【例 10-3】 某企业 201×年 12 月 31 日流动资产总额为 360 万元,流动负债总额为 200 万元。其流动比率如下:

$$流动比率 = \frac{360}{200} = 1.8$$

评价流动比率的标准,一般以流动资产与流动负债 2∶1 左右为好。流动比率过高,虽然表示企业资金流动性大,有足够的变现资产来偿债,但并不能说明一定有足够的现金可以还债,也可能是存货积压,应收账款增多。因此,还要结合现金流量进行分析,流动比率过低,则说明企业资金不足,偿债能力低下。

2. 速动比率

速动比率是企业速动资产与流动负债之比,即企业用以偿付每 1 元流动负债所具有的速动资产额。它是衡量企业近期偿债能力的指标。其计算公式如下:

$$速动比率 = \frac{速动资产}{流动负债}$$

速动资产是企业在较短时间内能变为现金的流动资产,不包括存货,因为存货要通过销售、经应收账款后才能变现,其流动性相对较差。

【例 10-4】 承[例 10-3]资料,设流动资产总额为 360 万元,存货为 150 万元。其速动比率如下:

$$速动比率 = \frac{360 - 150}{200} = 1.05$$

对速动比率的评价,一般认为以速动资产与流动负债 1∶1 为好,表示企业有较好的偿债能力。速动比率过高,资金往往滞留在应收账款形态上;而速动比率过低,则又表示偿债能力不足。

3. 资产负债率

资产负债率是负债总额与资产总额的比率,即每 1 元资产所承担的负债数额。它用来衡量企业清算时保护债权人利益的程度。其计算公式如下:

$$资产负债率=\frac{负债总额}{资产总额}$$

【例 10-5】 某企业负债总额为 300 万元,资产总额为 540 万元。其资产负债率如下:

$$资产负债率=\frac{300}{540}=0.56$$

这个指标反映了企业总资产中由债权人所提供资产的比重。为此,该比率越大,说明企业总资产中由债权人提供的部分越多,企业负债就越多,举债就困难;如该比率较小,则说明企业总资产中由债权人提供的部分较少,企业财力较强,债权保障程度较高。一般认为,这个指标以 0.5 左右为好。

4. 产权比率

产权比率又称负债权益比率,是企业负债总额与所有者权益之比。它反映了债权人提供的资本与所有者提供的资本相对的关系,说明企业的财务结构与债权人投入的资本受所有者权益的保障程度。其计算公式如下:

$$产权比率=\frac{负债总额}{所有者权益}$$

【例 10-6】 某公司 201×年负债总额为 300 万元,所有者权益为 240 万元,其产权比率如下:

$$产权比率=\frac{300}{240}=1.25$$

产权比率越低,表示企业的长期偿债能力越强,债权人就越有安全感;反之,产权比率越高,企业长期偿债能力越弱,债权人的安全感就越差。这个指标的评价标准,一般应小于 1。此例表示借款比重较大,债权人受所有者权益保障程度较低。

5. 已获利息倍数

已获利息倍数是企业在一定时期内利润总额加上利息费用与利息之比。它是衡量企业偿付借款利息的承担能力和保证程度,同时也反映了债权人投资的风险程度。其计算公式如下:

$$已获利息倍数=\frac{利润总额+利息费用}{利息费用}$$

计算公式中的利润总额是指税后利润加上所得税即税前利润;利息费用是指支付的全部利息,包括计入费用的利息和计入固定资产的利息。

【例10-7】 某公司201×年税前利润为8万元,利息为2万元,其已获利息倍数如下:

$$已获利息倍数=\frac{8+2}{2}=5$$

对这个指标的评价标准,要看行业水平或企业历史水平,一般按利润较低的水平评价。这个指标的倍数越高,说明企业承担利息的能力越强。如果倍数小于1,则表示企业的获利能力无法承担举债经营的利息支出。在本例中,该公司已获利息倍数为5倍,若行业平均水平或企业历史水平为6倍,则该公司弥补利息费用的安全程度则较低,债权人的投资风险也较大。

(三)盈利能力分析的指标

盈利能力是企业获取利润的能力。它是衡量企业经营成果的重要指标。其主要指标有三个。

1. 总资产报酬率

总资产报酬率以投资报酬为基础来分析企业获利能力,是企业投资报酬与投资总额之间的比率。企业的投资报酬是指支付利息和交纳所得税之前的利润之和,投资总额为当期平均资产总额。其计算公式如下:

$$总资产报酬率=\frac{税前利润+利息支出}{平均资产总额}$$

【例10-8】 某企业201×年税前利润为50万元,利息支出为10万元,年平均资产总额为400万元。其总资产报酬率如下:

$$总资产报酬率=\frac{50+10}{400}=0.15$$

总资产报酬率的数值越高越好,说明资产盈利能力越强,资产利用效果越好。

2. 资本收益率

资本收益率是企业利润与实收资本之比。它是衡量投资者投入资本的获利能力与企业管理水平的综合指标。其计算公式如下:

$$资本收益率 = \frac{净利润额}{实收资本额} \times 100\%$$

【例 10-9】 某企业 201×年净利润额为 36 万元,实收资本额为 300 万元,其资本收益率如下:

$$资本收益率 = \frac{36}{300} \times 100\% = 12\%$$

3. 销售利润率

销售利润率是企业利润与销售额之间的比率。它是以销售收入为基础分析企业获利能力,反映销售收入收益水平的指标,即每 1 元销售收入所获得的利润。其计算公式如下:

$$销售利润率 = \frac{销售利润额}{销售净收入} \times 100\%$$

一般来说,销售利润率越高,企业的获利能力越强,销售收入的收益水平也越高。

(四)发展能力分析的指标

分析企业的发展能力,主要是观察其经营规模、资本增值、支付能力和财务成果等增长情况,其主要指标有三个。

1. 销售增长率

销售增长率是企业本年销售收入增长额同上年销售收入总额之比。本年销售增长额为本年销售收入减去上年销售收入的差额,它是分析企业成长状况和发展能力的基本指标。其计算公式如下:

$$销售增长率 = \frac{本年销售增长额}{上年销售收入总额} \times 100\%$$

【例 10-10】 某企业产品销售收入上年为 5 000 万元,本年为 5 750 万元,其销售增长率如下:

$$销售增长率 = \frac{5\,750 - 5\,000}{5\,000} \times 100\% = 15\%$$

销售增长率指标值越高,表示销售收入增长速度越快,市场前景越好。如果该指标小于 0,则表示销售收入下降,说明产品滞销,市场份额萎缩。

2. 资本积累率

资本积累率是企业年末所有者权益的增长额同年初所有者权益总额之比。本年所有者权益增长额为本年所有者权益的年末数减去年初数的差额,它是分析企业当年资本积累能力和发展能力的主要指标。其计算公式如下:

$$资本积累率 = \frac{本年所有者权益增长额}{年初所有者权益总额} \times 100\%$$

【例 10-11】 某企业年初所有者权益为 1 000 万元,年末为 1 100 万元。其资本积累率如下:

$$资本积累率 = \frac{1\,100 - 1\,000}{1\,000} \times 100\% = 10\%$$

资本积累率指标体现了企业当年资本积累情况及资本的保全性和增长性,指标值越高表示资本积累增长越多,资本保全性就越强,如果该指标值小于 0,则说明资本流失。

3. 总资产增长率

总资产增长率是企业本年总资产增长额同年初资产总额之比。本年总资产增长额是资产总额年末数减去年初数的差额。它反映了企业本年资产规模的扩展速度,是分析企业发展能力的补充指标。其计算公式如下:

$$总资产增长率 = \frac{本年总资产增长额}{年初资产总额} \times 100\%$$

总资产增长率指标表明了企业本年内资产经营规模的扩张速度。该指标值越高,说明扩张速度越快;反之,如果该指标小于 0,则表示资产减少,规模缩小。

第八节 财务会计报告的报送和汇总

为了充分发挥财务会计报告的作用,各个单位在编制财务会计报告后应按规定的期限和程序及时报送上级主管部门和其他有关单位。上级主管部门对上报的财务会计报告应及时组织审查和汇总。由于各单位隶属关系不同、业务活动性质不同及经济管理要求不同,对于财务会计报告的报送、审批和汇总的办法也不同。

一、财务会计报告的报送

财务会计报告在报送之前,必须由本单位会计主管人员和企业负责人进行认真复核。主要是复核报表的项目是否填列齐全,补充资料填列是否完整,是否附有必要的编制说明,报表与报表的有关指标是否衔接一致。复核无误后,应将财务会计报告依次编定页数,加具封面,装订成册,加盖公章。封面上应注明企业的名称、地址、开业年份、报表所属年度月份、送出日期等。企业的财务会计报告必须由企业领导、总会计师(或代行总会计师职权的人员)和会计主管人员签名并盖章。外商投资企业、股份有限公司等财务会计报告还须经注册会计师签证。

财务会计报告报送的单位,主要是根据企业管理体制,同时考虑国家综合平衡工作需要以及增强财政、信贷监督的要求而定。基层企业一般报送上级主管部门、财税部门、开户银行和投资人。财政、审计、税务、银行、证券监管等部门应依照有关法规规定的职责,对有关单位的会计资料实施监督检查。

财务会计报告报送的期限,一方面应考虑需要财务会计报告的有关单位对财务会计报告的需要程度,另一方面又要考虑编报单位的机构、组织形式、编报工作量大小和编报单位所在地的交通条件等因素,正确规定财务会计报告的报送期限。这样有利于各编报单位如期报送,便于及时汇总和利用财务会计报告,以发挥其应有的作用。根据企业会计准则、制度规定,月度财务会计报告应于月份终了后6天内报出,半年度财务会计报告应于年度中期结束后60天内报出,年度财务会计报告应于年度终了后4个月内报出。

二、财务会计报告的审核

财务会计报告应当根据经过审核的账簿记录和有关资料编制,并符合我国《会计法》和国家统一的会计准则、制度的规定,上级主管部门单位对财务会计报告的审核包括:① 审核财务会计报告的编制是否符合会计准则、制度的有关规定,如会计报表的种类、份数是否按规定报送,会计报表的项目、指标是否填列齐全,会计报表的编制人员和企业领导、总会计师、会计主管人员是否已经签章,相关的会计报表及相关的项目之间的钩稽关系是否正确等。② 审核财务会计报告的内容,主要是查明会计报表所提供的各项指标是否真实可靠,查明企业在编制会计报表前是否全面清查财产、核实账务,对发现的问题是否按企业会计准则、制度规定进行处理,是否按照会计核算的一般原则进行确认和计量。③ 审查各项计划指标完成情况,查明完成或未完成的原因,检查有无违反国家法令和财经纪律等情况。

经过审核,如果发现财务会计报告填报错误或手续不全,应通知编报单位更正或补办手续;如果发现违反国家法令和财经纪律的情况,应查明原因,严肃处理。

三、会计报表的合并与汇总

(一) 合并会计报表

合并会计报表是指反映母公司和其全部子公司形成的企业集团整体财务状况、经营成果和现金流量的会计报表。

母公司是指有一个或一个以上子公司的企业。子公司是指被母公司控制的企业。合并会计报表的基础是"控制",即一个企业能决定另一个企业的财务和经营政策,并据以从其经营活动中获取利益。

合并会计报表由母公司编制,至少包括合并的资产负债表、利润表、现金流量表、所有者权益变动表四张会计报表及其附注等内容。编制时,母公司应抵销母公司与子公司相互之间发生的内部交易对企业资产、负债、所有者权益、利润、现金流量等方面变动的影响,从而可以对外提供母、子公司组成的企业集团的整体经营情况的会计信息。

(二) 汇总会计报表

汇总会计报表是各级企业主管部门对所属单位逐级编报的会计报表汇总编制的会计报表。

各级主管部门在汇编时,必须注意汇编的单位是否齐全,对所属各单位的会计报表必须全面地加以汇编,不得漏编、漏报。在汇编以前还必须对所属企业会计报表进行审核,经审核认为正确后才能汇编。

汇总会计报表是根据所属各企业会计报表和汇编单位本身的会计报表加以整理、汇总而成的。

汇总会计报表的编制方法基本上与前述编制方法相同。大部分项目都可以按照所属单位的会计报表资料加以汇总,但有一部分项目不能简单地加计总数,而应在日常核算资料的基础上重新计算分析。

复习思考题

1. 财务会计报告有什么作用?编制财务会计报告的基本要求是什么?
2. 会计报表有哪些种类?它们的作用是什么?基本内容是什么?
3. 如何编制现金流量表?
4. 财务会计报告应如何报送和审核?

习 题 一

【目的】 练习资产负债表和利润表的编制。

【资料】

1. 某企业201×年6月底各科目期末余额见表10-11。

表10-11

各科目期末余额表

科目名称	借方余额	账户名称	贷方余额
库存现金	350	短期借款	41 000
银行存款	76 700	应付账款	4 050
应收账款	7 000	其他应付款	5 300
其他应收款	750	应付职工薪酬	7 000
原材料	349 800	应交税费	39 670
生产成本	36 000	累计折旧	230 500
库存商品	50 400	本年利润	158 765
固定资产	628 500	实收资本	721 000
利润分配	95 785	盈余公积	38 000
合　　计	1 245 285	合　　计	1 245 285

2. 有关明细资料如下：

各损益科目的累计余额为："主营业务收入"1 144 900元，"主营业务成本"944 280元，"税金及附加"64 320元，"销售费用"14 600元，"其他业务收入"35 000元，"其他业务成本"31 500元，"营业外收入"800元，"营业外支出"5 000元，"管理费用"20 800元，"财务费用"6 200元。

【要求】

1. 根据"资料1""资料2"，编制资产负债表。

2. 根据"资料1""资料2"，编制利润表。

3. 所编制的资产负债表和利润表中的相关数字必须核对相符。

习 题 二

【目的】 练习财务分析评价指标的计算。

【资料】 某企业201×年度有关数据资料如下(单位：万元)：

流动资产	288	负债总额	175
流动负债	120	销售成本	1 750
速动资产	150	平均存货	138
资产总额	375	利润额	90
销售收入	1 960	实收资本	200

【要求】 计算下列指标。

1. 流动比率。

2. 速动比率。

3. 资产负债率。

4. 流动资产周转率(次数)。

5. 资本收益率。

6. 销售利润率。

第十一章

会 计 管 理

【内容提示】 会计作为一种管理活动,必定具备各种管理功能。本章重点介绍会计的信息、预测、决策、控制、分析、检查等管理功能的基础知识。学习本章,学生应了解会计管理各种功能和会计电算化的概念及作用;明确会计管理的具体内容,掌握会计管理的各种方法,为今后进一步学习会计管理各门专业课程打下基础。

第一节 会 计 信 息

一、会计信息的特征

所谓会计信息,是指通过会计核算实际记录或科学预测,反映会计主体过去、现在、将来有关资金运动状况的各种可为人们接受和理解的消息、数据、资料等的总称。

会计信息既不是原始数据信息的集中,也不仅仅是对原始信息进行分类或其他的简单处理形成的,而是需要会计人员根据各方面的情况,进行科学有效、有目的地加工和处理形成的。此外,会计信息的获得,也不是一个信息的单向运动过程,它还包括信息的反馈,即将系统所获得的会计信息用于管理后,将其结果随时又投入会计信息系统中进行再加工、再处理的运动过程。

会计信息的主要特征如下:

(1) 会计信息应具有文字、数字、符号及语言等多种形式,它们借助凭证、账簿和报表等物质载体进行传递。

(2) 数据量的多寡将被科学技术的进步程度和社会生产力发展状况所左右。

(3) 这些数据原是分散的、浩繁的和杂乱无章的,但经过会计处理,便精练浓缩为综合的、系统的数据形式,更加清楚地反映出经济活动情况。

（4）可借助财务会计报告使各级主管部门和有关方面准确无误地接收提供的管理数据。

（5）这些数据在一定时空、程度和范围内可以被分享,不为一个人或一个单位所永远占有。

二、会计信息的作用

在现代社会经济活动过程中,每个会计主体都会不断地发出、传递或取得各种会计信息,形成向上、向下和平行输入、输出的会计信息流。

会计信息的作用如下：

（1）会计人员通过对各种会计信息进行收集、整理、加工、存储、检索和输出,可以预测资金运动的变化趋势,并作为会计决策的基础,以实现成本最低化、利润最高化和资金最省化的目标。

（2）可以揭示经济活动中偏离经营标准的因素及原因,以便采取措施,纠正脱离标准的偏差。

（3）可以揭示会计主体内部各层次和外部上下左右之间在经济活动中的联系,使内部各部门和外部各方面协调一致,以促进经营计划的实现。

三、会计信息的处理

会计信息只有通过收集和处理,才能应用于企业会计预测、会计决策等会计管理活动。而会计信息的收集又是会计信息处理的前提与基础。输出信息的质量首先取决于数据收集的质量。会计信息的处理是提高信息使用价值的重要环节,只有经过加工处理的会计信息,才能揭示经济现象的本质,才便于存储、查找和使用。

（一）会计信息的收集

会计信息的收集,是指目标系统收集全面完整的、真实可靠的、保持系统性和连续性的原始会计信息。会计信息的收集对数据处理具有重要的意义。如果数据的收集工作做不好,原始数据不可靠,以后的工作就失去了意义;再者,信息的收集与信息的存储、传输和加工相比较,其工作量较大、费用较高,所以,数据的收集是一项复杂的、严肃的、技术性较强的工作。为使收集工作顺利进行,保质保量地完成收集资料的任务,应遵循科学的、由若干步骤组成的工作流程。其内容如下：

（1）识别信息需求,也就是弄清收集数据是为了解决什么问题,即确立收集会计信息的目的。

(2) 确立收集对象,即确定收集单位,一般是经济活动或从事经济活动的社会机构或个人。

(3) 制定收集纲领。收集纲领通常要规定收集客体的属性及这些属性如何描述。

(4) 资料的实际收集,包括现成资料收集和原始资料收集。现成资料收集主要是各种可读、可视听的文字和声像资料的收集;原始资料的收集主要是从实际直接调查中所取得的第一手资料,可以通过直接观察、测量、实验和各种专门调查方法获得。

(二) 会计信息的处理内容

(1) 加工,即采用分类、排序、计算、比较、选择等一系列方法,对已获得的原始会计信息进行处理。

(2) 传递,即依靠必要的、科学的传递手段,采用由信源、信道、信宿组成的传递模型对会计信息进行输送。

(3) 存储,即利用会计信息资料档案和电子计算机编码对已加工的会计信息进行存储。

(4) 检索,即利用一定的检索工具,从会计信息资料档案和电子计算机编码中查找所需要的会计信息。

(5) 输出,即将经过处理的会计信息编印成各类会计报表和文件,供各级管理人员使用。

在处理会计信息过程中,要注意分清轻重缓急,抓住主要矛盾,规定时限,责任到人,并采取信息追踪,使输入的信息及时得到反馈,使信息的处理符合准确、及时、系统、适用、简明和经济的要求。

第二节 会 计 预 测

一、会计预测的特点和作用

预测是以过去的历史资料和现在所能取得的信息为基础,运用人们所掌握的科学知识与管理人员多年来的实践经验,来预计、推测事物发展的必然性与可能性的过程。我国历来遵循"凡事预则立,不预则废"的古训。

预测按其涉及的范围,可分为自然现象预测、社会发展预测、经济发展预测、军事预测等。

会计预测是经济发展预测的一种,系指根据会计信息及其他相关信息,运用一定的会计技术方法并借助其他技术方法,对企业资金的总体运动及其局部运动的发展趋势和可能性所进行的推测和估计。

（一）会计预测的特点

(1) 会计预测的主要依据是已经反映出来的会计资料,它是利用已有信息产生新的信息的过程,是一个信息处理和信息反馈的过程。

(2) 会计预测的对象是价值运动,在社会主义市场经济条件下是资金运动,是企业价值管理的一种形式。

(3) 会计预测的直接目的是为企业经营决策服务,最终目的是提高企业的经济效益。

（二）会计预测的作用

会计预测作为一种独立的现代会计职能,对于企业预测经济前景、规划未来、参与决策等方面具有重要的作用。其具体表现如下所述。

(1) 会计预测能帮助人们事先掌握会计管理的客观规律,使会计管理从经验管理发展到科学管理。

(2) 会计预测是决策的基础,是决策科学化的前提条件。在实际工作中,为了合理规划企业的经济活动,必须把会计预测与会计决策紧密结合起来加以应用,才能取得更好的效果。

(3) 会计预测还为企业制订财务计划提供科学根据,使财务计划的先进性与科学性有机地结合起来。

二、会计预测的分类

会计预测可按不同标志予以分类。

（一）按预测的性质可以分为探索性预测和目标性预测

所谓探索性预测,是指根据有关过去和现在资金运动的会计信息,来估计和推断未来发展变化的趋势。所谓目标性预测,是指围绕已确定的经营目标,根据有关过去和现在资金运动的会计信息,寻求实现目标的最佳途径和最优方案。

（二）按预测的方式可以分为定性预测和定量预测

所谓定性预测,是指根据过去和现在有关资金运动的会计信息,采用逻辑推理方法,对未来资金运动的变化趋势从本质方面进行的估计和推断。所谓定量预测,是指根据过去和现在有关资金运动的会计信息,采用数字模型和电子计算机运算的方法,对未来资金运动的变化趋势从数量方面进行的估计和推断。

(三)按预测的期限可以分为长期预测、中期预测和短期预测

所谓长期预测,是指根据已获得并经过整理、加工的会计信息,对5年及以上资金运动的前景进行的会计预测,它是制定经济发展远景规划的重要依据。所谓中期预测,是指根据已获得并经过整理、加工的会计信息,对1年以上、5年以下资金运动的前景进行的会计预测,它是制定中期经营规划的重要依据。所谓短期预测,是指利用已获得并已整理、加工的会计信息,对年内资金运动的发展变化趋势进行的会计预测,它是制定年度、季度、月度经营计划的重要依据。

除上述分类方法外,会计预测也可按照常规性预测和非常规性预测、结果预测、趋势预测和状况预测等进行分类。

三、会计预测的内容

会计预测主要应包括资金预测、成本预测和利润预测。

(一)资金预测

(1)资金需要量及来源的预测。它包括来源渠道的预测,一定时期固定资金和流动资金需要量的预测。

(2)资金运动状况的预测。它包括资金运动成果的预测,资金占用与资金来源分布情况、结构比例的预测,资金周转速度的预测等。

(3)现金流量预测。它包括现金收入与支出的数量、时间的预测,以及偿债能力预测等。

(4)投资效果的预测。它包括投资报酬率、投资回收期的预测,以及固定资金和流动资金每百元投资提供的利税和工业总产值的预测等。

(二)成本预测

成本预测是指运用一定的预测技术,综合考虑各种因素,来推断和估计某一成本对象(一个项目、一件产品或一种劳务)未来的成本目标和水平。它包括以下内容:

(1)产品成本水平的预测。它主要是指新产品以及经改造的老产品,在正常生产状况下应达到的成本目标或水平的预测。

(2)因素变化对成本影响的预测。它具体包括材料、人工、费用、产量等因素

变化对成本影响程度的预测。

（3）质量成本的预测。质量成本是指企业为了保证和提高产品质量而支出的一切费用以及因未达到质量标准而产生的一切损失。

（4）使用成本的预测。使用成本是指产品进入消费领域后，为了保证正常使用，或因质量问题而发生的有关维护、保养、运转所发生的成本。

（三）利润预测

利润大小取决于价格、销售、成本等诸种因素。在价格既定的情况下，扩大销量、降低成本，可提高利润；在销量难以扩大、价格不能提高的情况下，降低成本就是扩大利润的唯一途径。因此，利润预测是建立在销量、价格和成本的基础上的，是对未来一定时期企业实现的利润目标进行的一种预计。它具体包括以下内容：

（1）产品销量预测。

（2）产品价格预测。

（3）产品盈利水平预测。

（4）各因素变化对利润影响的预测。

经济效益往往受到价格影响或者决定于价格形式。因此，会计预测还应包括价格预测和经济效益预测。

四、会计预测的程序

会计预测的程序一般可分为五步。

（一）确定预测对象与目标

会计预测要先明确预测的对象与目标，即预测的对象是什么，要达到什么要求，解决什么问题，以及预测的范围和时间等。

（二）收集与分析资料数据

会计预测要广泛收集影响预测对象未来发展的企业可控制与不可控制的一切资料，即内部与外部环境的历史与现状的资料，对收集的资料，要按预测模型的要求，进行必要的整理、加工与分析。

（三）选择预测方法，建立预测模型

预测方法的选择要服从于预测目的、占有资料的数量和可靠程度、精度要求以及预测费用的预算。因此，应同时采用两种以上的方法，以比较和鉴别预测结果的可信度。

（四）分析与修正预测值

预测值是按一定的数字模型并根据历史资料推算出来的，它不可能与未来的实际情况完全相符,预测值只是对未来情况的估计值,具有一定的假定性和近似性。为了提高预测值的可靠性,应对事物未来发展变化的情况进行分析,对预测值加以修正,确定出最佳预测值。

(五)提出预测报告和建议

预测结果应按不同要求、目的编成书面报告,送交有关部门和人员,并同时提出策略性建议,以供决策之用。

会计预测的程序如图 11-1 所示。

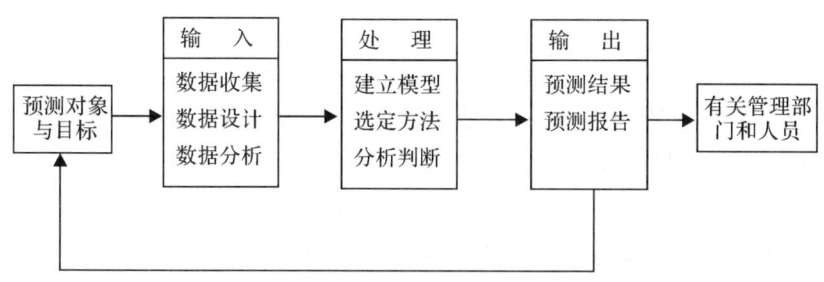

图 11-1　会计预测的程序

五、会计预测的方法

会计预测的方法按其来源可分为会计预测技术方法和数理统计预测方法两大类;按其性质又可分为定量预测分析法与定性预测分析法两大类。

定量预测分析法是根据预测变量之间存在的某种关系,如时间关系、因果关系、结构关系等建立数字模型,然后据以计算分析的方法。其具体可分为因果预测分析法和趋势预测分析法。

定性预测分析法是预测人员运用调查研究、分析判断等方法对预测对象的发展性质和趋势加以估计和推测的方法。采用这类方法进行预测,由于主要依靠会计人员的经验、判断力、洞察力和预见能力,因而受预测人员主观意志的影响,因此,在可能的情况下,定性预测分析法应尽量与定量预测分析法结合使用。常见的定性会计预测分析法包括调查研究法、主观分析法、直接推算法等。

会计预测的各种方法构成了一个比较完整的方法体系,它们既有不同的适用条件和用途,又相辅相成,相互补充。在实际工作中,为保证会计预测的科学性、准确性,定量预测分析法与定性预测分析法应结合起来使用。

第三节 会计决策

一、会计决策的意义

决策是指一定组织和单位,为了达到特定的目标,运用一系列专门的科学方法,从两种以上的备选方案中选择最优方案的过程。

会计决策可以从两方面理解:一是会计人员为了达到会计目标,对不同的会计方法和程序的合理抉择;二是会计人员为了帮助管理人员进行明智的决策,而运用特有的会计方法或借助于其他方法,来分析比较不同方案,并协助选择最优方案的过程。我们这里指的是后一种意义上的会计决策,即会计参与经营决策的过程。

会计决策作为现代会计的一项独立职能和方法体系,有其本身的特点,在企业经营管理中有其特殊地位和重要作用。

(一)会计决策是企业经营决策成功的重要保证

企业进行各种经营决策,其信息主要来自会计系统。会计人员通过信息的收集、分类、汇总、加工以及有关建设性方案的提出和比较,可以协助有关管理人员真正了解、掌握企业历史的和现在的情况,预测未来的发展趋势,使经营决策建立在切实可行的基础上。

(二)会计决策有助于提高企业经济效益

经济效益是投入与产出、劳动耗费与劳动成果之比。会计决策的实质就是通过对不同方案的收入、成本、利润的比较,选择经济效益好的方案的过程。因此,进行会计决策,有助于提高收入,降低成本,增加利润,最终提高企业的经济效益。

(三)进行会计决策有助于提高会计人员素质

会计不仅要反映过去,而且要预测未来、参与决策。会计决策工作一则可强化会计人员直接参与企业管理的意识,使其树立经营观念、竞争观念、市场观念和时间观念;二则客观上也可提高会计人员的分析能力、判断能力、预测能力,强化其会计基础工作,提高整体会计工作速度、质量与效率。

二、会计决策的方法

(一)差量分析法

差量分析法是指通过比较各种方案的收入、支出和效益,来确定最优方案的方法。差量分析法是最基本的会计决策方法,其内容包括收入差量分析、支出差量分析和效果差量分析。

（二）决策表法

决策表法是采用表格的形式，将各种自然状态下不同方案的数据列示出来，以便选择最优方案的方法。

（三）决策树法

决策树法是把会计决策的各个要点、抉择方案、可能事件和机遇结果，一步一步按顺序展开，列成树枝形图表，然后计算决策树中各个方案的期望值，并比较期望值的大小，以找出较好方案的方法。

三、会计决策的程序

会计决策是一项重要的会计管理活动，是一种行为选择的过程。为了使决策工作有条不紊地进行，在进行会计决策时必须遵循一定的基本程序。

（一）发现和确认问题

只有发现问题，才能明确决策目标，也才能解决问题。因此，会计人员要经常开展调查研究，充分掌握有关资料和信息，善于发现问题，并力争确认问题的性质和症结所在，为决策目标的确立界定范围。

（二）明确决策目标

明确决策目标即明确会计决策目的和解决问题所达到的程度和标准。它应有以下三个标志：一是可以计量其成果；二是可以确定其时间；三是可以明确其责任。

（三）拟订决策方案

按照会计决策的目标和会计预测的结果，要从各个角度提出各种可行的备选方案，并收集足够的影响因素，择优有关资料和会计信息。备选方案的多少和质量的好坏，直接影响着决策效果，备选方案过少，缺乏比较、鉴别，择优的余地窄小；备选方案过多，良莠混杂，比较、鉴别工作量大，且难以集中统一，择优无所适从。

（四）评价决策方案

应以决策目标为出发点，通过编制分析表，运用可行性分析和决策技术等专门方法，对备选方案进行探讨，从中选择最有希望达到决策目标的若干方案，以供择优之用。在评价备选方案时，还要通过定性和定量的分析、论证，看备选方案技术先进性、经济合理性和客观可能性如何，评价它们的综合社会效益及对环境的影响等。

（五）选择最优方案

在评价决策方案的基础上，应遵循择优原则，从全部备选方案中选出符合决策目标的最优方案。优选方案的关键在于确定优选标准。优选标准视决策性质而定,可以是成本最低,利润、收入最高;或者是期望值最大,损失值最小等。

（六）试验实证方案

备选方案选中后,必须经过试验实证,以验证方案运行的可靠性。因为选中方案后,不经过试验实证就付诸实施,常带有较大的盲目性,只有经过试验实证,方可证明方案是否最优。

（七）实施决策方案

方案一旦经试验被证明是最优方案,就可付诸实施。实施方案,必须做好几项工作：① 制订会计决策实施的具体措施和计划。② 组织发动有关单位或部门的职工一起努力实现会计决策方案和实施计划。③ 建立跟踪控制制度。④ 把会计的反映、控制诸职能协调起来,组成一个会计决策方案实施的科学体系。

（八）检查反馈

在会计决策方案实施过程中,要实行跟踪制度,随时反映实际行动与决策目标的偏差,分析原因,修正原定目标和实际行动,以保证决策目标的实现。

以上会计决策程序,如图11-2所示。

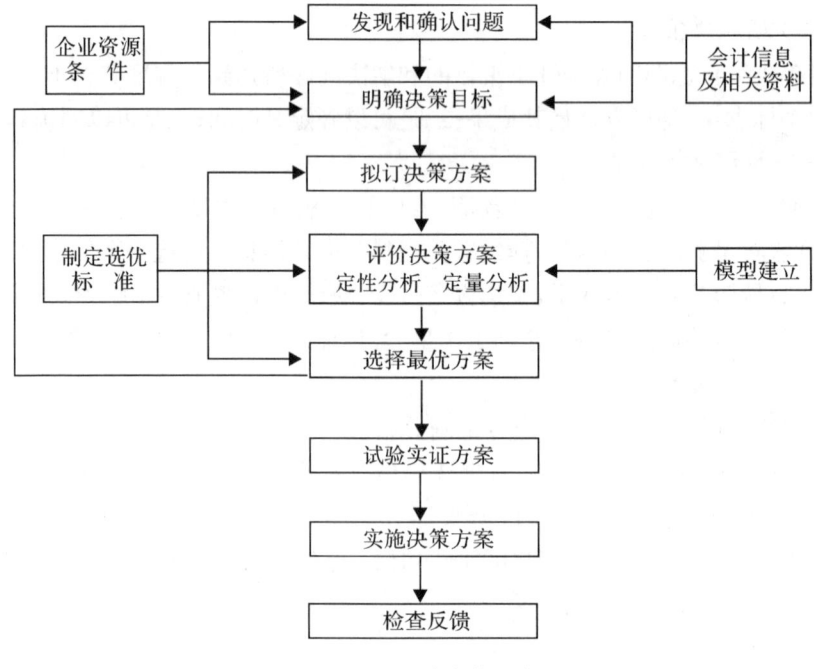

图11-2 会计决策程序

四、会计决策的内容

会计决策具体表现为资金、成本、利润三大决策。

（一）资金决策

及时、足量、经济地取得资金，并合理有效地运用资金，是会计决策的主要内容。

1. 资金筹集决策

该类决策主要研究和解决以下问题：① 必须筹集多少资金。② 应于何时筹集这些资金。③ 从何种渠道筹得资金（从投资者手中还是从债权人手中）。④ 应采用何种方式筹集，各种方式筹资比例应占多大等。

2. 资金运用决策

该类决策主要研究和解决以下问题：① 资金如何分布？固定资产与流动资产占多大比例？② 资金应投向何种方向？是购买土地、厂房、设备或购买原料、燃料？还是投放在股票、公司债券上？③ 每种投资方向效益如何？几种投资方案哪种可行？

（二）成本决策

成本决策的实质是企业资源合理配置与利用的决策。目的是降低资源消耗，提高企业利润。因此，成本决策应包括三方面主要内容。

1. 产品品种决策

该类决策按照技术上先进、经济上可行的原则，主要研究解决以下问题：① 开发、设计、生产何种新产品的决策。② 老产品是否更新换代的决策。

2. 产品数量决策

该类决策主要研究解决在资源有限的条件下，最大限度地利用资源的问题：① 各种产品数量如何安排的决策。② 如何科学合理地配料的决策。

3. 生产组织决策

该类决策主要从成本角度出发，研究如何合理地组织生产的决策：① 生产工艺选择决策。② 设备租赁或外购决策。③ 零部件自制或外购决策。④ 最佳生产批量确定的决策。⑤ 是否进一步加工的决策。

（三）利润决策

利润的大小取决于成本、产量、设备利用、劳动生产率等许多因素。在成本、产量既定的条件下，利润主要取决于价格高低和销量大小，而销量与价格又有一定的依存关系。一般而言,降低价格,可扩大销量;提高价格,销量减少。价格决策具体又包括定价策略与定价技术(方法)两种。

1. 定价策略决策

它主要研究解决对不同产品以及同一产品在不同地区、不同时间、不同消费者采用何种策略推销产品的问题。定价策略包括:① 渗透定价。② 撇油定价。③ 整数定价。④ 尾数定价等。

2. 定价方法决策

它主要研究解决价格制定的基础与依据问题。具体包括:① 按完全成本法定价。② 按变动成本法定价。③ 按市场供求关系定价。④ 按目标利润模式定价等。

第四节 会计控制

一、会计控制的特点和作用

控制论认为,控制是指系统主体采取某种强制性的措施,促使系统内某些要素自身或要素之间的联系方式按照一定的目标运行。

会计控制是会计的一种重要职能,是经济控制中的一部分。其目的在于尽力保障预期内经济目标的顺利实现。所谓会计控制,主要是通过会计工作,运用会计特有方法,采取政策、制度、定额、计划、标准、责任和流程等控制方式和手段,对企业经济活动或资金运动进行协调、监督、调整的过程。

(一)会计控制的特点

1. 全面性

全面性即对企业生产经营全过程的控制,包括供产销、资金投入与退出等方面的控制。它既有纵向控制,又有横向控制,有总指标控制,也有分指标控制。

2. 及时性

及时性是指控制目标、计划、措施的执行,计划指标的分解,信息的反馈,结果的处理等要讲求效率,提高速度,做到及时。

3. 准确性

准确性是指控制的指标、数据结果真实可靠,正确无误。

4. 群众性

群众性就是通过目标、计划的制订、分解,经济责任制和责、权、利结合,激励职工的动机与实施,实现群众性的自我控制。

（二）会计控制的作用

1. 会计控制有助于经营决策目标的实现

企业经营决策目标一经确定付诸实施,在执行过程中必然会出现一定差异。会计通过其信息系统,随时记录、反映这些差异,并及时进行反馈,督促有关人员采取对策,纠正其偏差,保证目标的实现。

2. 会计控制有助于挖掘企业内部潜力

会计控制通过事前的测算控制,使费用预算做到节约、合理;通过事中的成本控制,使目标成本得以实现;通过事后的检查控制,使报告期的成本费用状况得到科学的评价,有利于把成本管理提高到一个新水平。

3. 会计控制有助于协调各部门的关系

企业各部门都具有相应的职能、目标、权力和责任。会计通过目标的制定、分解、落实,并随时反映其执行情况,就可以及时发现问题,解决问题,协调各部门的关系,使各部门的目标与企业的总目标保持一致,起到一种神经中枢的协调、沟通作用。

4. 会计控制有助于查错防弊,纠正违法行为

企业经济活动是否合法、合理,有赖于会计的监督与检查。通过会计监督与检查,可以保证企业按国家法令、政策、制度开展经济活动,同时也可以堵塞漏洞,查错防弊,建立、健全和完善企业的内部控制制度。

总之,会计控制的意义在于强化会计管理,是提高企业经济效益的重要手段。会计控制实行与否,会计控制是否科学严密,直接关系到会计管理的水平与成效。会计控制,是控制论在会计管理中的具体应用,它使会计管理具有时代特征。

二、会计控制的种类

会计控制从不同的角度可以有不同的分类方法。

（一）按控制的时间分类

按控制的时间,会计控制可分为事前控制、事中控制和事后控制。

1. 事前控制

事前控制是在企业的经济活动进行之前,从价值管理的角度,进行不同方案的选择、可行性研究以及对效益的评价。具有典型意义的事前控制包括预测控制和

计划(预算)控制。

2. 事中控制

事中控制就是对企业经济活动与资金运动进行过程的控制,使其按既定方向、规模、速度,以最佳状态运行。具有典型意义的事中控制有定额控制和责任控制。

3. 事后控制

事后控制是资金运动和经济活动在控制运行告一段落时,通过取得有关的会计资料,测定财务成本指标的实际完成数据,并与控制标准进行对比,检查考核其执行情况的过程。事后控制并非是"马后炮",而是会计控制的重要组成部分。通过检查和考核,不仅可以了解事前控制的科学性和事中控制的有效性,而且可以为以后的会计控制指明努力的方向。

(二) 按控制的具体内容分类

按控制的具体内容,会计控制可分为资金控制、成本控制和利润控制。

1. 资金控制

资金控制的主要内容包括:控制资金总量、资金的构成、资金的分布、资金的流速与流量等。

2. 成本控制

成本控制的主要内容包括:成本的前馈控制,进行成本预测、决策,编制成本计划,制定成本标准和定额,成本的反馈控制,控制费用的发生,成本差异的揭示与调控以及成本的考核与分析。

3. 利润控制

利润控制的主要内容包括:利润预测、目标利润的确定及落实,利润计划的下达与分解,利润实现进度的控制,实现利润与计划利润差异的分析与调控,利润的检查与分析等。

(三) 按控制的范围分类

按控制的范围,会计控制可分为狭义会计控制和广义会计控制。

1. 狭义会计控制

所谓狭义会计控制,主要是指反馈会计控制,即重点在于严格执行既定目标计划,并通过差异信息调整实际经济活动,使其趋向于目标的控制。

2. 广义会计控制

所谓广义会计控制,即不仅要控制正在进行的经济活动,而且要控制尚未发生的经济活动。它包括反馈、前馈与防护性控制的完整会计控制。

(四）按控制的手段分类

按控制的手段,会计控制可分为绝对会计控制和相对会计控制。

1. 绝对会计控制

绝对会计控制就是严格按政策、制度、纪律要求进行的预防性和限制性控制,即所谓节流控制。

2. 相对会计控制

相对会计控制就是指不仅要采取预防性与限制性的控制,而且要采取指导性、开拓性、超前性的控制,如开展事前成本功能分析,消除多余功能,从根本上降低成本的控制。

三、会计控制的原则

会计控制是会计管理职能的重要内容,应根据控制对象的特征、时间、范围和目标进行。为了使会计控制科学、有效地进行,会计控制必须遵循六个原则。

（一）坚持标准

控制标准是进行会计控制的尺度和准绳。没有标准,就无从进行控制,对经济活动与资金运动进行检查分析就没有依据。控制标准是否科学,直接影响会计控制的科学性和有效性。因此,企业进行会计控制,必须制定和坚持科学的控制标准。

（二）实事求是

控制目标是总结过去、评估现在与预测未来的综合结果。总结是否真实,评价是否客观,预测是否准确,都会影响目标的可行性与科学性。因此,会计控制应当考虑有关因素的变化,适当修改目标,既做到目标的严肃性、一致性,又使目标具有灵活性、适应性,使目标符合客观事实。

（三）全面控制与重点控制相结合

会计控制一方面要对企业经济活动的全过程以及企业内部所有的职能部门进行全面控制；另一方面要对易于发生问题、政策性强、数量多、影响大的项目进行重点控制,使会计工作既做到规范化、程序化,又做到控制有重点、有范围。

（四）专业控制与群众控制相结合

专业控制是会计部门和会计人员进行的会计控制。这种控制具有一定的规律性和全局性。群众控制是群众参加管理和核算的重要内容。群众控制应与企业经济责任制和企业内部经济核算结合进行。因此,会计控制要贯彻专业控制与群众控制相结合的原则。

（五）坚持例外管理原则

所谓例外，是指某项经济活动超出常规的事项，如一些重大性质的费用开支、连续经常出现的失误或差错、一些重要控制项目等。会计控制不仅要注意经常性的重复活动，而且要更注意特殊情况的发生，一旦出现例外，对此应实行例外管理并及时处理，严加控制。

（六）实行内部牵制制度的原则

会计应当通过控制程序的建立，使每项经济业务都由两人或两个部门以上参与。实行和建立内部牵制制度，一则可避免贪污、盗窃等行为发生；二则可明确经济责任，便于考核有关部门与人员的工作成绩。

四、会计控制的内容

会计控制的内容一般来说是由时间与空间综合构成的。

（一）按时间划分会计控制的内容

企业的价值运动按时间划分，可分为资金投入、资金的循环和周转以及资金退出等内容。

资金投入企业时，会计应当控制资金投入的数量、时间、方式、渠道以及筹资代价等。

资金在企业内部的循环与周转也是资金在企业内部的耗费与收回。工业企业资金运动要经过供应、生产、销售三个过程，而商业资金运动只经过购进和销售两个过程。以商业为例：在购进阶段，会计应当控制商品采购的数量、进价、资金占用量及进货渠道、运输方式等；在销售阶段，会计应当控制销售费用的发生、销售收入的实现以及货款的收回等。

资金退出企业时，会计应当控制资金退出的数量、时间、方式和去向等。

（二）按空间划分会计控制的内容

会计不仅应从时间上控制企业价值运动，而且必须同时在空间上进行严格控制。会计按空间划分控制内容，可分为供应部门、生产（业务）部门、销售部门和其他部门的控制。

会计对供应部门的控制，主要内容是控制其储备资金定额，监督其采购成本发生，督促其按计划采购材料，加速其资金周转。

会计对生产部门的控制，主要内容是控制其生产费用发生，生产成本形成，督促其生产计划执行情况,节约一切费用开支,降低成本,减少在产品资金占用等。

会计对销售部门的控制,主要内容是控制其收入形成,费用发生,货款结算及收回等。

会计对其他部门的控制,主要内容是制定各种定额,监督检查执行情况,压缩开支,节省资金等。

五、会计控制的程序

会计控制程序一般可分为确定标准、对比检查和结果处理三个步骤。

(一) 确定标准

会计控制的标准是进行会计控制的依据。会计标准有的是由国家有关部门和主管部门制定的,称为外部标准。有的是由本单位按有关规定制定的,称为内部标准。一般来讲,外部标准是不可任意改变的,具有权威性、强制性和约束性,而内部标准则具有灵活性、适应性和可改变性。

会计控制的标准主要有:国家的政策、法律、法令和财经纪律;业务方面的制度、规定和办法;企业单位制定的各种定额,如材料消耗定额、库存材料(或商品)定额、劳动定额、费用定额、成本定额和资金定额等;企业单位编制的计划或预算,如资金计划、费用计划、利润计划及费用预算。确定了控制标准,就能使会计控制具有客观性、统一性和强制性。

进行会计控制时,要严格掌握控制标准,使经济活动与资金运动在控制标准内正常运行。有的标准由财会部门掌握、实施控制;有的标准则根据职责分工,交由其他职能部门和群众掌握、实施控制。比如,材料耗用定额标准,不仅仓库保管部门要掌握并据以发料,有关生产班组及生产工人更需要掌握,据以领料、投料,按定额标准控制生产。财会部门或其他有关职能部门实行总括控制。

(二) 对比检查

控制标准一经确定,应分解落实到各职能部门予以执行,且不能任意改变。在执行中,会计应通过信息系统,随时反映结果,分析偏差,并及时调整实际行动或酌情修改目标,保证实际活动按计划执行。

企业通过会计管理的反映系统取得有关经济活动与资金运动的资料,测算财务成本指标的实际完成数据,与控制标准(主要是计划、预算、定额标准)进行对比,检查执行情况。

进行对比检查,应注意系统性、协调性,使对比检查科学化。一方面,对比检查应与经济活动在时间上相协调,适时进行控制;另一方面,对比检查的执行应与实施控制的执行在责任分工上统一起来,就某一指标或某一活动而言,谁负责控制,谁就负责对比检查。这样,有利于信息的及时反馈,并及时进行再控制。

将实际与标准进行对比,可测定和分析实际脱离标准的差异。差异的计算公式如下:

$$差异数 = 实际数 - 标准数$$

$$差异度 = \frac{差异数}{标准数} \times 100\%$$

差异按其控制对象的性质,又分为不利(如成本升高、利润下降)和有利(如成本降低、利润提高)差异两种。发现差异后,应采用专业分析与群众分析相结合的原则,从实际出发进行分析,确定偏离标准的原因,并采取有效的控制措施。

(三) 结果处理

经济活动结束后,应根据有关差异报告,以标准为依据,进行具体分析,分别予以惩罚或奖励,以求新的会计控制更加合理化和可行化。

通过对比检查,所得到的会计控制结果有两种情况:一是受控;二是失控。所谓受控,是指经济活动与资金运动的实现符合或基本符合标准,就其指标而言,表现为有利差异,或者不利差异在允许范围之内;所谓失控,是指经济活动与资金运动的实际偏离标准,就其指标而言,表现为严重的不利差异。

对于受控情况,应总结会计控制的经验,探求会计控制的规律,使会计控制规范化、科学化。对于失控情况,应严肃认真、实事求是地分析产生偏差的原因,并会同有关部门研究纠正偏差的措施。如果因为情况发生了较大变化,原来的标准或计划不符合变化了的实际情况,就应该修订标准或计划,使其成为会计控制的科学依据。

会计控制随资金运动而形成一个不间断的过程,循环往复。会计控制的三个程序与会计预测和计划,会计核算及数据提供,会计分析与检查的日常工作有着密切的关系。

会计控制的程序如图 11-3 所示。

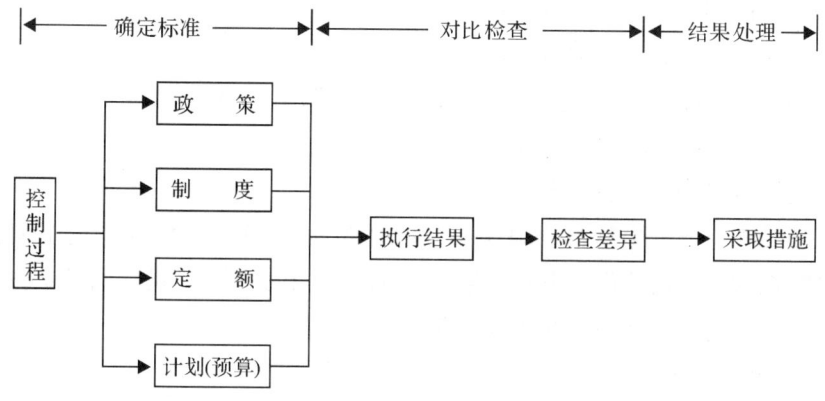

图 11-3　会计控制的程序

六、会计控制的方法

会计控制的方法也就是进行会计控制所采用的基本手段。根据控制对象的不同特点，会计控制可以采取不同的控制方法，也可根据控制对象的共同特征，综合采用几种方法进行控制。

（一）政策控制

企业要按照国家的方针政策对经济活动或资金运动进行检查，凡是符合方针政策的就执行，不符合方针政策的就立即纠正，以维护国家利益。政策控制最重要的内容是：企业单位的经济活动应认真贯彻执行各项政策，正确处理好国家、集体和个人三者之间的关系。企业开展各项经济业务活动，应严格执行税收政策、物价政策等。

（二）制度控制

企业要按照国家和业务主管部门颁发的制度、规定、办法、法令、法律等进行控制。企业的经济活动或资金运动，是受国家财经制度和法令制约的，如现金管理制度、工资基金管理制度、成本条例等，都是企业进行经济活动的依据。建立企业内部会计控制制度，是制度控制的主要内容。企业内部控制制度涉及面较广，有行政控制、人事控制、技术控制、质量控制和内部会计控制等。内部会计控制制度的基本内容如下所述。

1. 建立日常分工负责制度

日常处理每项经济业务时，都要进行适当分工，至少应由两人以上相互制约地进行。例如，材料进行外加工时，要做到加工有计划，合同、质量有要求，进出库有手续,结算有标准,形成一套材料委托加工管理制度。

2. 严格实行账、财、物分管制度

运用分工原理,对账目记载、银钱收付、实物进出三方面的人员分工,做到职责分明,发挥相互制约和监督的作用。

3. 建立凭证填制和传递制度

每项经济业务发生后都要填制相应的必要凭证,作为经济业务的书面证明。其中,销货发票、收据等都要事先编号,每项凭证均要由有关人员签名盖章,规定凭证的份数、传递程序和时间,并按规定存档保管备查。

(三) 预测控制

所谓预测控制,就是对即将发生的资金运动等经济活动所进行的会计控制。财务人员要采用各种会计预测方法,在经济活动开始之前和进行之中进行预测控制,如有差异,应采取措施以避免损失,提高经济效益。

预测控制的主要目标是单位的重大策略、主要计划指标、新产品试制、专项工程、基建项目以及日常生产经营过程中的产品销售、成本、利润等内容。通过预测控制,为制定科学的销售计划、成本计划和利润计划奠定基础。

(四) 定额控制

所谓定额控制,就是以定额为标准,对经济活动和资金运动所进行的会计控制。实行定额控制,要求在经济活动的各个环节和各个方面,凡是能够制定定额的都要制定定额,以核定的定额作为标准加以控制。企业的定额控制的内容主要包括:商品、材料、储备定额、劳动定额、费用定额、成本定额和资金定额等。在进行定额控制时,凡符合定额的经济业务,要积极支持,保证资金需要;凡超过定额的经济业务要分析超过的原因,分别不同情况进行处理。实行定额控制,并充分发挥定额控制的作用,就要使定额水平先进合理。如果定额水平过高或过低,都会影响企业的经济效益。

(五) 计划控制

计划控制是以计划为标准,对经济活动与资金运动所进行的会计控制。企业要通过制订计划、执行计划、检查和分析计划的完成情况,达到总结经验,拟订措施,提高经济效益的目的。实行计划控制,特别要注意计划的科学性和准确性。计划控制要求按计划去组织经济活动,通过职工群众去实现计划所规定的目标,并对计划执行过程进行检查,对计划执行中出现或可能出现的差异,采取措施,加以纠正,从而达到计划目标的完成。

（六）责任控制

所谓责任控制，就是通过职工和责任部门履行岗位责任制对经济活动与资金运动所进行的会计控制。上述政策控制、制度控制、定额控制、计划控制等都需要通过责任控制来落实。责任控制必须坚持职责分明，责、权、利相结合，实行职务分管、钱账分管、账物分管。要执行赏罚分明的政策，要将企业内部的经济责任制与企业内部的经济核算制有机地结合起来，真正使责任控制成为会计管理的重要手段。

会计控制的方法除上述所介绍的六种外，还有其他一些控制方法，如流程控制法，它是将企业经济业务按其岗位分工、目标责任、经办和审批层次等，制成标准化的流程表或流程图，直观地反映会计控制的全过程的一种方法。会计控制按其控制对象的不同，又可分为不同的方法，如材料采购的"经济订货量法"、库存材料的"ABC 分类法"、生产成本的"标准成本法"、生产批量的"最佳批量法"以及目标管理、责任会计等方法。

总之，会计控制不仅贯穿于经济活动过程的始终，涉及管理活动的各个方面，而且在实践中也是极其复杂而严密的。它要求对经济活动的全过程进行有效、连续、综合和全面的控制，以达到会计控制的最终目的。

第五节 会 计 分 析

一、会计分析的意义

会计分析是企业经济活动分析的组成部分，是会计核算的继续和发展。

会计分析以会计核算资料为主要依据，结合统计核算、业务核算和其他有关资料，采用专门的方法，从相互联系的各项经济指标中进行分析对比，查明各单位经济活动和财务收支的执行情况和结果，客观地评价计划和预算完成或未完成的原因，肯定成绩，找出差距，总结经验教训，提出改进措施，借以改善经营管理，提高经济效益。

一般而言，会计核算只能回答"是什么"，而不能回答"为什么"的问题。如果说会计核算就是记账、算账和报账，那么会计分析则是用账。所以，在会计核算的基础上，进一步利用会计核算资料进行分析，对于更好地发挥会计的作用，提高企业的经营管理水平，具有重要的意义。

（一）通过会计分析，督促企业遵纪守法

企业的一切经营活动，都必须遵守国家的政策法令，执行国家的规章制度，以保证企业经营活动在国家的指导和群众的监督下健康地进行。分析企业的财务成本状况，必须对企业经营活动的合理性、合法性、效益性作出正确的评估。因此，通过经常性的会计分析就能够对企业遵守国家政策法令和规章制度起到一定的监督作用，增强企业遵纪守法的观念。

（二）通过会计分析，促进企业提高经济效益

会计分析是会计管理的重要内容。通过会计分析，可以促进企业内部经济责任制和经济核算制的健全和完善，可以查明企业资金的管理和使用是节约还是浪费以及造成节约或浪费的原因，还可以查明成本、费用和盈利水平的高低以及原因，从而肯定成绩，发现问题，找出差距，提出改进措施，促使企业改善经营管理，以达到提高企业经济效益的目的。

二、会计分析的原则

（一）以国家的方针政策、法规为评价企业工作的依据

贯彻执行国家的方针、政策和财经制度，是每个企业必须坚持的基本准则。进行会计分析，必须以国家的方针、政策和财经制度为依据，来评价企业的全部工作。

（二）坚持实事求是的原则

实事求是是会计分析的一个重要原则。只有一切从实际出发，实事求是地进行分析，才能得出正确结论。在占有会计核算资料的基础上，还要进行深入细致的调查研究，掌握大量的第一手资料，将会计核算的数据资料同调查的实际资料结合起来，才能使会计分析具有实用价值。

（三）坚持唯物辩证的观点

在会计分析中，要运用唯物辩证法的观点，对具体问题进行具体分析。在会计分析中，既不能肯定一切，也不能否定一切；既要看到成绩，也要看到问题，不能报喜不报忧，切忌主观片面性。只有这样，才能通过会计分析，解决工作中的实际问题。

三、会计分析的种类

（一）按分析时间分类

会计分析按其分析时间的不同，可分为定期分析和不定期分析两种。

1. 定期分析

所谓定期分析,是指在生产经营的一定阶段(旬、月、季、年)结束时,对企业的资金、成本、利润所进行的分析。其特点是在时间上比较固定。

2. 不定期分析

不定期分析又称日常分析,是指对生产经营活动中出现的问题,随时进行的分析,以保证生产经营活动的顺利进行。其特点是没有固定的时间,而根据实际需要进行分析。

定期分析与不定期分析是密切相关的,定期分析必须建立在不定期分析的基础上,而不定期分析也要结合定期分析的要求,为定期分析提供必要的资料。

(二) 按分析范围分类

会计分析按其分析范围的不同,可分为全面分析、专题分析和典型分析三种。

1. 全面分析

全面分析也称综合分析,是指对资金、成本、利润计划和预算收支情况及其结果进行的全面、系统的分析,借以全面考核计划和预算的执行情况,总结经验,改进工作,同时也为编制下期计划和预算提供依据。全面分析一般适用于年终决算的分析。

2. 专题分析

专题分析是指根据生产经营管理的需要,对某一重要问题或专门问题所进行的重点和深入的分析。这种分析适用于总结某一方面的经验或揭露某一方面的问题,以便采取措施加以改进或及时推广。它可以为定期的全面分析提供必要的资料。因此,专题分析是全面分析的继续和深化。

3. 典型分析

典型分析是指对单位内部某一部门或上级机关将某一先进或后进的单位作为典型所进行深入细致的分析,以便从中总结经验和教训,用以指导一般、推动全面工作。

(三) 按分析形式分类

会计分析按其分析形式的不同,可分为书面分析、图表分析和现场分析三种。

企业通过多种多样的会计分析形式,能更清楚地说明情况,有利于调动企业内部的积极性,充分发挥会计的作用。例如,企业召开有关人员参加的现场会议,用形象化图表配以扼要的数字说明等。

上述会计分析的种类,既有区别又有联系,在实际工作中是相互结合、相互补充的。例如,定期分析可以是全面分析,也可以是专题分析,不定期分析也是如此。典型分析同样可以采用全面分析和专题分析相结合的办法。总之,会计分析应根据生产经营中的实际需要,确定其重点,然后决定采用何种会计分析形式,从而充分发挥会计分析的作用。

四、会计分析的程序

会计分析的一般程序是:分析前的准备;进行基本数量对比;分析后的评价与处理。

(一) 分析前的准备

分析前的准备是指拟订会计分析工作计划;熟悉和了解有关政策法令、规章制度和计划定额;占有详细的核算资料和有关经济信息。

收集和掌握分析对象的各种会计核算资料,全面了解各种情况,这是进行会计分析的基础。这里要求具备的主要资料如下:

(1) 各种核算资料。

(2) 各种计划资料。

(3) 历史资料及行业或国外的有关资料等。

只有熟悉有关政策法令、规章制度,会计分析才有准绳;只有详细地占有核算资料,会计分析才有正确的评价标准。

(二) 进行基本数量对比

在占有大量资料的基础上,要运用会计分析的专门方法,对经济指标进行数量分析,从中寻找差距,揭露矛盾,评价发生差异的原因;同时,结合调查研究,收集典型事例,以便为进一步深入分析提供数据。诚然,这种方法只能从数量上一般地评价企业的财务状况,要查明其影响原因,还要作进一步具体分析。

(三) 分析后的评价与处理

分析后的评价与处理包含核实情况、编写分析报告等内容。

通过会计分析,检查出有关指标增减变动的差异,然后与掌握的情况进行对比核实,查明真相,以保证数字资料的真实、准确,符合客观实际。在此基础上写出总结分析报告,提出措施,指导以后的工作。

财会部门进行会计分析以后,要做好处理工作。对于分析的情况,应写成书面报告或采用口头形式向领导或群众汇报,使领导和群众齐心协力,重视并积极参与会计分析。在编写分析报告时,应突出重点。分析报告的内容要视分析的项目和分析目的而定,但要力求简明扼要,情况说明要真实、准确,措施意见要具体,文字、图表要清晰。

五、会计分析的方法

企业进行会计分析,必须采用一定的技术方法。可利用的统计和数学知识的技术方法是多种多样的。企业在进行会计分析时,需要采用哪种方法,要依据分析的目的、企业的特点以及所掌握的资料的性质和内容来决定。进行会计分析的方法主要有:对比分析法、因素分析法、结构分析法、动态分析法、平衡分析法、预测分析法、相关分析法、线性规划法等。会计分析的各种具体方法将在其他课程中专门讲授,因此,此处只简括地介绍对比分析法和因素分析法两种常用的方法。

(一) 对比分析法

对比分析法又称比较分析法,是将两个或两个以上相关的经济指标进行数量上对比的方法,通过经济指标间的对比,找出差距,分析形成差距的原因,从而说明差异的性质和程度。这种方法是会计分析中较为广泛运用的方法。在实际工作中,对比分析法一般有以下几种对比形式:

(1) 实际数与计划数比较,借以检查计划的完成情况。

(2) 实际数与定额数比较,借以检查定额的执行情况。

(3) 本期实际数与上期实际数或上年同期实际数或历史最高水平比较,借以分析有关指标在不同时期的发展趋势,从中探索其变化规律。

(4) 实际数与国内或国外同行业先进水平比较,找出差距,从而赶超国内外同行业先进水平。

对相关的经济指标进行对比分析,各经济指标本身应具有可比性,也就是用来进行对比分析的经济指标计算口径须一致,指标的计价基础要一致,指标的计算时间单位要一致。只有具备可比性的经济指标,才能进行对比分析。

(二) 因素分析法

通过对比分析,确定量的差异后,还要进一步研究形成这种差异的原因。在实际工作中,由于经济活动错综复杂,影响经济指标完成或未完成的因素是多种多样的,指标值往往是若干因素共同发生影响的结果。为了测定有关因素对某项经济指标完成情况所产生的影响和影响程度,就要采用因素分析法。

因素分析法按计算方法的不同,可分为连锁替代法和差额计算法两种。这里着重介绍连锁替代法。

连锁替代法是因素分析法中常用的一种方法,它是在几个相互联系的因素中,以数值来测定各个因素对计划指标完成结果的影响程度的方法。其结果,可以衡量各影响因素的主次,为评价企业工作、进一步挖掘潜力指明方向。

连锁替代法一般按下列计算程序进行:

(1) 以计划数为基础,根据各个因素的计划数,求得被分析指标的计划数。

(2) 各个因素的实际数依次替换计划数,每次替换后,实际数就被保留下来,如有两个因素就替换两次,三个因素就替换三次,以此类推,直到所有因素都变为实际数为止。

(3) 将每次替换所得的结果,与前一个计算结果相比较,两者的差异就是某一因素对计划完成结果的影响程度。

(4) 求出的各因素影响数值的代数和,应等于分析指标的实际数与计划数之间的总差异额,即分析对象。

下面以运输费的分析为例,说明连锁替代法的运用。

要对运输费进行因素分析,先要考虑运输费支出多少,受哪些因素的影响。通常运输费的多少取决于货物运输量的多少和运输单价的高低两个因素。其计算公式如下:

$$运输费 = 货物运输量 \times 运输单价$$

运输费资料分析表如表 11-1 所示。

表 11-1

运输费资料分析表

项　目	计划数	实际数	差异(＋、－)
货物运输量(吨/千米)	10 000.00	11 000.00	＋1 000.00
运输单价(元/吨千米)	0.18	0.20	＋0.02
运输费(元)	1 800.00	2 200.00	＋400.00

根据上列资料可知,运输费实际数超过计划数 400 元,其原因是受货物运输量和单位运价两个因素的影响。现用连锁替代法来测定这两个因素的变动对运输费发生超支的影响数值。

先列出计划数,然后将货物运输量换算成实际数,运价仍是计划数。计划所得结果与计划数的差异便是货物运输量这一因素变动的影响数值,然后再将单位

运价换算成实际数。计划结果与邻近一次替换数字相比的差异,即为运价这一因素变动的影响数值。其计算结果如下:

$$
\left.\begin{array}{l}
\text{计划数}:10\,000\times0.18=1\,800\,\text{元} \\
\text{替换数}:11\,000\times0.18=1\,980\,\text{元} \\
\text{实际数}:11\,000\times0.20=2\,200\,\text{元}
\end{array}\right\}
\begin{array}{l}
+180\,\text{元} \\
(\text{货物运输量变动的影响}) \\
+220\,\text{元} \\
(\text{单位运价变动的影响})
\end{array}
$$

合计　　　+400 元

由此可以得出结论:运输费实际比计划增加 400 元,其原因是:由于运输量的增加,影响运输费增加 180 元,又由于单位运价的提高,影响运输费增加 220 元。两个因素共同影响的结果,使运输费增加了 400 元。

运用连锁替代法时,必须注意各因素在计算中指标替换的先后次序,如果任意变更次序,虽然各因素影响数值的代数和也等于分析指标的实际数与计划数之间的总差异额,而且每个因素影响的方向也不变,但是各个因素的影响程度却不同。因此,必须正确确定指标的替换次序,这要根据各个因素之间的相互依存关系和替换的经济意义来确定,通常是先测定数量指标的影响,然后再测定质量指标和价值指标的影响。

第六节　会 计 检 查

一、会计检查的意义

会计检查是会计部门在企业内部实施会计监督的职能,是指由会计人员对会计资料的合法性、合理性、真实性和准确性进行的审查和稽核。

会计检查是对经济活动和财务收支所进行的一种事后监督,是会计核算和会计分析的必要补充,是会计工作的重要组成部分。加强会计检查,对于更好地完成会计的任务,发挥会计的作用,具有重要意义。

(一)查错防弊

这是会计检查的首要目的。影响会计信息失实的最大问题,就是会计核算工作中的各种弊端,如计算错误、书写错误、贪污挪用以及各种违法乱纪行为。尽管造成这种弊端是因为过失或故意,但对会计核算资料的影响却是一样的。要保证会计核算质量,必须毫无遗漏地将这些错误揭露出来,并加以更正,达到防患于未然的效果。

(二) 保护财产

通过会计检查可以保护财产不受损失。如果发现账实不符,应详细追查不符的具体原因,分别情况予以处理。对因过失以及贪污盗窃所造成的财产损失,要追回实物并予严肃处理,以保护国家财产不受损害。

(三) 强化监督

会计工作中的日常稽核作为一种会计检查工作,是会计监督职能发挥实际作用的具体表现。通过会计检查,强化监督,提出建议或措施,以达到改进和总结工作,提高会计工作水平的目的。

二、会计检查的种类

会计检查可按不同的标准进行分类。

(一) 按检查单位分类

1. 内部检查

内部检查是指由单位领导组织专人或查账组织,对本单位的会计核算资料、财产物资和各项经济业务所进行的检查。

2. 外部检查

外部检查是指由单位上级主管部门或财政、税务、审计、银行等部门,根据工作需要,对单位的会计资料、财产物资和各项经济业务所进行的检查。

(二) 按检查范围分类

1. 全面检查

全面检查是指对单位有关经济活动、财务收支和经营成果等方面的会计凭证、账簿记录和会计报表进行全面彻底的检查。

2. 局部检查

局部检查是指对单位一部分财产物资和会计资料进行的检查。

(三) 按检查时期分类

1. 定期检查

定期检查是指按照规定的时期,由检查单位对被查单位在被查期间的会计核算资料进行的检查。

2. 不定期检查

不定期检查也称抽查,是指根据某种特定需要或被检查单位所发生特殊问题时所进行的专门检查。

三、会计检查的程序

会计检查的工作程序一般分为三个阶段。

（一）准备阶段

这个阶段要求了解检查对象的大体情况以及有关背景材料,确定检查的重点并选择适当的检查方法,取得检查所需要的各种直接与间接的资料,备好检查所需要的各种用品用具,并熟悉与检查有关的各种政策、法令、制度与规章,做好进行检查的思想准备工作,配备合适的检查人员。

（二）审查阶段

这个阶段利用适当的检查方法对被检查事项从合法性、合理性、真实性与准确性等方面进行全面的审查。它要求寻找存在的问题以及与其相关的证据,并作出详细的检查记录。一般的检查记录包括:检查内容、检查范围、检查目的、检查程序、检查重点、检查时间、检查中发现的问题以及出处、检查人员等。

会计检查主要是对会计资料进行检查,因而审查包括三个方面。

1. 凭证审查

凭证审查主要是对原始凭证与记账凭证的审查。

（1）原始凭证的审查：① 形式上的审查,主要审查格式是否标准,要素是否完整,手续是否齐全,数量是否正确,填制是否清楚、规范等。② 内容上的审查,主要是审查经济业务是否合法、合理,以及反映情况是否真实可靠。

（2）记账凭证审查：① 审查记账凭证反映内容是否与原始凭证一致。② 审查所用账户是否恰当。③ 审查记账凭证上所列附件数与原始凭证张数是否一致等。

2. 账簿审查

账簿审查包括如下几项：

（1）核对账簿及其登记所用的凭证。

（2）核对总分类账,各明细分类账以及有关日记账。

（3）清查财产,审查账实是否相符。

（4）账簿记录是否合法、合理与真实。

3. 报表审查

会计报表的审查主要包括如下几项：

（1）核对会计报表及相关账簿。

(2) 检查会计报表的种类是否齐全,项目是否完整,计算是否准确,内容是否合法、可靠。

(3) 审查会计报表的编制是否及时,有关人员的签章是否齐全等。

会计检查并不是仅就凭证、账簿与报表本身进行审查,而是透过它们对会计核算所反映的经济活动过程进行审查。

(三) 报告阶段

这个阶段主要是对审查阶段发现的问题进行总结,归纳出带有普遍性的现象,然后进行客观公正的评价,并针对问题提出解决办法或改进工作的建议。在会计检查中,常常需要编制查账报告。查账报告一般应包括三方面内容。

1. 检查工作概况

它主要说明在何时何地,对什么业务,在怎样大的范围,采用什么方法,遵循什么目的,以什么为重点,按什么顺序进行了检查。

2. 检查结果详细情况

对检查中发现的各类问题,分别作总括性说明,并简介其根源所在。这一部分叙述应使定性与定量结合,文字与数字结合,事实与证据结合,现象与本质结合。

3. 处理方法与建议

针对存在的不同性质问题,对症下药,提出妥善的解决办法,问题严重的应按国家有关法律、法规处理,还应提出改进会计工作或管理工作的措施。

在编写查账报告时,要认真做好查账资料的整理、分类、归纳与精选工作。

四、会计检查的标准

会计检查的实质是寻找问题,而问题的发现,主要是利用一定标准进行衡量的结果,这些标准一般包括四个方面。

(一) 法律

如《会计法》《审计法》以及各种税收条例、其他有关法律。

(二) 行政法规

如《企业会计准则》《会计人员职权条例》及其他有关经济法规,会计制度亦属此列。

(三) 会计及经济管理的基本原则

如真实性原则、群众性原则、体现经济规律要求的原则、经济责任原则、计划管理原则等。

(四) 会计的技术规则

如记账规则、账簿设置规则、账簿登记规则、账务处理程序的规则、编制会计报表的规则等。

在这四种检查的标准中,前两种有较强的强制性,而后两种仅有一般的约束力。会计检查中,常常会发现合法不合理、合理不合法的现象,会计检查人员应将原则性与灵活性结合运用,求得较妥当的判断、结论和处理方法,不合法的现象应严加制止,但如果程度不大,情节不严重,并能取得较高的经济效益,无损国家与职工利益,在检查时应与一般性违法行为区别对待;对于合法不合理的现象,也不能一概认可,一方面应检查"法"是否可行;另一方面应详细追究不合理的根源,特别应注意那些貌似合法,披着合法外衣的违法与不合理的现象。

五、会计检查的内容

会计检查的主要内容是指基本的检查事项。一般来说,它是会计的各种资料,也包括会计核算形式、会计行为、会计组织等。但就会计检查的实质性内容而言,应是通过资金运动所表现的经济活动。

(一) 检查法规执行情况

会计工作的政策性很强,每一项业务的处理都可能涉及有关法规的遵守与否。会计检查的任务之一,就是督促会计部门严守法纪,保证经济业务的合法性。如果发现违法行为,检查人员可以责成有关人员予以纠正;会计部门内部的检查人员,应敢于坚持原则,不讲情面,敢于同一切违反法纪行为作斗争。

(二) 检查计划执行情况

这里主要是指财务成本计划。在我国各企业单位的经济管理工作中,企业单位经营情况如何,可以通过计划执行的结果表现出来。会计作为一种价值管理的手段,必然要求会计检查为财务成本计划的执行情况作一分析研究,并加以客观评价,用于强化财务管理。

(三) 检查财物保管状况

虽然会计部门并不是各种财物的直接负责或者保管者,但在客观上却要求会计人员监督各种财物价值变动及结存情况,定期检查各种财产物资的保管状况,如财物数量是否完整,质量是否合格,有无超储积压,有无严格的验收与出库手续等。检查财物保管状况,可以达到账实相符和保护财产物资的安全与完整的目的。

六、会计检查的方法

会计检查的技巧性体现在它采用科学、简捷、实用、有效的方法。会计检查的方法是完成检查任务，达到检查目的的重要手段。所以会计检查的方法就是查账的方法，也就是检查会计凭证、会计账簿和会计报表等核算资料的方法。

（一）顺查法和逆查法

1. 顺查法

顺查法又称正查法，是指按照会计账务处理程序的顺序，依次对原始凭证、记账凭证、日记账、明细账、总账以及会计报表进行的检查。这种方法的优点是全面、系统；缺点是工作量较大、费时，抓不住问题的重点。

2. 逆查法

逆查法又称倒查法，是指按照会计账务处理程序的反顺序进行的检查，也就是对会计报表进行扼要的分析，从中发现问题，进而检查会计账簿和会计凭证。这种方法的优点是能抓住重点，进行深入细致的检查，节约人力和查账时间；缺点是容易疏忽、遗漏一些问题。

（二）全查法和抽查法

1. 全查法

全查法又称详查法，是指对被检查单位在被查期间内所有的会计核算资料进行系统、全面的检查，对账目进行周密和精细的检查。这种方法的优点是不易发生遗漏和错误；缺点是费时费事，需要投入较多的人力。全查法一般适用于经济问题严重的单位或经济业务较简单的单位。

2. 抽查法

抽查法是指有选择地抽取某一段期间内某一部分账目进行重点的检查。如果抽查的结果没有发现问题，就可以推断其全部会计记录是基本正确的。否则，就要扩大抽查面，或对某一问题进行详细的检查。

除了以上检查方法以外，还有其他的方法，如比较法、分析法、综合法、询证法、审阅法、核对法等。随着科学技术的进步以及检查对象的扩展，检查方法将更加多样化。

上述会计检查方法在实际工作中往往相互结合运用。这样，能以最少的时间与手续，取得最大的效果。

第七节 会计电算化

一、会计电算化的概念

会计电算化是指现代电子计算机信息技术在会计实务中的应用,它是实现会计管理科学化的一种技术方法。

会计电算化是会计史上一项突破性的变革,它在西方一些发达国家兴起,并在世界范围内迅速发展。我国会计电算化自20世纪70年代末才起步。1981年,财政部和中国会计学会在"应用计算机专题讨论会"上提出"会计电算化"的概念。1996年,财政部又颁发了《会计电算化工作规范》,会计电算化才逐步发展起来。

二、会计电算化的意义

在市场经济条件下,实现会计电算化是提高会计工作效率和质量的重要途径,在企业转换经营机制,增强竞争能力,节约人力、时间和提高管理水平等方面发挥了重要作用,主要表现在以下三个方面。

(一) 提高会计核算工作效率

电子计算机具有高速度、高效率和高容量的特点,现在的计算机每秒钟可以进行上亿次运算,其计算速度是其他任何计算工具所无法比拟的。因此,在会计电算化条件下,无论在数据的记录、计算归类、汇总排列、查询核对、存储分析和打印等方面都比手工操作的速度提高几十倍甚至几百倍,并随时能从计算机中获得有关数据,使会计人员从繁重的记账、算账、报账工作中摆脱出来,用更多的时间从事管理。

(二) 增强会计数据处理正确性

电子计算机具有对数据的逻辑运算、"记忆"和分析的功能,而且可以采用各种方法校对数据。在电算化条件下,数据通过合法、规范的软件处理,保证了输入数据的正确、及时,减少了人为差错,提高了工作质量。

(三) 提高现代化科学管理水平

电子计算机的许多复杂的计算工作和决策能力是人工操作所不及的,如企业的日常管理和决策,因受人工处理信息能力的限制,具有一定的随意性,且事后问题较多。在会计电算化深层次发展条件下,日常的会计数据处理和信息输送均由计算机自动进行,通过网络向企业管理系统传递信息和接受传递的数据,能准确提供所需的各类管理综合信息,实现信息资料共享。

三、电算化会计信息系统的构成和实施

电算化会计信息系统是一个人、机系统,是由数据处理程序、软件和硬件设置、人员配备以及管理规程等方面组成的。实行会计电算化,各单位应根据自身实际情况,选择与本单位会计电算化相适应的计算机系统和人员。

(一) 会计数据处理电算化

会计数据是在经济活动发生时的记录,包括各种会计凭证。会计数据处理电算化就是按照会计准则、制度的要求,利用电子计算机处理技术,对原始会计数据进行收集、加工,转换成为会计信息,包括会计数据的输入、储存、加工、传递和输出,均通过电子计算机操作,实现账务、报表、核算电算化。

(二) 配备电子计算机系统人员

实现会计电算化需要配备直接开发、使用、维护计算机系统人员,包括配备掌握数据输入、操作管理、维护硬件等工作人员,特别需要培养既有会计专业知识又懂计算机技术的复合型人才。

(三) 配置电子计算机硬件设备和应用软件

电子计算机的硬件设备和软件是实现电算化的物质基础。在硬件设备方面,各单位可根据自身业务规模的实际情况,选择与本单位会计电算化相适应的机种和机型,如单机结构、多用户联机以及网络结构等,在应用软件方面,可根据单位内部管理需要及自身技术力量,采用自行开发或购买商品化软件。在软件设计方面,单位在开展会计电算化初期,一般以选择通用应用会计软件为宜,以后逐步提高。单位的软件设计应该按照我国《会计法》的规定,软件及其制成的会计凭证、会计账簿、财务会计报告、其他会计资料和对会计账簿的登记、更正,都应当符合国家统一的会计准则、制度的规定,保证各项资料的真实和完整。

(四) 建立会计电算化内部管理规程

为了规范会计电算化的操作,各单位需要建立一套内部管理和控制系统运行的规章制度,包括会计电算化工作岗位的责任制度;会计电算化操作管理制度;计算机硬件、软件和数据管理制度,以及电算化会计档案管理制度等。

四、会计电算化与会计手工操作

(一) 会计电算化与会计手工操作的异同

会计电算化与会计手工操作,两者有相同点,也有不同点。一般来说,它们所

遵循的会计理论和会计原则是一致的,区别在于它们的操作技术方法不同。

1. 会计电算化与会计手工操作的相同点

(1) 遵循同一会计理论和会计原则。

(2) 遵守同一会计政策、会计法律、会计准则和会计制度。

(3) 执行同一会计规则、会计档案管理办法等。

2. 会计电算化与会计手工操作的不同点

(1) 会计核算程序不同。会计手工操作的核算程序为"原始凭证→编制记账凭证→登记各种账簿→编制会计报表",对账、结账操作复杂;而会计电算化则是平时只需输入会计凭证,不需要登记各种账簿,直接输出各种会计报表,对账、结账操作简单。

(2) 工作岗位划分不同。会计手工操作的岗位划分较细,包括制证、记账、编表以及各种单项的项目核算岗位,如工资、材料、商品、固定资产等;而会计电算化则只需划分数据输入、审核及维护等几个岗位。

(3) 更正错账的方法不同。会计手工操作对账簿记录的错误,应按规定采用划线更正、红字更正和补充登记的更正错账方法;而会计电算化对输入的数据都通过逻辑校验,输出各类账目一般不会发生差错,如果有差错,一般是会计凭证的错误,需更正凭证。

(二) 以电子计算机替代手工记账

以电子计算机替代手工记账是实行会计电算化的主要目标之一,用电子计算机替代手工记账是将应用会计软件输入会计数据,由电子计算机来完成会计数据的处理,输出账册和报表。这是会计工作由手工核算向电算化核算的转变过程,也是计算机与手工同时工作的过渡阶段。在此期间,会计人员一方面采用计算机打印输出记账凭证代替手工填制的记账凭证、账册和报表,经审核后保存;另一方面根据电子计算机的数据,登记手工账簿,两者进行核对。但要注意以下事项。

(1) 用电子计算机打印输出的会计凭证、账册、报表应符合国家统一的会计准则、制度要求。

(2) 替代记账后,当日发生的业务,当日登记入账,期末及时结账,并打印输出会计报表。

复习思考题

1. 什么是会计信息?对会计信息如何进行处理?

2. 会计预测有哪几种方法?
3. 什么是会计决策？会计决策有哪些方法?
4. 概述会计控制的概念和作用。
5. 会计分析有哪些种类?
6. 概述会计检查的概念和作用。
7. 开展会计电算化的意义何在？怎样实行会计电算化?

李海波工作室

李海波工作室由我国著名会计学专家李海波教授创办,多年来,李海波会计系列、财经系列教科书在图书市场声誉卓著,深受广大读者的欢迎和有关专家的好评。李海波工作室经政府有关部门批准,已经正式注册,工作室的图书及相关业务呈现了新的发展势头。

李海波工作室邀集会计、经济等各路专家、教授及出版人才,专门从事图书的选题策划和书稿的创作编写以及相关出版业务,兼做有关教育培训、财务咨询等业务。

李海波教授、研究员毕业于中央财经大学,中国注册会计师,享受国务院特殊津贴专家,长期从事会计、财经等专业的教学、研究和高校管理工作;先后兼任中国会计学会理事、中国审计学会理事、中国生产力学会常务理事等职;曾受聘担任教育部全国专科教育人才培养工作委员会副主任,并被收入《中国大学校长名典》和《中国教育名人录》。

多年来,李海波工作室策划了许多高质量的图书。李海波教授主编了《新编会计学原理》《公司会计》《企业会计》《新编成本会计》《新编小型企业会计》《新编审计学》《财务管理》《经济法》《财政与金融》《金融会计》《管理会计》《会计电算化》《统计学》《生产力词典》等90多部著作、教材和词典,论文60多篇。他主编的图书获得过许多荣誉和奖项,包括"全国优秀畅销书一等奖""全国优秀教材奖""优秀教材学术专著奖""双效书荣誉奖""建国精品图书奖"等。李海波会计系列、财经系列教科书经受了市场的检验,正在不断地完善和丰富。许多书不断重版、重印,其中《新编会计学原理》再版十几次,重印90多次,发行全国各地,单本发行量500多万册。

以李海波名字命名的李海波工作室,在会计、财经等专业图书的策划、编辑、出版等方面积累了丰富的经验,有独特的优势,与出版社有着长期的、良好的合作关系。

立信会计出版社